La vida de Jesucristo

La vida de Jesucristo

Francisco Cook

Diseño gráfico: Nicholas G. Richardson

EDITORIAL PORTAVOZ
Kregel Publications
P. O. Box 2607
Grand Rapids, Michigan 49501 EE.UU.A.

Visítenos en: www.portavoz.com.

ISBN 0-8254-1755-4

1 2 3 4 5 edición/año 03 02 01 00 99

Printed in the United States of America

Como matricularse en La Academia Cristiana del Aire

Este tomo es el texto del curso por correspondencia de la Academia Cristiana del Aire. Si prefiere usted, puede leer y estudiar este material por si mismo o en grupo sin ningún contacto con la Academia. Pero, si usted quisiera aprobar este curso y rendir los exámines para obtener los certificados y el diploma que ofrece la Academia, tiene que matricularse. Hay un pequeño costo por la inscripción. Para pedir más información, escríbanos a:

Academia Cristiana del Aire
Apartado 50
San Juan, Texas 78589
EE.UU.

La Academia Cristiana del Aire es un ministerio de...

P.O. Box 39800 □ Colorado Springs, Colorado □ 80949-9800 □ EE.UU.

Los cursos de la Academia Cristiana del Aire están dedicados a aquellos que tienen sed de aprender la palabra de Dios…

…para que por medio de ellos, su vida esté rebosando en Jesucristo, nuestro Señor

Contenido

La vida de Jesucristo

Prefacio

El estudio de la Palabra de Dios es sumamente importante para el hijo de Dios y su sana vida espiritual. El estudio de su Palabra vale muchísimo. No sólo por conocer mejor a Dios, sino por recibir tanto valor práctico en esta vida. *"Toda la Escritura es inspirada por Dios, y útil para enseñar, para redargüir, para corregir, para instruir en justicia, a fin de que el hombre de Dios sea perfecto, enteramente preparado para toda buena obra". (2 Ti. 3:16-17)* Por esta razón se ha dedicado este volumen.

Esta serie de libros de la "Academia Cristiana del Aire" son los textos de los cursos por correspondencia ofrecidos por este ministerio. Toda la serie incluye libros de doctrina, exposición y prácticas bíblicas a un nivel superior. El lector puede leerlos y estudiarlos por sí mismo o en grupo y/o estudiar los textos y cumplir con los exámenes de la Academia para recibir los certificados y el diploma. Para matricularse en la Academia, véase la página titulada así.

Estos libros han sido parte del estudio bíblico de miles de personas desde el principio de la Academia Cristiana del Aire. Esta Academia fue fundada por los doctores Donaldo Turner y Alan H. Hamilton en 1949 como parte del ministerio de HCJB, La Voz de los Andes en Quito, Ecuador. Es un ministerio mundial por radio de onda corta. La Academia fue iniciada para realizar una visión, del fundador de HCJB, el doctor Clarence Jones, de enseñar la Biblia a través de la radio.

Este tomo fue escrito por Francisco Cook, colaborador del doctor Turner. Francisco Cook nació de padres misioneros en la República Argentina en enero de 1916. Después de haber pasado su primera juventud en la Argentina, fue llevado por sus padres a Canadá donde siguió sus estudios teológicos en el Seminario Bautista de Toronto. Después de servir a Dios en Bolivia por unos ocho años, acepó el llamado del Señor Jesucristo para servirle en el Ecuador en la obra de la radio emisora evangélica, HCJB, La Voz de los Andes. Después de muchos años sirviendo a Dios en esta obra misionera por varios papeles significados, el hermano Cook pasó a la presencia del Señor en febrero de 1995.

Es la oración de todos quienes han colaborado en este libro, que reciba usted bendiciones grandes y ricas por estudiar la Palabra de Dios y que este libro le sea de mucha ayuda.

Phillip "Felipe" Leach
Editor de la segunda edición

Lección 1

PRINCIPIO DEL EVANGELIO

Material para estudiar: Lucas 1:1-4

BOSQUEJO

A. Importancia del estudio de la vida de Cristo

1. Histórica
2. Espiritual

B. Fuentes de información

1. Extra-Bíblicas: Tácito, Plinio, Suetonio, Josefo
2. Bíblicas: Libro de los Hechos de los Apóstoles, las Epístolas, los Evangelios y sus puntos de vista

C. Métodos de estudio

LECCIÓN 1

Principio del evangelio

A. Importancia del estudio de la vida de Jesucristo

El estudio de la vida de Jesucristo es, sin duda alguna, uno de los principales, si no el más importante que uno pueda hacer. En los anales de la historia, esta vida inimitable es la que ha sobresalido entre todas las demás. Las corrientes históricas anteriores a Su advenimiento convergen en este punto central, y las posteriores lo toman como su punto de partida, de tal modo que puede decirse que toda la historia gira alrededor de los pocos años de la existencia terrenal del Hijo de Dios.

Sin embargo, no puede evaluarse la importancia de esta vida solamente por el lugar sobresaliente que ha tenido en la historia, pues es aun mayor la importancia espiritual que encierra la persona de Jesucristo, ya que, compaginada con los sucesos y eventos de aquella vida inigualable radica toda la esperanza del mundo perdido y pecador. Es precisamente por esto que, al dedicarnos al estudio de la vida histórica de Jesucristo, hemos de detenernos a menudo para examinar minuciosamente las enseñanzas espirituales del

Divino Maestro, pues Él tiene palabras de Vida que nos conviene conocer a fondo.

En el día de hoy, no hay historiador veraz que niegue la realidad histórica de la persona de Jesucristo. Hubo un tiempo en el siglo XIX cuando, llevados por un racionalismo exagerado y extremado, personas quisieron demostrar que Cristo no era sino un mito, causado quizá por la ficción de las mentes fanáticas de aquel entonces o el producto de un crecimiento literario gradual, o aun quizá un mito creado para hacer frente a las exigencias religiosas del día. Pero definitivamente, estas aseveraciones perniciosas han sido refutadas y más a la luz de la investigación científica histórica que ha demostrado de una vez por todas, que el Cristo de nuestra fe, es el Cristo de la historia. Por lo tanto, ahora nos conviene considerar las fuentes de información que existen acerca de Jesucristo.

B. Fuentes de información

1. Extra-Bíblicas. Hay varios historiadores que han escrito acerca de Jesucristo, tales como el historiador romano Tácito, quien vivió en el primer siglo de la era cristiana. El dice en sus "Anales", en el capítulo quince, sección cuarenta y cuatro, que "Christus, de quien deriva la palabra cristiano, fue ejecutado por mano de Poncio Pilato, durante el reinado de Tiberio".

Otro historiador romano, Suetonio, nos presenta más evidencia cuando en su "Vita Claudii" se refiere a un "Chrestus que instigaba a sus seguidores a armar escándalos". Seguramente Chrestus está mal deletreado, refiriéndose a Cristo, y en otra parte Suetonio se refiere a los "cristianos, quienes creen en una nueva y perniciosa superstición".

Plinio el joven, en sus cartas al emperador romano, se refiere muchas veces a los "cristianos", y declara que "ellos acostumbran recitar himnos antifonalmente tanto a Cristo como a Dios".

Luego tenemos al historiador judío Josefo, quien nos provee de mucho material importantísimo en cuanto a la tierra de Palestina y al estado político y religioso que prevalecía en los tiempos del Señor Jesucristo, aunque se aprecia que trató de no mencionar ni a Cristo ni a sus seguidores. Sin embargo, en su obra "Antigüedades", en el capítulo tercero del décimo octavo libro, existe un trozo que comienza con las siguientes palabras: "En aquel entonces, había un hombre sabio llamado Jesús, si acaso era permitido llamarle hombre, pues era hacedor de obras maravillosas, y un maestro de hombres que reciben la verdad con gozo". Y aunque existen razones para dudar que este párrafo haya sido escrito por el mismo Josefo, y para creer que haya sido una interpolación muy posterior, hacemos mención de ella, pues corrobora lo que de otras fuentes sabemos.

Además de estos datos, cabe mencionar que existen otras referencias, especialmente en los evangelios apócrifos y en la literatura llamada pseudepígrafa, refiriéndose a libros que pretendieron ser evangelios pero que nunca fueron admitidos al canon por la Iglesia.

2. Bíblicas. Ahora bien, si a la verdad carecemos de datos suficientes entre los escritos extra-bíblicos, en el Nuevo Testamento tenemos una fuente inagotable de información en cuanto a los hechos y palabras del Señor Jesucristo, los cuales tienen mayor peso e importancia por haber sido escritos bajo la dirección e inspiración del Espíritu Santo. Aunque esta fuente ha sido atacada fuertemente por los enemigos implacables de la fe cristiana, la verdad ha permanecido inconmovible, cual roca firme, saliendo victoriosa, de modo que su integridad histórica queda establecida sin lugar a dudas. Por lo tanto, confiadamente podemos usarla, sabiendo que lo que leemos es la verdad.

Para empezar, recordemos que ninguno de los autores bíblicos se propuso la magna tarea de escribir una biografía completa de Jesucristo, sino que, guiados por el Espíritu Santo, cada uno de ellos seleccionó y reunió los datos más claves e importantes. Además, como dieron poca importancia al orden cronológico de los sucesos, cada uno agrupó como bien le parecía, las diferentes instancias y obras del Maestro; de modo que a veces es sumamente difícil establecer definitivamente cuál evento sucedió primero, y cuáles posteriormente. De todas maneras, esto no constituye un obstáculo que no se pueda salvar, pues si nos dejamos dirigir por el Espíritu Santo, se verá en su verdadera perspectiva y se entenderá perfectamente.

Además, recordemos que no sólo en los Evangelios se puede conseguir la información necesaria para conocer y entender al Señor Jesucristo, puesto que antes de que se hubiesen escrito los Evangelios, ya se habían escrito algunas epístolas de Pablo. El libro de Los Hechos también nos da datos que no constan en los Evangelios, tales como las apariciones de Cristo después de su resurrección, a más de los sermones de los apóstoles en donde hay muchos datos de innegable importancia (cp. Hechos 1:1-9 y Hechos 20:35). Por otro lado, en las epístolas de Pablo y de Pedro y de los demás apóstoles, podemos encontrar muchas enseñanzas de Cristo, como por ejemplo en cuanto a Su muerte expiatoria y Su resurrección gloriosa.

Sin embargo, en los Evangelios según Mateo, Marcos y Lucas que generalmente son llamados "Evangelios Sinópticos", es donde encontramos la descripción más amplia de la vida y ministerio de Cristo. Se les denomina así porque reportan muchas situaciones iguales de milagros, eventos y dichos del Señor Jesucristo, mientras que en el Evangelio según el apóstol Juan se ve que el propósito del libro fue, según Juan 20:31: "Pero éstas se han escrito para que creáis que Jesús es el Cristo, el Hijo de Dios, y para que creyendo, tengáis vida en Su nombre".

El primer Evangelio que encontramos en nuestras Biblias es el de Mateo, también conocido como Leví. Antes de que fuera llamado por Cristo para que Le siguiera y fuera uno de Sus doce discípulos, Mateo había sido un oficial del imperio romano que recaudaba los impuestos de su propio pueblo. Por esto, era odiado por ellos, y pudo escribir acerca de Aquel que fue "despreciado y desechado entre los hombres" (Is. 53:3). En su Evangelio, Mateo busca convencer a los judíos que Jesucristo es el Mesías, y para esto usa muchas citas del Antiguo Testamento, a más de remitirse a la genealogía de Jesús comenzando así: "Libro de la genealogía de Jesucristo, hijo de David, hijo de Abraham" (Mt. 1:1). De esta manera les indicó a los judíos que Jesucristo era el Mesías esperado, porque ellos sabían que debía nacer de la línea de David.

El segundo Evangelio, que es el de Marcos, fue escrito probablemente antes de los de Mateo y de Lucas. Es posible que tanto Mateo como Lucas hayan aprovechado el Evangelio de Marcos al escribir sus propios Evangelios sobre la vida de Cristo. El autor, Juan Marcos, fue pariente de Bernabé (Col. 4:10) quien acompañó a Pablo y a Bernabé en su primer viaje misionero (Hch.13:5). Posteriormente, a raíz de una controversia, Marcos se separó de Pablo aunque sabemos que más tarde hubo una reconciliación, cuando Pablo le escribió a Timoteo diciendo que Marcos le era "útil en el ministerio" (2 Ti. 4:11). No es extraño, entonces, que habiendo sido siervo de los apóstoles se dedicara a escribir acerca del fiel Siervo de Jehová, Aquel que vino para servir en vez de ser servido. Marcos dirigió su Evangelio especialmente a los romanos, cuyo rasgo era la acción, presentando de esa manera al Hijo del Hombre en medio de una intensa actividad.

El tercer Evangelio fue escrito por el médico Lucas, el cual no era judío, y quien acompañó como compañero al apóstol Pablo en algunos de sus viajes. Fue el historiador más hábil de los cuatro y se caracteriza por el estilo helénico que utilizó. Su propósito al escribir fue el de poner en orden todo lo que los historiadores anteriores habían escrito (Lc. 1:1-4) y además presentar a sus lectores, que probablemente eran los griegos, a Cristo como el hombre divino, el hombre perfecto, o el "Hijo del Hombre" que es un título que usa a menudo, y como el Salvador tanto de los judíos como de los gentiles (aquellos que no son de la raza judía). Lucas se remontó en cuanto a la genealogía de Cristo no solamente hasta Abraham como lo hizo Mateo, sino hasta Adán, quien es el padre de la raza humana (Lc. 3:23-38). Por otro lado, como médico que era, nos da detalles en cuanto al nacimiento del Señor Jesús de la virgen María que los otros Evangelios omiten completamente. Ya que escribió para los griegos, explicó en su Evangelio las tradiciones y palabras judías, como por ejemplo la palabra hebrea "Gólgota" (cp. Lc. 23:33) que es traducida directamente como "el lugar de la Calavera".

El cuarto Evangelio fue escrito por Juan: "el discípulo amado" (Jn. 20:2). Él, junto con Pedro y Jacobo, pasaron experiencias de estrecha relación con el Señor Jesús como la transfiguración. Su propósito al escribir, fue el de presentar a Cristo de tal modo que todos llegasen a creer en Él como el Hijo de Dios y el Salvador personal. El verbo "creer" aparece cien veces en su Evangelio, lo que indica la importancia que daba a esta actitud necesaria para nuestra relación con Cristo. Juan, que vivió hasta fines del primer siglo, escribió su Evangelio casi una generación después que los otros tres. Él tuvo que volver a aclarar que Cristo era el Hijo de Dios y no solamente un mero hombre, puesto que empezaron a haber falsas enseñanzas para aquel entonces. Aclaró además que Cristo era Dios manifestado en carne, agregando muchas porciones de suma importancia que atestiguan la divinidad eterna de Jesucristo. También encontramos la doctrina fundamental y profundísima del "Logos" o "Verbo" como está traducido al español, a más de los discursos sublimes y profundos de despedida del Salvador, que son únicos de este Evangelio.

C. Métodos de estudio

Empezaremos mencionando cómo debe desarrollarse el estudio de la Vida de Jesucristo, porque de esta manera el estudiante podrá realizar mejor sus trabajos, aprendiendo lo más posible de esta vida incomparable.

Primeramente, es necesario leer detenidamente la Biblia, especialmente los cuatro Evangelios, a fin de que el corazón y la mente absorban los dichos inigualables del Señor Jesucristo, familiarizándose así con los sucesos históricos allí narrados. El estudiante deberá leer en forma seguida y detenida los cuatro Evangelios por lo menos cinco veces durante el estudio de este curso, a más de las porciones que tendrá que leer y comparar al estudiar cada lección. Confiamos que el estudiante cumplirá con esta responsabilidad.

En segundo lugar, debe estudiar cuidadosamente este texto. Es necesario aprender de memoria los títulos del bosquejo analítico que se encuentran en la lección 22, el cual presenta en forma cronológica los principales acontecimientos de la vida de Cristo, lo cual permitirá tener un conocimiento panorámico de toda la vida del Señor.

Finalmente, el alumno deberá leer y estudiar las lecciones 1 al 7 del curso A-3: "Introducción al Nuevo Testamento", preparado por el Dr. Turner, pues allí encontrará más detalles sobre la vida del Señor y sobre aquellos hombres que escribieron acerca de Él.

Puede ser que a usted, como estudiante, le parezca que es una tarea muy minuciosa y concentrada, pero no hay duda de que el Señor colmará de bendiciones al estudiante que así lo haga. Nuestra oración es que el mismo Señor le ayude a estudiar y a aprender en forma digna esta materia tan sublime.

Repaso de la lección

1. ¿Por qué es importante conocer la vida histórica de Cristo? y, ¿cuál es el beneficio espiritual?
2. Cite los nombres de los historiadores que mencionaron en sus escritos al Señor Jesucristo.
3. ¿Qué significa la palabra "sinóptico"? y, ¿cuáles son los evangelios sinópticos?
4. ¿Cuál es el rasgo característico de cada uno de los cuatro Evangelios?
5. Aparte de los cuatro Evangelios, ¿cómo podemos saber acerca de la vida de Jesucristo?

Lección 2

El cumplimiento del tiempo

Material para estudiar: *Gálatas 4:4; Romanos 1:18-32*

Bosquejo

A. El cumplimiento del tiempo

B. La preparación del mundo para la venida de Cristo.

1. La situación política.
2. La situación cultural e intelectual
3. La situación social y moral
4. La situación religiosa.

Lección 2

El cumplimiento del tiempo

En la Epístola a los Gálatas, el apóstol Pablo dice: "Pero cuando vino el cumplimiento del tiempo, Dios envió a Su Hijo, nacido de mujer, y nacido bajo la ley, para que redimiese a los que estaban bajo la ley, a fin de que recibiésemos la adopción de hijos". Estas palabras nos hacen ver que el advenimiento del Señor Jesucristo no fue casual ni improvisado, sino que Dios lo había preparado de antemano según Su plan predeterminado.

A. El cumplimiento del tiempo

Hoy día no faltan los que preguntan, ¿por qué tuvo que haber sido en aquel entonces? ¿Acaso no hubiese sido mejor que Jesucristo haya venido en aquella época cuando la maldad de los hombres había crecido a tal extremo que Dios se arrepintió de haberles creado? (Gn. 6:5-6). O, ¿por qué no nació Cristo en aquella época de oscuridad tanto intelectual como espiritual de la Edad Media? O quizá aun mejor, ¿por qué no vino en el tiempo del Renacimiento y de la Reforma? Por un lado, estas preguntas son válidas y naturales, y han ocupado los pensamientos de hombres eruditos durante todos los siglos. En esta lección, trataremos de contestar satisfactoriamente esta pregunta.

Mirado desde todo punto de vista, el momento en que la estrella de Belén esparció su nítida luz, fue el momento más propicio para el evento más sublime de la historia. Debemos recordar que Dios había dado la promesa a nuestros primeros padres, Adán y Eva, de que mandaría un Salvador, el cual sería el Redentor de la raza humana, conocido también como el Mesías, el Ungido de Dios. A través del Antiguo Testamento se repiten en una forma u otra las profecías y las alusiones a este evento trascendental, ya sea a través de Moisés, o de David, o Isaías u otro de los profetas; y a pesar de que dan muchos detalles en cuanto al nacimiento de Jesucristo, ninguno de ellos menciona el momento preciso en el que el Hijo de Dios nacería de una virgen en la ciudad de David. Si bien es cierto que detalles importantes acerca del suceso fueron pronosticados por los profetas, nunca se mencionó la fecha exacta de su cumplimiento. Sin embargo, Dios sí sabía el mejor tiempo para llevar a cabo la llegada de Su Hijo a este planeta, y el mundo entero, guiado por la mano poderosa del Omnipotente, se iba preparando de modo que ningún otro momento anterior a este, y ninguno después, era tan adecuado para recibir al Bendito Redentor, el Cristo de Dios. Sin duda que aquel fue el tiempo perfecto a los ojos de Dios para el advenimiento de Jesús.

B. La preparación del mundo para la venida de Cristo

1. La situación política. Durante los siglos anteriores, las naciones se habían levantado en guerra las unas contra las otras. Un imperio había reemplazado a otro con asombrosa rapidez de modo que por todas partes había inquietud política y económica. Pero en aquel entonces, el imperio romano había logrado establecer su dominio y había extendido sus fronteras hasta los confines más remotos de la tierra. Ante el águila romana, todas las naciones se inclinaban desde el río Eufrates hasta el Atlántico, y desde Germania hasta Etiopía. Las barreras políticas que antes existían entre naciones se habían deshecho repentinamente, dando lugar a un libre intercambio entre las provincias; y a medida que los derechos de los ciudadanos romanos se otorgaban a todos los hombres en el imperio sin considerar el lugar de su natalicio, crecía un concepto más amplio acerca de la unidad, que era la base para el poder y la paz.

Fue debido a esto que la "paz romana" se difundió hasta los rincones más recónditos de la civilización, y su benéfica influencia se dejaba sentir por todas partes. De paso, diremos que en aquella época estaba aconteciendo lo que sólo había acontecido nueves veces en algo más de mil años: esto es, que desde el año 6 antes de venida de Cristo hasta el año 2 de la era cristiana, los portales del gran templo del dios Jano en la ciudad de Roma estaban cerrados, símbolo y prueba de que por todas partes del imperio romano reinaba completa paz. Cabe decir también que, en los 180 años después de la venida de

Cristo, hubo paz en casi todo el imperio, cosa que ayudó mucho al esparcimiento del mensaje del evangelio.

Ahora bien, al mismo tiempo que se infundía la "pax romana" por todas partes, la "lex romana" (ley romana), con su justicia inexorable, su imparcialidad y su rectitud, se aplicaba a todos sin excepción alguna, lo cual dio como resultado un ambiente de tranquilidad en el pueblo, porque se entendía que los malhechores serían juzgados según leyes fijas y rectas, y no de acuerdo al criterio y conveniencias de jueces corrompidos.

Esta situación de tranquilidad y orden, no podía menos que traer buenos resultados en cuanto al desarrollo tanto político como económico del imperio. Bajo el régimen de los Césares se mandaron a construir magníficas carreteras que no solamente facilitaban los viajes de los ciudadanos, sino que también ayudaron a las provincias para que sus recursos naturales fueran explotados, y para que los pueblos aislados llegaran a ser centros importantes de comercio. Todo esto contribuyó para hacer de aquella época un tiempo propicio para el advenimiento del Señor Jesucristo y para el comienzo de la Iglesia Cristiana.

2. La situación cultural e intelectual. En aquella época existía por primera vez en la historia, un lenguaje admirablemente adecuado para transmitir las gloriosas verdades del Cristianismo. Durante los siglos anteriores todas las naciones habían tenido cada cual su propio idioma, pero debido al establecimiento del imperio griego bajo Alejandro Magno, el idioma griego había llegado a ser el que se usó tanto en el comercio como en lo sociocultural en todos los confines de la tierra. Este bello idioma, cuya exactitud de expresión ya se había notado y se había utilizado en Alejandría para hacer una traducción del Antiguo Testamento, conocido como la Versión de los Setenta (usada ahora universalmente), se prestó como el medio apropiado para el esparcimiento de la verdad del Evangelio de Cristo.

Además, debemos mencionar que el pensamiento del mundo entero estaba acondicionado para recibir este mensaje. Los filósofos griegos habían enseñado a los hombres a pensar por sí mismos, y con avidez se habían propuesto examinar todas las materias con el propósito de hallar una solución a todos los problemas. Se dedicaron a estudiar el mundo de la naturaleza, las ciencias orgánicas, físicas y químicas; se dedicaron a observar las reacciones psicológicas de los hombres, y sobre todo, se ocuparon en gran manera de estudiar la teología. Esto no era extraño, porque en su búsqueda de una solución para todos los problemas, llegaron a la conclusión de que para entender y resolver muchas incógnitas, tenían que considerar al Ser sobrenatural.

3. La situación social y moral. Se puede decir que aquel entonces era en realidad un mundo moderno, un mundo en el cual todo se movía al compás de los descubrimientos tanto filosóficos como científicos. Pero a medida que el mundo avanzaba en estos parámetros, las condiciones sociales y morales iban de mal en peor. Según el primer capítulo de Romanos y el cuarto capítulo de Efesios, nos damos cuenta que el mundo estaba sumergido en un pantano de iniquidad, enlodados en el vicio y la depravación como nunca antes en la historia. Parece que llegaron hasta el punto de no poder reconocer el pecado o de distinguir entre el bien y el mal. Por todo aquello, las sociedades estaban llenas de pesimismo, de un cansancio espiritual y de una decadencia moral, de tal forma que esto sirvió también para preparar al mundo para el advenimiento de Aquel que podía cambiar todas las cosas, que podía dar un nuevo rumbo a las vidas degeneradas; que podía dar nueva esperanza, paz y verdadero gozo a los desalentados; que podía dar vida eterna a los que estaban muertos en delitos y pecados.

4. La situación religiosa. Habíamos dicho anteriormente que la filosofía había enseñado a los hombres a pensar por sí mismos. Sin embargo, al mismo tiempo, esto había destruido casi por completo las antiguas creencias y la fe en muchos de los dioses que pretendían adorar. Todo el sistema panteísta había decaído bastante, por el hecho de que no habían podido satisfacer las necesidades y anhelos espirituales que tenía el pueblo. Por otro lado, ciertamente había un verdadero florecimiento de religiones, entre ellas la adoración y veneración al emperador romano, y los numerosos cultos saturados de misterio que provenían del oriente; pero ninguno de ellos podía apagar la sed espiritual de un mundo pecador. De allí surgieron nuevos métodos para mitigar aquel vacío espiritual, tales como el *eclesismo*, que escogiendo lo mejor de cada religión pensaban hallar la panacea para todos los males de la humanidad; el *sincretismo*, que cotejando las muchas religiones, adaptando y reuniéndolas todas en una, debía dar la solución a todo problema espiritual; el *escepticismo*, que dudaba de todo y no hallaba satisfacción en nada. Esta era la situación que predominaba entre los gentiles, es decir, entre aquellos que no eran de la raza judía.

Entre los judíos la situación era un poco mejor, pues ellos eran los depositarios de la fe monoteísta, y a pesar de que habían permitido muchas desviaciones en lo tocante a la fe y práctica durante los siglos anteriores, habían sido despojados una vez para siempre de su idolatría, la cual fue la causa para que la ira de Dios estallase contra ellos. Para aquel entonces se habían adherido verdaderamente a la fe de sus antepasados y habían llegado a ser el gran exponente de este concepto tan elevado de Dios como Ser único y absoluto. Posteriormente, esparcidos por todo el mundo, los judíos tuvieron una gran influencia, no sólo porque viajaban a la ciudad santa en ocasiones de fiestas solemnes, sino por todas sus gestiones comerciales a través de las cuales difundían sus creencias.

Además, es preciso recordar que dondequiera que había un grupo de judíos, ahí se establecía una sinagoga, que era el lugar donde se reunían para celebrar sus cultos religiosos. En sus encuentros ellos a menudo recordaban que se les había prometido un Redentor, quien les libraría del yugo de sus opresores. Ahora, nuevamente bajo el poder de una nación pagana como era la de Roma, y bajo el yugo de servidumbre, brotaba cual renuevo la esperanza con tal intensidad cual nunca antes se había demostrado, deseando la llegada de su Mesías. Mas lo triste fue que, como está escrito por el apóstol Juan: "A lo suyo vino, y los suyos no le recibieron" (Jn. 1:11). De modo que, aunque estaban preparados para recibirle, no se dieron cuenta de ello e hicieron caso omiso del acontecimiento más maravilloso de toda la historia, rehusando recibir a su Rey, su Salvador y su Señor.

A través de todo esto vemos entonces cómo Dios había guiado todos los detalles de la historia, a fin de preparar al mundo de aquel entonces para que fuera el escenario propicio para la llegada de Su Hijo, el Señor Jesucristo. ¡Cuán grande fue el privilegio de aquellos que vivieron en aquella época!, aunque lastimosamente no se dieron cuenta de ello. Sólo nosotros que a través de la historia podemos mirar hacia atrás, podemos entender y ver cuán maravillosos han sido los designios de nuestro gran Dios.

Repaso de la lección

1. Cite un versículo del Nuevo Testamento que declare que Cristo vino al mundo en una fecha predeterminada por Dios.
2. ¿Cómo podemos saber que el mundo estuvo preparado políticamente para el advenimiento de Cristo?
3. ¿Cuáles son las pruebas que tienen que ver con la preparación intelectual?
4. ¿Cuál era la situación moral y social que predominaba en el tiempo del nacimiento de Cristo?
5. ¿Cuáles son los hechos que prepararon al mundo religiosamente?

Lección 3

La encarnación

Para estudiar: *Juan 1:1-18 y otras citas mencionadas en la lección.*

Bosquejo

A. El dilema planteado por los Evangelios

B. La perfecta divinidad de Cristo

C. La perfecta humildad de Cristo

D. La encarnación, la única explicación del misterio

Lección 3

La encarnación

En una ocasión el Señor Jesucristo les preguntó a Sus discípulos: "¿Quién dicen los hombres que soy yo"? (Mr. 8:27). Es en base a esta pregunta que desarrollaremos nuestro estudio sobre la vida de Jesucristo. Al tratar de estudiar minuciosa y profundamente la persona, vida y dichos de Jesucristo que nos legaron los Evangelistas que escribieron de Él por inspiración divina, vemos que nos encontramos frente a un misterio que es inescrutable e infinitamente más profundo de lo que la inteligencia humana es capaz de entender. En todo caso, en esta lección trataremos de indicar los hechos sobresalientes de este gran misterio.

Al leer los Evangelios, nos damos cuenta de que estamos frente a Alguien que es completamente humano: encontramos a una persona en quien se hallan todos los atributos de un ser humano. Sin embargo, vemos que también hay algo que le hace ser diferente de los demás que le rodean; hay algo que le destaca sobre sus semejantes. Las Escrituras le presentan como hombre entre hombres que nació, vivió y murió, pero a su vez le presentan como a Uno que es completamente diferente: lleno de gracia y de poder, y de cuyos hechos destella aquella gloria que no es humana sino divina.

A. El dilema planteado por los evangelios

Los Evangelistas plantean la situación en sus primeros capítulos. Mateo y Lucas, a través de genealogías, indican la ascendencia humana que tenía

Jesús. Marcos pasa por alto las genealogías y declara en el primer versículo de su Evangelio que Jesucristo es el Hijo de Dios. Juan hace caso omiso de la parentela humana que tenía el Señor, y en breve pero profundas palabras declara que: "En el principio era el Verbo, y el Verbo era con Dios, y el Verbo era Dios" (Jn. 1:1). Y es aquí donde radica la incógnita, pues, ¿cómo pudo haber sido perfectamente humano y a la vez completamente divino?

Al pensar en Su humanidad, vemos que Su vida terrenal tuvo principio cuando nació de la virgen María allá en Belén. En Isaías 9:6 leemos: "Porque un niño nos es nacido, hijo nos es dado". De la primera parte de este versículo se puede ver que al nacer el niño, Su vida terrenal y humana tuvo principio; mas de la segunda parte que dice que "hijo nos es dado" da a entender que debió haber existido desde antes. Aquí podemos ver una distinción obvia, cuando dice que "el niño es nacido" con "hijo nos es dado". Vemos pues que en Jesucristo, tanto lo humano como lo divino se une. El Dios eterno y supremo se humana; las dos naturalezas, la humana y la divina, llegan a juntarse de modo indisoluble e inescrutable; el Hijo de Dios y el Hijo del hombre se encuentran en Uno, en Jesucristo.

B. La perfecta divinidad de Cristo

Se puede ver con claridad que las Escrituras enseñan la pre-existencia eterna de Jesucristo. Por ejemplo, en las profecías del Antiguo Testamento tenemos la mención de este hecho cuando dice: "Pero tú, Belén Efrata, pequeña para estar entre las familias de Judá, de ti me saldrá el que será Señor en Israel, y sus salidas son desde el principio, desde los días de la eternidad" (Miqueas 5:2). Y así, hay muchas alusiones que no pueden ser aplicadas apropiadamente sino al eterno Hijo de Dios. Luego, cuando llegamos al Nuevo Testamento, encontramos muchos otros versículos que declaran su pre-existencia tanto directa como indirectamente. Tenemos el ejemplo de Juan 1:1-2 cuando dice: "En el principio era el Verbo y el Verbo era con Dios, y el Verbo era Dios". También vemos que en Juan 8:58 declara: "Antes que Abraham fuese, yo soy", y en Juan 13:3: "Y sabiendo Jesús que el Padre le había dado todas las cosas en sus manos, y que había salido de Dios, y que a Dios iba..."; también las palabras del mismo Señor en la oración a Su Padre: "Ahora pues, glorifícame tú al lado tuyo, con aquella gloria que tuve contigo antes que el mundo fuese" (Jn. 17:5). Además, tenemos entre los escritos de Pablo más pruebas de esta sublime verdad que el estudiante debe estudiar: Filipenses 2:6; Colosenses 1:15, 19; 1 Timoteo 3:16 y Hebreos 1:3 y 13:8.

Entre las porciones que hablan indirectamente de la preexistencia de Cristo como el Creador de la creación tenemos Hebreos 1:10 que dice: "Tú, oh Señor, en el principio fundaste la tierra, y los cielos son obra de tus manos". También Colosenses 1:16-17 declara: "Porque en El fueron creadas todas las cosas, las que hay en los cielos y las que hay en la tierra, visibles e invisibles; sean tronos, sean dominios, sean principados, sean potestades; todo fue creado por medio de El y para El. Y El es antes de todas las cosas y todas las cosas en El subsisten".

Finalmente haremos mención de algo que también es prueba indudable de la preexistencia de Cristo. Nos limitamos a citarlo, puesto que es un tema demasiado amplio para poderlo elaborar en esta lección. El hecho es que, cuando el Antiguo Testamento habla del Ángel de Jehová, se está refiriendo al Señor Jesucristo. A continuación mencionaremos algunas citas del Ángel de Jehová para que usted las pueda comparar: Génesis 16:7; 18:1; 22:11-12; 48:15-16; y Éxodo 3:2, 14.

Debemos siempre recordar que Jesucristo no sólo es pre-existente sino que es también divino, es decir, Dios mismo, que se verifica en Juan 1:1; Juan 20:28; Romanos 9:5; Tito 2:13; Hebreos 1:8 y 1 Juan 5:20.

También podemos aducir más pruebas sobre la divinidad de Cristo, citando aquellos versículos que le ponen en un nivel igual al de Dios el Padre, como por ejemplo Juan 5:18 y Filipenses 2:6; y también aquellos que declaran que el Señor Jesucristo recibe la adoración y el honor que sólo a Dios le pertenece, como en Juan 5:23, Hechos 7:59, Hebreos 1:6 y Apocalipsis 5:12-14.

C. La perfecta humanidad de Cristo

El otro hecho maravilloso y sorprendente es que Jesucristo es al mismo tiempo completamente hombre. En los primeros capítulos de los evangelios según Mateo y Lucas, tenemos anunciado y verificado el nacimiento del niño Jesús, cuya madre fue la virgen María, lo cual demuestra que era un humano igual que los demás. Leemos además que, como hombre, participaba de las tres partes comunes a éste, es decir, cuerpo (Lc. 24:39), espíritu (Jn. 13:21), y alma (Mt. 26:38). Ahora bien, no sólo que nació, sino que también vivió como hombre entre los hombres, y estando en la condición de hombre se sujetó a todas las limitaciones humanas. La Escritura dice que Él crecía tanto en estatura como en sabiduría (Lc. 2:52), y a medida que crecía tenía hambre y sed (Mt. 4:2; Jn. 19:28); se cansaba y tenía que descansar (Jn. 4:6; Mt. 8:24). También experimentó las mismas emociones que el resto de los hombres: amó, se entristeció, se enojó (Mr. 11:15-17; Mr. 10:21; Jn. 12:27; Jn. 11:35). Y no sólo esto, sino que también se sujetó a padecimiento y muerte, y muerte de cruz. Después de morir fue sepultado; mas gracias a Dios, al tercer día resucitó de entre los muertos. Concluimos entonces, que Cristo fue verdadera y completamente hombre, sin ninguna contradicción con su Divinidad.

Esta unidad entre lo humano y lo divino se efectuó en lo que llamamos "la encarnación", esto es, cuando Cristo "el Hijo que nos es dado", vino a ser "el niño que nos es nacido". Esta unión que se realizó en la encarnación era absolutamente indispensable para que la obra de la redención pudiese ser efectuada y para que el Señor Jesucristo fuese el Mediador perfecto entre Dios y los hombres. Su doble naturaleza, amalgamada perfectamente entre sí, le hizo participar tanto de lo uno como de lo otro, pues tenía igual honra que Dios, y al mismo tiempo perfecta identificación con los hombres. Siendo hombre, pudo presentar un sacrificio perfecto en expiación por los pecados de los hombres, y por ser al mismo tiempo Dios, Su ofrenda fue de inestimable valor. Juan dice que "El apareció para quitar nuestros pecados, y no hay pecado en El".

D. La encarnación, la única explicación del misterio

Es de suma importancia notar que la encarnación sólo fue posible y únicamente se explica por el nacimiento de Jesucristo de una mujer virgen. Si los padres de Jesucristo hubiesen sido dos seres humanos, Él hubiera sido como un humano cualquiera. Pero vemos que para la encarnación hubo la participación del Espíritu Santo, lo cual también es difícil de entender humanamente. La narración bíblica dice en Lucas 1:35: "El Espíritu Santo vendrá sobre ti, y el poder del Altísimo te cubrirá con su sombra; por lo cual también el Santo Ser que nacerá, será llamado Hijo de Dios". Para nosotros que creemos, vemos que para Dios fue posible obrar de esta manera la encarnación de Su Hijo entre los hombres.

REPASO DE LA LECCIÓN

1. ¿Cuál es el dilema inicial y fundamental que hay que resolver en cuanto a la vida de Jesucristo entre los hombres?
2. ¿Cómo puede establecerse sin lugar a dudas que el Señor Jesucristo es Dios? Anote varias citas que comprueben este hecho.
3. ¿Cómo puede establecerse también que Cristo fue entera y completamente humano? Anote algunos versículos que respalden lo dicho.
4. ¿Cuál es la explicación del misterio de las dos naturalezas?
5. ¿Cuál es la explicación única de la encarnación?

Lección 4

Nacimiento e infancia

Para estudiar: *Mateo 1:1—2:23; Lucas 1:5—2:52; 3*:23-38

Bosquejo

A. Las genealogías
   Mateo 1:1-17; Lucas 3:23-38

B. Las anunciaciones:
   1. A Zacarías
   2. A María
   3. A José

C. Los Salmos de alabanza
   1. De Elisabet
   2. De María
   3. De Zacarías
   4. De Simeón

D. El nacimiento
   1. Lugar
   2. Fecha
   3. Los grupos alrededor del niño nacido
   4. Los pastores
   5. El cumplimiento de la ley
   6. Los magos
   7. Herodes
   8. En Egipto y en Nazaret
   9. En el Templo
   10. Los dieciocho años en Nazaret

Lección 4

Nacimiento e infancia

A. Las genealogías

Mateo 1:1-17; Lucas 3:23-38

Damos comienzo examinando las genealogías que nos dan la ascendencia humana del Salvador y que encontramos en los Evangelios según Mateo y Lucas. Al revisar estas dos listas en Mateo y Lucas nos encontramos con fuertes ataques de parte de los críticos porque dicen que existen discrepancias. No queremos pasar por alto estas críticas, aunque ciertamente el hombre que se acerca al problema con la mente despejada de prejuicios encontrará una solución adecuada y satisfactoria. Ellos dicen que según Mateo 1:17 que dice: "De manera que todas las generaciones desde Abraham hasta David son catorce; desde David hasta la deportación a Babilonia, catorce; y desde la deportación a Babilonia hasta Cristo, catorce", sólo incluye tres divisiones de catorce generaciones cada una, y que la simple matemática exige que haya cuarenta y dos nombres en la lista; sin embargo, al contarlos se encuentran solamente cuarenta y uno. Por lo tanto, ¿cómo puede explicarse semejante error?

Existen dos maneras sencillas de explicar esto. En primer lugar, Mateo no dice cuarenta y dos nombres, sino que dice que desde Abraham hasta David, inclusive, hay catorce generaciones, y cuando las contamos hallamos que así es en verdad. Luego, dice que de David hasta la deportación a Babilonia hay catorce generaciones, y en la tercera división también hay catorce generaciones. Por alguna razón que ignoramos, Mateo vuelve a incluir a David en el registro, y por lo tanto hallamos que aquí también hay catorce generaciones. Al repetir el nombre de David, o al incluirlo como lo hace dos veces, Mateo da la explicación de que sí hay tres divisiones cada una con catorce generaciones, sólo que únicamente se mencionan cuarenta y un nombres.

Ahora, veamos la otra explicación. En las primeras dos secciones no hay dificultad alguna. Solamente en la tercera es que hay objeción por parte de los escépticos. Aquí tenemos que tomar en cuenta los nombres. Vemos que José es el décimo segundo nombre en la lista. José fue el padre legal de Jesús, y por lo tanto debía ser mencionado en la lista. Pero sabemos que José no fue realmente el padre de Jesús. Por lo tanto, partimos de María como la generación real, la cual fue madre de Jesús. El nombre de ella es el décimo tercero en la lista. Luego, a continuación se menciona el nombre de Cristo, de tal modo que "desde la deportación a Babilonia hasta Cristo son catorce generaciones". Estas son las dos explicaciones que se dan para aclarar la exactitud que tuvo el evangelista Mateo.

Otra crítica que se hace, aunque es de menor importancia, es que Mateo omite de su lista varios nombres de la ascendencia de Jesús. Esta crítica no es válida, porque al estudiar las genealogías que en otras fuentes encontramos, hallamos que era la costumbre de los historiadores omitir nombres en sus listas por lo cual Mateo también tuvo la opción de hacer lo mismo.

Ahora bien, si solamente tuviéramos la lista en el Evangelio según Mateo, nuestras dificultades se hubieran terminado, pero el hecho es que también Lucas nos presenta una genealogía (Lc. 3:23-38), y ésta es diferente de la de Mateo, de modo que los escépticos dicen que semejante diferencia jamás puede ser explicada. Sin embargo, diremos que Mateo nos da la ascendencia legal de Jesucristo, que en este caso sólo podía ser a través de José, y Lucas nos da la ascendencia real que, por supuesto, sólo podía ser a través de María. Claro es que jamás lo podremos saber a ciencia cierta para poder decir categórica e infaliblemente que así es, pues ninguno de los escritores nos dijo cuál es la explicación, mas lo cierto es que no es forzada ni ofende a la razón, sino que es del todo posible. Por lo tanto, la aceptamos y decimos que la crítica de los enemigos no tiene base.

Como comentario adicional, es hermoso ver que aun en la genealogía de nuestro Salvador se incluye a Rahab, una gentil cuya vida cambió radicalmente. Desde el principio Dios ha amado a los gentiles.

B. Las anunciaciones

Mateo 1:20-21; Lucas 1:11-20, 26-38

Este maravilloso acontecimiento de la venida de Cristo estuvo precedido por tres anunciaciones, las cuales fueron hechas por el ángel del Señor. La primera a Zacarías (Lc. 1:5-25); la segunda a María (Lc. 1:26-38), y la tercera a José (Mt. 1:18-25).

En cuanto a la primera anunciación, vemos que fue mientras el anciano Zacarías estaba ejerciendo su sacerdocio delante de Dios en el templo. Cuatrocientos años antes, el profeta Malaquías había profetizado diciendo: "He aquí, yo envío mi mensajero el cual preparará el camino delante de mí; y vendrá súbitamente a su templo el Señor a quien vosotros buscáis, y el ángel del pacto, a quien deseáis vosotros" (Mal. 3:1; vea también Mal. 4:5-6). Ahora, como cumplimiento de aquella profecía, Zacarías y su esposa iban a tener en su vejez un hijo, el cual prepararía los caminos del Señor. Era necesario que hubiera un heraldo que pregonara la venida del Mesías, que preparase los caminos del Señor, y este fue Juan el Bautista, cuyo nacimiento fue anunciado por el ángel Gabriel a Zacarías en el templo.

La segunda anunciación fue a la joven María, y esta era absolutamente imprescindible puesto que María era virgen y, ¿cómo hubiera ella podido explicar lo que Dios había hecho en su vida? Era necesario hacerle saber el sublime misterio, esto es, que por gracia divina ella había sido escogida para ser la madre del Hijo de Dios, y el instrumento para que Su Hijo tomara forma humana. María, con una actitud sumisa y reverente dice: "He aquí la sierva del Señor; hágase conmigo conforme a tu palabra" (Lc. 1:38).

La tercera anunciación hecha por el ángel fue a José, lo cual también era sumamente necesario puesto que José, siendo hombre justo y recto, se halló ante un dilema, el cual le dejó perplejo y sin saber qué hacer. Aunque es verdad que José y María todavía no habían contraído matrimonio, entre los judíos el desposorio era un asunto de mucha seriedad y solemnidad, tanto como el mismo matrimonio. Ellos sólo podían separarse divorciándose, exactamente como si fueran casados. Fue por esto que José quiso dejarla secretamente (Mt. 1:18-19), para evitar el escándalo de un divorcio. Estando pues, en este conflicto, el ángel se le presentó para explicarle todo el asunto.

Fueron tres anunciaciones sobrenaturales, y cada una enteramente necesaria, satisfactoria y suficiente.

C. Los Salmos de alabanza

Lucas 1:39-80

El anuncio de estos grandes acontecimientos fue motivo para que Elizabeth, María y Zacarías prorrumpiesen en cánticos de alabanza al Señor (Lc. 1:39-80). En ellos se aprecia la gozosa esperanza mesiánica que tenían los tres, pues cada uno estaba convencido de que el Mesías sería la fuente de prosperidad para el pueblo; el origen de las más grandes bendiciones y el don y la manifestación de la gracia de Dios. Estos cantos estaban compuestos, en su mayor parte, por textos del Antiguo Testamento, y alusiones a sus enseñanzas, lo cual atestiga la vida piadosa que tenían los cantores.

D. El nacimiento

Mateo 1:18 al 2:23; Lucas 2:1-52

En este punto surge la pregunta, ¿cómo es que a Jesús le llamaron el Nazareno, cuando él había nacido en Belén y sus padres también eran oriundos de Nazaret? Según las Sagradas Escrituras, Dios había dicho que Jesucristo iba a nacer en Belén (vea Miqueas 5:1). Era por lo tanto necesario que sucediera así, pero ¿cómo iba a cumplirse esa profecía? El emperador romano, inconscientemente, dio las órdenes que hicieron efectiva la profecía, porque salió el edicto de parte de Augusto César que toda la tierra fuese empadronada (Lc. 2:1-4), y ese empadronamiento tenía que hacerse en la ciudad de la cual cada ciudadano era oriundo. Ya que José era de la familia y casa de David, de Belén, era necesario que él y su desposada subiesen a esta ciudad para el empadronamiento. Una vez más, la poderosa pero invisible mano de Dios había movido las cosas para que Su palabra se cumpliese y para que Sus propósitos se realizaran según el plan determinado desde antes de la fundación del mundo. Así, Cristo nació en Belén, cumpliendo las profecías.

Ahora bien, luego surge la pregunta, ¿cuándo nació Cristo? Hay pocos temas que se han discutido más extensamente y con menos provecho que éste, porque, en realidad es imposible establecer la fecha exacta del nacimiento. La fecha que se celebra tradicionalmente el 24 de Diciembre no es la correcta, puesto que en aquella época era invierno y la Escritura nos dice que los pastores velaban y guardaban las vigilias de la noche sobre su ganado en el campo (Lc. 2:8), lo cual significa que debe haber sido en un clima caliente. Se han sugerido otras fechas, pero para ninguna de ellas puede hallarse suficiente prueba. Lo mismo sucede en cuanto al año, puesto que varias fechas se han sugerido, comenzando con dos o tres después de Cristo hasta seis o siete años antes de la era cristiana. Estudiando la abundante literatura que hay al respecto, llegamos a la conclusión que Cristo nació en el año cinco o seis antes de la era cristiana. Hay dos hechos importantes que comprueban esta aseveración. El primero es que la Biblia declara que Cristo nació en días del rey Herodes (Mt. 2:1), y según muchas fuentes, especialmente de los escritos del historiador Josefo, quien fue contemporáneo, se puede deducir el hecho de que Herodes murió cuatro años antes de la era cristiana. El segundo hecho, es que el empadronamiento fue hecho mientras Cirenio era gobernador de Siria (Lc. 2:2). Los descubrimientos arqueológicos en el Asia Menor indican que Cirenio fue gobernador durante los diez a siete años antes de la era cristiana, y lo fue hasta el año seis.

Una vez establecido el lugar y la fecha, podemos acercarnos al pesebre en Belén para ver la escena del advenimiento. Cuando Jesús nació, sólo estuvieron presentes el hombre José y la joven María, y no como lo presentan algunos cuadros en los que se ve a un grupo de pastores, los tres reyes magos, y a Simeón y Ana. Claro que los pastores fueron después de que se les presentaron los ángeles dándoles la buena noticia del nacimiento del Salvador, con los detalles específicos de la ciudad de David y cómo y dónde lo podían encontrar. Hermosas deben haber sido las alabanzas que las huestes celestiales cantaron al Señor, palabras de lo que hoy llamamos el "Gloria in Excelsis" (Lc. 2:9-20).

Luego del nacimiento del Hijo de Dios, José y María quisieron cumplir con los requisitos de la ley judaica. Debían observar tres ceremonias. La primera de ellas era la circuncisión al octavo día (Gn. 17:12). Esto representaba tanto la sujeción voluntaria a la ley de Dios como la aceptación de los privilegios establecidos por el pacto entre Dios y Abraham y su simiente. La segunda era la presentación en el Templo a los 30 días (Éx. 13:2; Nm. 18:15-16). La tercera era la purificación de la madre. Esto sólo podía hacerse después de cuarenta y un días presentando como holocausto un cordero o un par de tórtolas (Lv. 12:1-8). Generalmente los ritos de la presentación del primogénito y de la purificación de la madre se observaban en la misma visita al Templo después de los cuarenta y un días, que fue lo que precisamente se hizo en este caso.

Cuando José y María fueron al Templo a presentar a Jesús, se encontraron con dos personajes notables, el venerable Simeón y Ana la profetiza (Lc. 2:25-38). Cuando Simeón vio al niño, fue guiado por el Espíritu a exclamar con un salmo de alabanza conocido como el "Nunc Dimittis" y luego pronunció una bendición que era profética en cuanto a lo que acaecería al Señor Jesucristo. Ana, que también temía a Dios, confesó y habló de Él como el Mesías, a los que esperaban la redención.

Entre los primeros que adoraron al Señor debemos mencionar a los magos. En cuanto a ellos hay un sin número de tradiciones e historias fantásticas. En realidad, sólo Mateo relata esta visita y no indica el lugar de su procedencia, sino solamente dice que son del oriente; tampoco dice cuántos eran, sino que dice: "unos magos", y tampoco da los nombres, aunque muchos erróneamente creen que sí (Mt. 2:1-12). Lo que se cree es que eran hombres eruditos y justos que viajaron grandes distancias con el sólo fin de adorar al Rey. Ellos fueron guiados, según dice Mateo, por una estrella que fue delante de ellos hasta que se puso sobre el lugar donde estaba el niño. Han habido varias teorías para explicar esto de la estrella. No cabe la menor duda de que, coincidiendo con el advenimiento del Hijo de Dios, se dejó ver una extraordinaria y gran constelación compuesta por la unión de los astros Júpiter, Saturno y Marte, por lo que algunos identifica a la estrella de Belén con ese conjunto de planetas. Hay otros que dicen que fue un cometa el que apareció en el cielo. De todas maneras, ninguna de estas teorías explica el hecho de que la estrella "iba sobre donde estaba el niño" (Mt. 2:9). Es más probable que para este acontecimiento trascendental, Dios haya preparado una estrella especial que sirviera para indicar el lugar donde nacería Su Hijo, pues nada hay difícil para Él.

En medio de esto nos encontramos con el rey Herodes, que en sí era la maldad encarnada, la quinta esencia de la crueldad. Herodes el Grande, como se llamaba, vivía siempre con el temor de que alguien llegaría a usurpar su puesto, y cuando corrieron las noticias de que había nacido el rey de los judíos él se turbó grandemente, por lo que mandó a matar a todos los niños menores de 2 años, cumpliéndose así lo que estaba profetizado en Jeremías 31:15. Pero no era tan fácil deshacerse del Rey de los judíos, porque Dios le avisó a José que debían huir a Egipto para salvarse del peligro y donde permanecieron por un tiempo. Es interesante notar que el tiempo, tanto para la huída como para el regreso, les fue anunciado por el ángel, cumpliéndose así la profecía de Oseas 11:1: "De Egipto llamé a mi Hijo".

Al regreso de Egipto, la pequeña familia se fue a residir en Nazaret, que era donde habían vivido anteriormente los padres de Jesús. En cuanto a los primeros 12 años no sabemos sino lo que en un versículo nos dice Lucas: "Y el niño crecía, y se fortalecía, y se llenaba de sabiduría; y la gracia de Dios era sobre El" (Lc. 2:40). Así, cuando cumplió 12 años, según la costumbre judía que prescribía la ley de Jehová (Dt. 16:1-8), Jesús fue a Jerusalén con sus padres a celebrar la Pascua. Allí en el Templo, el niño dio muestras de profunda sabiduría, al contestar las preguntas de los doctores de la ley con contestaciones sabias; además, también llama la atención el conocimiento preciso que tenía de lo que era Su misión en este mundo, que era cumplir la voluntad de Su Padre Celestial, entendimiento que no tenían sus padres de la igual forma.

Pasada la fiesta, regresaron a Nazaret. De los años que siguen hasta que comenzó Su ministerio público no se sabe nada sino lo que Lucas dice en 2:51-52: "Y descendió con ellos y volvió a Nazaret y estaba sujeto a ellos ... y Jesús crecía en sabiduría y en estatura, y en gracia para con Dios y los hombres".

Repaso de la lección

1. ¿Cómo se explican las aparentes discrepancias entre las genealogías que escribieron Mateo y Lucas?
2. ¿Por qué era necesario que el advenimiento de Jesús tuviera anunciaciones sobrenaturales?
3. ¿Cómo se explica que siendo José y María de Nazaret, Cristo haya nacido en Belén?
4. ¿En qué año nació el Señor Jesucristo? ¿Cómo podemos saber la fecha?
5. ¿Cuáles fueron las ceremonias o ritos que los padres de Jesús tuvieron que realizar después de Su nacimiento?
6. ¿Qué es lo que se sabe a ciencia cierta en cuanto a los reyes magos? ¿Y en cuanto a la aparición de la estrella?

Lección 5

COMIENZO DE SU MINISTERIO PÚBLICO

Material para estudiar:
Mateo 3:1-17; Marcos 1:1-13; Lucas 3:1-23, 4:1-13; Juan 1:19-51, 2:1-12.

BOSQUEJO

A. El ministerio de Juan el Bautista
Mateo 3:1-12; Marcos 1:1-8; Lucas 3:1-18

B. El bautismo de Cristo
Mateo 3:13-17; Marcos 1:9-11; Lucas 3:21-23

C. La tentación en el desierto
Mateo 4:1-11; Marcos 1:12-13; Lucas 4:1-13

D. El testimonio de Juan el Bautista
Juan 1:19-34

E. Los primeros discípulos
Juan 1:35-51

F. El primer milagro
Juan 2:1-12

LECCIÓN 5

Comienzo de Su ministerio público

En la lección anterior, el Señor Jesucristo vivía en su hogar de Nazaret. Pero ahora había llegado el momento de dejar a un lado las herramientas de carpintero y salir de la obscuridad del anonimato a la luz del ministerio público. Sin embargo, no se dio a conocer a la nación judía sin previo aviso, pues estaba escrito en la profecía: "He aquí, yo envío mi mensajero, el cual preparará camino delante de mí" (Mal. 3:1). Antes de escuchar las bellas palabras llenas de gracia del Señor Jesucristo, la nación tenía que oír la voz profética que durante cuatrocientos años había estado callada, esta es, la de Juan el Bautista. El Señor Jesucristo dijo: "Os digo que entre los nacidos de mujeres, no hay mayor profeta que Juan el Bautista" (Lc. 7:28).

A. El ministerio de Juan el Bautista

Mateo 3:1-12; Marcos 1:1-8; Lucas 3:1-18

En su nacimiento hay muchos detalles, incluyendo la anunciación divina, los padres ancianos y estériles, y su nombre designado que significa "don de Jehová". Debe haber pasado su niñez junto a sus padres y sujeto al más estricto cumplimiento de la ley de los judíos y "estuvo en el desierto hasta el día en que se mostró a Israel" (Lc. 1:80). Había sido dedicado y consagrado a la obra de Dios y había tomado voto de Nazareo, sobre lo cual se habla en Números 6.

Aquí cabe señalar la diferencia entre Nazareno y Nazareo. El primero se refiere al que es oriundo de la ciudad de Nazaret; el segundo quiere decir "apartado" o "separado", y es el nombre que se aplica al hombre que se dedica a una vida de abstinencia estricta con el fin de consagrarla al Señor.

Así, vestido con piel de camellos y cinturón de cuero, comiendo sencillamente miel silvestre y langostas, Juan alzó su voz y comenzó la labor profetizada por el ángel: "E irá delante de El con el espíritu y el poder de Elías, para hacer volver los corazones de los padres a los hijos, y de los rebeldes a la prudencia de los justos, para preparar al Señor un pueblo bien dispuesto" (Lc. 1:17).

En el capítulo tres de Mateo, leemos que el comienzo de su ministerio fue "en el desierto de Judea", y Lucas nos dice que era "por toda la tierra alrededor del Jordán". Los dos se refieren a aquella parte al oeste del Mar Salado y la ribera meridional del río Jordán, que corresponde al desierto de Judea.

El mensaje de Juan fue: "Arrepentíos porque el reino de los cielos se ha acercado" (Mt. 3:2). Sabiendo bien cómo es el hombre, sin temor alguno, descubría los pecados de sus oyentes y en palabras claras y fuertes los denunció (Mt. 3:7-10 y Lc. 3:7-14). Cuando Juan usa la palabra "Arrepentíos", está usando la palabra griega "metanoein" que tiene que ver con cambiar de pensamiento y de propósito, y no con "hacer penitencia" como algunos dirían. Este cambio conduce inevitablemente a una transformación de la vida exterior que generalmente llamamos regeneración o una vida reformada. El resultado de este cambio no depende de la tristeza que se experimenta por lo hecho anteriormente, porque uno no cambia por tener tristeza, sino que es un cambio de actitud total hacia lo que es la voluntad de Dios. De modo que la versión católico-romana de la Biblia no comunica el sentido preciso de la palabra, sino solamente lo secundario. El arrepentimiento que Juan exigía era mucho más que una experiencia emocional; era un cambio radical de pensamiento y obra.

Acompañando a la predicación de Juan, había el rito del bautismo, palabra que quiere decir inmersión o ser sumergido. Sin embargo, este rito no era algo nuevo o extraño para los judíos, pues era algo que se había practicado durante muchos años entre ellos, pero esta vez el bautismo estaba investido de una autoridad celestial (Jn. 1:33 y Mt. 21:25). Este bautismo o inmersión se la realizaba después de la confesión de pecados (Mt. 3:6), y era para arrepentimiento (Mt. 3:11). En el texto original el orden de las palabras es un poco difícil de entender y puede decir: "os bautizo en agua como resultado de vuestro arrepentimiento", o puede decir "os bautizo en agua con el fin de que os arrepintáis". Vemos sin embargo, que en Lucas exhorta a los oyentes a hacer "frutos dignos de arrepentimiento" (Lc. 3:8), lo cual nos lleva a la conclusión de que el bautismo se administraba como resultado o consecuencia del arrepentimiento. Notemos de paso, que este bautismo no era de niños o inocentes, por cuanto se administraba previa confesión de pecados; tampoco era mediante unas cuantas gotas aplicadas en la frente, puesto que Juan bautizaba en Enón junto a Salim "porque allí había muchas aguas" (Jn. 3:23). También cabe mencionar el testimonio en cuanto al Señor Jesucristo que no comentaremos, pero sugerimos la lectura de Marcos 1:7-8; Mateo 3:13-17 y Lucas 3:21-23.

B. El bautismo de Jesucristo

Mateo 3:13-17; Marcos 1:9-11; Lucas 3:21-23

Habían transcurrido alrededor de seis meses desde que Juan comenzó su ministerio, cuando un día se presentó el Señor Jesucristo. El hecho de que estuviera presente era ya suficiente para llamar la atención, pero ¡cuán grande fue su sorpresa cuando vio a Jesús entre los candidatos para el bautismo! Juan no quiso bautizarlo y le dijo: "Yo necesito ser bautizado por tí, ¿y tú vienes a mí?" (Mt. 3:14), pero el Señor le dijo "Deja ahora, porque así conviene que cumplamos toda justicia".

Aquí surge la pregunta, ¿por qué quería Jesús ser bautizado? No era porque tenía necesidad de confesar sus pecados o de arrepentirse porque Él era libre de pecado. En Juan 8:46 Él mismo dice: "¿Quién de vosotros me redarguye de pecado?" Ciertamente en Él no había tacha ni culpabilidad alguna. Así que, la respuesta es que éste era el paso inicial en Su ministerio. El bautismo de Juan marcaba la transición a una nueva época, pues él decía: "Arrepentíos porque el reino de los cielos se ha acercado" (Mt. 3:2). Fue conveniente que el Rey también tomara este paso, dándonos así Su ejemplo. Además, de esta manera Él pudo identificarse con la raza humana. El apóstol Pablo dice: "Al que no conoció pecado, por nosotros fue hecho pecado, para que nosotros fuésemos hechos justicia de Dios en El" (2 Co. 5:21). Por supuesto que esto se realizó en todo su significado en Su muerte vicaria en la cruz del Calvario; sin embargo, aquí al principiar Su ministerio público, tomó el primer paso para realizarlo.

Las primeras palabras del Señor al comenzar Su obra fueron: "Deja ahora porque así conviene que cumplamos toda justicia" (Mt. 3:15). Incuestionablemente, al someterse al bautismo se identificó con la raza humana y con nuestro pecado, porque aunque no pecó cumplió con la nueva ley, abriendo el camino para que sigamos Su ejemplo.

Vemos luego que el Espíritu Santo descendió sobre el Señor Jesucristo en forma de paloma. Esto fue en primer lugar un testimonio en cuanto a Su persona y Su obra (véase Jn. 1:32-33). Fue además, la investidura del poder del Espíritu Santo sin la cual no iba a poder cumplir satisfactoria y adecuadamente Su misión y Su obra. En verdad que Él era Dios y hombre, y hemos estado acostumbrados a pensar que por ser divino, eso era todo lo que se necesitaba. Sin embargo, no fue así. Su naturaleza humana tuvo que estar constantemente sostenida y fortalecida por la presencia permanente del Espíritu Santo. Este don del Espíritu Santo en Su bautismo fue para Cristo un verdadero Pentecostés, a través del cual pudo consagrarse a la obra, y de ahí en adelante pudo decir en su sentido real: "El Espíritu del Señor está sobre mí (Lc. 4:18-19). Por esto también, Su Padre Celestial pudo decir: "Tú eres mi Hijo amado, en ti tengo complacencia" (Lc. 3:22).

C. La tentación de Jesús en el desierto

Mateo 4:1-11; Marcos 1:12-13; Lucas 4:1-13

Inmediatamente después de Su bautismo, y después de que el Espíritu Santo reposó sobre Él, fue llevado por el Espíritu para que fuese tentado por el diablo en el desierto. Durante cuarenta días y cuarenta noches estuvo en aquellos lugares áridos y desérticos y, ¿qué pensamientos habrían cruzado por Su mente? Desde Su niñez había tenido la mira puesta en aquella obra que sabía que tenía que realizar, y el conocimiento de Su obra Mesiánica y redentora era lo que dominaba Su ser. Ya había dado el primer paso decisivo en Su ministerio, pues había sido investido de la plenitud y poder del Espíritu Santo. Todo el vasto panorama de Su vida estaba desplegado delante de Él y Su mente estaba absorbida con las emociones e ideas en cuanto a aquello. En medio de esta situación, el diablo vino para tentarle, y esto plantea la siguiente pregunta, ¿podía el Señor Jesucristo pecar?

Ahora bien, si no podía pecar, ¿cuál fue el propósito de la tentación? No hubiera valido la pena, puesto que no servía de nada. Por otro lado, si podía pecar, ¿era El verdaderamente Dios?, sabiendo que Dios no puede pecar. En todo esto tenemos que recordar el misterio de la naturaleza del Señor, esto es, que Él participaba tanto de lo divino como de lo humano. Y si pensamos sólo en la naturaleza divina que tenía el Señor, la contestación terminante es que NO, no podía pecar. Mas si pensamos sólo en lo humano, tenemos que decir, SÍ, sí podía pecar. Así que, vemos que la tentación que Él experimentó fue real, y confirma lo que dice la epístola a los Hebreos acerca de que "Cristo fue tentado en todo según nuestra semejanza, pero sin pecado" (He. 4:15).

Luego surge la pregunta, ¿por qué tenía que ser tentado? Se han aducido varias razones, entre ellas que al haber sido tentado se demostró que tuvo una naturaleza humana. Además, nos dejó ejemplo de que aquel enemigo detestable podía ser derrotado por un hombre mediante el poder del Espíritu, que es el mismo Espíritu cuyo poder está a nuestra disposición y alcance en el día de hoy. Además de esto, la tentación era parte de Su disciplina personal y le preparó para ser un intercesor eficaz delante de Su Padre Celestial (cp. He. 2:18, 4:15 y 5:7-9). También debemos recordar el propósito de la venida de Cristo a este mundo a fin de entender el significado de este incidente tan misterioso e importante. En Génesis 3:15 leemos acerca de aquel conflicto que hubo entre la simiente de la mujer y la simiente de la serpiente. Con Jesucristo posteriormente se dio el primer encuentro decisivo entre los dos, y gracias a Dios que el Hijo del Hombre salió victorioso, habiendo derrotado completamente al enemigo de nuestras almas.

Una comparación entre los relatos de Mateo y Lucas nos lleva a preguntar si hubo un orden en las tentaciones. Podemos contestar que parece que Mateo se propuso darnos el orden cronológico mientras que Lucas se contentó con dar el orden circunstancial. Viendo el orden cronológico de Mateo, podemos notar una progresión en las tentaciones. En la primera, Satanás le propone lo que parece ser algo inocente y a la vez legítimo. Sin embargo, en la tercera propuesta del diablo se trata de un terrible pecado. En las tres, Satanás apela tanto a los sentidos y a las necesidades naturales, como también a Sus aspiraciones Mesiánicas. Sin embargo, vemos que a todas el Señor Jesucristo hizo frente con el poder del Espíritu, usando la espada del Espíritu que es la Palabra de Dios (Ef. 6:17). Aprendamos, y hagamos lo mismo en nuestras experiencias con el mismo tentador, es decir, ¡venzamos usando la Palabra de Dios!

En cuanto a las tentaciones que tuvo Jesús, algunos quieren creer que sólo tuvo un conflicto interno, una emoción o pensamiento. Pero estas tres tentaciones registradas fueron hechas personalmente por Satanás. Cabe mencionar, asimismo, que el Señor tuvo otras tentaciones durante Su vida, según lo vemos en Lucas 22:28 y en Hebreos 4:15.

Hay dos clases de tentaciones: la que incita a hacer el mal, y la que detiene la práctica de hacer el bien. En cuanto a la primera Jesús la tuvo cuando quisieron hacerle rey (Jn. 6:15), y la segunda fue cuando Pedro le reprendió (Mt. 16:22-23).

D. El testimonio de Juan el Bautista

Juan 1:19-34

En este capítulo tenemos el relato y el testimonio de Juan en cuanto a sí mismo y en cuanto al Señor Jesucristo. En primer lugar, ante los sacerdotes y levitas Juan da un testimonio negativo, diciendo que él:

- no es el Cristo,
- no es Elías y
- no es un profeta.

Luego, en forma positiva declara que él es:

- una voz que clama en el desierto (Is. 40:30) y
- que no es digno de desatar la correa del calzado del Señor.

Entonces, al día siguiente (note que el relato cubre cuatro días consecutivos: Jn. 1:19, 29, 35, 43), Juan identifica a Cristo como el Mesías esperado. Declara que Él es:

- el Cordero de Dios, y
- el Hijo de Dios.

Estas son declaraciones de suma importancia, pues la última tiene que ver con Su persona y Su naturaleza divina, mientras que la primera tiene que ver con Su obra redentora. Debemos tener siempre en cuenta el hecho de que en la vida del Señor, los preparativos siempre señalaban el hecho de que Él venía para salvar a los hombres. Las anunciaciones lo declararon, el nombre que le fue dado lo señalaba, y también el testimonio de Juan subrayan esta verdad trascendental. Posteriormente vemos cómo, paulatinamente, el Señor va preparándose y preparando a los suyos para el evento hacia el cual se movía con paso resuelto y firme, anunciando cada vez más enfáticamente, todo en cuanto a Su persona y en cuanto a Su obra.

E. Los primeros discípulos

Juan 1:35-51

En aquellos días Juan, estando con sus discípulos, vio a Cristo y alzó su voz diciendo como testimonio: "He aquí el Cordero de Dios" (cp. Is. 53:7). Inmediatamente dos de sus discípulos le dejaron siguiendo en pos de Jesús, reconociendo que Él era el Mesías: ellos eran Juan y Andrés (aunque Juan no se menciona a sí mismo por nombre), y claramente estuvieron preparados para tomar aquel paso por haber sido discípulos del Bautista. Inmediatamente ellos se pusieron a hacer una obra evangelística puesto que Andrés llevó a su hermano Simón a Jesús y le testificó diciendo: "Hemos hallado al Mesías" (Jn. 1:41). Nosotros también debemos hacer esto. Notamos aquí que Pedro no fue el primer discípulo, y que Cristo cambió su nombre al de Cefas, o sea piedra. Al día siguiente, el Señor agregó dos más al pequeño grupo de tres discípulos, esto es, a Felipe y a Natanael. Las listas que más tarde se dan de los doce discípulos no incluyen el nombre de Natanael, puesto que parece que se le conocía con el nombre de Bartolomé.

En la narración también encontramos el testimonio de Natanael que dijo: "Rabí, tú eres el Hijo de Dios; tú eres el Rey de Israel" (Jn. 1:49). Nuevamente vemos el doble testimonio en cuanto a Su persona, Su divinidad, como también a Su obra Mesiánica. Frente a tales afirmaciones, ¿cómo podría uno dudar que Cristo fue Dios manifestado en forma humana con el propósito de quitar el pecado del mundo? Adorémosle reverentemente desde lo profundo de nuestros corazones, ¡pues Él es verdaderamente nuestro Salvador, el Hijo de Dios!

F. El primer milagro

Juan 2:1-12

Tanto el ministerio de Juan como la vocación de los primeros discípulos tuvo lugar en Betania, al otro lado del río Jordán. Ahora, el Señor Jesús había cruzado el Jordán y proseguido a la ciudad de Caná de Galilea. Allí se presentó la ocasión para el primer milagro que hizo Cristo al iniciar Su ministerio público. El propósito de este milagro según Juan 2:11 fue:

- para manifestar Su gloria y
- para que los discípulos creyeran en Él.

Al leer cómo el Señor transformó el agua en vino resaltan las únicas palabras escritas de lo que María, la madre del Señor dijo, y esto es "Haced todo lo que El os dijere", a cuyas palabras deberíamos hacer caso también nosotros, haciendo todo cuanto nos mandare el Salvador. Las palabras del Señor a Su madre: "¿Qué tienes conmigo, mujer?" (Jn. 2:4), traducidas literalmente quieren decir: "¿Qué a mí y qué a tí, mujer?" Esta es una expresión hebrea que significa que las dos partes no tienen nada que les sea común entre sí, es decir, sus puntos de vista, sus propósitos y sus intereses son del todo diferentes. Esto evidentemente establece una gran distancia entre Jesús y su madre, de modo que no están siquiera al mismo nivel. La palabra "mujer" aunque en sí no expresa falta de respeto, tampoco confiere a María los atributos que suele darle la Iglesia católica romana.

Después de la fiesta, Jesús junto con su madre, hermanos y discípulos parte para Capernaum, donde hace Su morada por un corto espacio antes de comenzar Su ministerio en Judea.

Repaso de la lección

1. ¿Cuál fue el mensaje de Juan el Bautista? ¿Qué quiere decir la palabra "arrepentíos"?
2. ¿Cuáles eran los requisitos previos para ser bautizado?
3. ¿Por qué se hizo bautizar el Señor Jesucristo? ¿Por qué vino el Espíritu Santo sobre Él?
4. ¿Cómo fue que Cristo pudo ser tentado? ¿Por qué fue tentado?
5. ¿Cuál fue el testimonio de Juan en cuanto a sí mismo, y cuál en cuanto a Cristo?
6. ¿Quiénes fueron los primeros discípulos? ¿Cuál es el propósito del primer milagro?

Lección 6

PRIMER MINISTERIO EN JUDEA

Material para estudiar: *Juan 2:13—4:45*

BOSQUEJO

A. Los hermanos del Señor Jesucristo
Mateo 12:46, 13:55; Marcos 3:31

B. La primera purificación del Templo
Juan 2:13-25

C. La conversación con Nicodemo
Juan 3:1-21

D. El ministerio paralelo de Juan y de Jesús
Juan 3:22-36

E. La mujer samaritana
Juan 4:1-42

LECCIÓN 6

Primer ministerio en Judea

El Señor Jesucristo, después de pasar una corta temporada en la ciudad de Capernaum en Galilea, se dirigió hacia el sur para principiar Su ministerio en Judea. Allí se suscitaron varias situaciones con sus hermanos.

A. Los hermanos del Señor Jesucristo

Mateo 12:46; 13:55; Juan 2:12; 7:3-5

En Juan 2:12 leemos: "Después de esto descendieron a Capernaum él, su madre, sus hermanos y sus discípulos". Esta es la primera mención, pero no la última que se hace en el Nuevo Testamento acerca de los "hermanos" de Jesús. Para poder estudiar sobre el tema daremos a continuación todas las referencias que mencionan a sus hermanos: Mateo 12:46; 13:55; Marcos 3:31; Juan 2:12; 7:3,5; 1 Corintios 9:5; Gálatas 1:19.

Ahora bien, para tratar este tema hay tres explicaciones que merecen nuestra atención. La primera, que es la que sostiene la Iglesia católica romana, declara que estos hermanos no eran sino primos o parientes del Señor. La segunda dice que José era viuda, y que estos hermanos fueron hijos de su primer matrimonio. La tercera afirma que estos eran en realidad hijos de José y María, que nacieron después de Jesucristo. Vamos a comentar estas tres explicaciones, verificando que en realidad Jesucristo sí tuvo hermanos carnales de padre y de madre.

La primera explicación dice que ellos eran primos de Jesús, y fue propuesta por primera vez por Jerónimo en el año 383 durante una polémica contra Helvidio. Según esta idea, Jacobo, el hermano del Señor que se menciona en Gálatas 1:19 era el mismo Jacobo hijo de Alfeo que era discípulo del Señor. Al mismo tiempo Jerónimo dice arbitrariamente que María, mujer de Cleofas, era la mujer de Alfeo y por ende la madre de Jacobo el hermano del Señor. Cambiando la puntuación común de Juan 19:25, María, mujer de Cleofas llega a ser la hermana de María, madre de Jesús, de modo que sus hijos eran primos de Jesús. Para apoyar esta teoría expuesta por Jerónimo, se dice que las palabras "hermano y primo" eran usadas recíprocamente, de tal modo que no se puede sostener que aquellos fueran en realidad hermanos carnales. Ahora bien, para refutar esta teoría, basta decir que no hay prueba alguna que pueda aducirse de que Jacobo el hermano del Señor haya sido hijo de Alfeo, ni tampoco puede comprobarse que Cleofas y Alfeo fueran la misma persona. Esta es una idea arbitraria concebida por Jerónimo con el solo propósito de apoyar el dogma de la perpetua virginidad de la madre de Jesús.

Aquí también cabe mencionar que esta teoría, en forma denigrante y solapada, ataca la santidad del matrimonio y también blasfema contra Dios, ya que establece un argumento muy sutil, pues afirma que María no tuvo hijos como resultado natural de su matrimonio con José y que por eso era más santa, aduciendo indirectamente que tener hijos hace que una mujer sea menos santa. Esto querría decir que Dios, al establecer el matrimonio como algo deseable y agradable, y el tener hijos como resultado natural de dicha unión, estableció algo que es inmoral e incorrecto, puesto que el tener hijos dentro del vínculo matrimonial le hace a uno menos santo. Por supuesto que esto está completamente desenfocado. Dios jamás ordenó un acto inmoral. Él hizo el matrimonio para que hubiese una unión santa y el tener hijos dentro del vínculo matrimonial no es pecado. Por lo tanto, el que María haya tenido o no hijos después de Jesucristo no daña ni añade nada a su carácter. Además, hasta que Jerónimo propuso su teoría en el año 383, no había quien creyese y expusiese tal ideal, y cuando buscó a personas que la apoyaran, no las pudo hallar.

Por otro lado, el hecho es que la Escritura los llama hermanos y no primos. En el griego, aquel idioma tan preciso y exacto, hay una palabra que quiere decir hermano y otra que quiere decir primo. ¿Acaso el Espíritu Santo se equivocó? ¿No habría usado la palabra primo si ese hubiera sido el caso?

Estamos seguros de que el Espíritu Santo hubiera escrito la palabra "anepsios", o sea primo, en vez de "adelfos", o sea hermanos, si no hubieran sido en realidad hijos de José y de María, hermanos carnales de Cristo.

Además, si Jerónimo hubiera tenido razón, estos hermanos de Cristo, al ser hijos de Alfeo, eran discípulos del Maestro divino, lo cual no puede ser, pues encontramos las palabras en Juan 7:3 que lo refutan terminantemente, ya que sus hermanos no creyeron en El sino hasta el fin de Su ministerio. ¿Cómo podían entonces ser Sus discípulos? (Cp. Salmo 69:7-9).

La segunda teoría dice que eran hijos de José a través de un matrimonio que él contrajo anteriormente, y que luego enviudó. Sin embargo, no hay ninguna prueba de tal posición, puesto que no se les mencionan sino después de que Cristo comenzó Su ministerio público. Además, si hubieran sido hijos de José, hubieran sido mayores que Cristo y surge la pregunta, ¿dónde estaban ellos cuando subió José a Belén? ¿Dónde cuando fueron a Egipto? ¿Dónde cuando subieron a Jerusalén? Además, si fueran hijos de José, Jesús ya no podría legalmente considerarse como el primogénito de José, lo cual era algo imprescindible para que fuera el heredero de José y por ende, del linaje directo de David.

La tercera y obvia interpretación es que, en realidad, dichas personas eran los hijos de José y María y hermanos carnales de Cristo. Esta es la forma más natural de concebirlo y entenderlo. Ya hemos visto que este hecho en nada afecta el carácter y la santidad de María. Un estudio de las citas mencionadas nos hacen ver que ellos siempre se encontraban en compañía de María la madre de Jesús, y nunca en compañía de María la mujer de Cleofas. Además, el argumento más fuerte está en las Sagradas Escrituras, las cuales siempre hablan con exactitud y precisión al referirse a Cristo, diciendo que es el Unigénito Hijo de Dios, y el primogénito hijo de María. Si María no hubiera tenido hijos después de Jesús, el Espíritu Santo lo habría dicho también, que Jesús era el unigénito hijo de María. Sin embargo no es así, sino que dice que el fue el primogénito hijo de María y el Unigénito Hijo de Dios. Por lo tanto, concluimos que estos hermanos de Cristo mencionados aquí, son hijos de José y María, hermanos carnales y menores que Cristo.

B. La primera purificación del templo

Juan 2:13-25

Estando el Señor Jesucristo en Jerusalén, entró en el Templo. En Su primer milagro hecho en Caná de Galilea, Jesús había mostrado Su gloria; ahora en el Templo, demuestra Su autoridad. Antes de proseguir con un estudio más detenido de este acontecimiento, mencionamos el hecho de que esta escena se repite en la última semana del ministerio de Cristo (Cp. Mt. 21:12-17; Mr. 11:15-18 y Lc. 12:45-48). El que Cristo hiciese la misma cosa dos veces no debe extrañarnos, pues en esto se puede ver la propensión hacia el mal de parte del pueblo, y el anhelo del Señor de tener un pueblo santo, apartado y celoso de buenas obras.

El Templo en Jerusalén estaba dividido en tres partes, esto es:

- el atrio de los sacerdotes,
- el atrio de Israel, y
- el atrio de los gentiles.

Fue en el atrio de los gentiles que entró el Señor y lo halló lleno de mercaderes que vendían, a precios exagerados, los animales que se ofrecían en el Templo. Por supuesto que esto se hacía con el fin de facilitar los animales a los forasteros que habían traído lo necesario para presentar los sacrificios. Sin embargo, no era lícito hacer esto. Por lo tanto, Cristo con la autoridad que había recibido de Su Padre, los echó afuera diciéndoles: "No hagáis la casa de mi Padre casa de mercado" (Jn. 2:16).

C. La conversación con Nicodemo

Juan 3:1-21

Antes de tratar sobre esto, es necesario entender algo en cuanto a las diferentes clases sociales, políticas y religiosas de aquel entonces.

En primer lugar, había el "sanedrín" que era la Corte Suprema de los judíos, los cuales eran los jueces para toda cuestión religiosa, civil y penal. Podían pronunciar cualquier sentencia, menos la sentencia de muerte. El nombre se deriva de las palabras griegas que quieren decir,"sentados juntos". La Mishna, o sea la ley oral o la tradición, decía que éste debía estar compuesto por setenta o setenta y un hombres seleccionados de entre los ancianos, los sacerdotes y los escribas. Aunque no sabemos la proporción, sabemos que los sacerdotes tenían siempre la mayoría, y por lo general, el presidente era el sumo sacerdote.

Además, entre los que componían esta corte habían aquellos que pertenecían a las diferentes sectas de los fariseos y de los saduceos, que eran los dos partidos religiosos y políticos. Parece que estos dos partidos surgieron después del retorno de la cautividad, en el tiempo de Jonatán, sucesor de Judas Macabeo, en la época entre los dos Testamentos, en la que había una gran variedad de conceptos religiosos y políticos.

Los "fariseos" eran los más numerosos y tenían la simpatía del pueblo. Ellos creían y tenían como autoridad la ley oral, es decir, la tradición, dando por lo general más importancia a eso que a las Escrituras. Incluso se adherían estrictamente a las leyes de la purificación, y los lavamientos, dando mucha importancia a los diezmos y a los ayunos. Todo esto dio lugar a que se les llamara "fariseos" o separatistas, razón por la cual el Señor les denunció y condenó sus actitudes (cp. Mt. 23:13-36).

Los "saduceos", palabra que significa "los justos", eran menos numerosos que los fariseos, y eran personas pudientes, ricas y de mucha influencia, tanto política como religiosa. Muchos, si no la mayoría de los pontífices y sacerdotes pertenecían a este grupo. En cuanto a sus creencias, eran racionalistas y desechaban las ideas separatistas de sus contrarios, los fariseos. Tampoco aceptaban muchas de las doctrinas bíblicas, pues no creían en la existencia de ángeles, en la resurrección de los muertos, ni en la existencia eterna de las almas (cp. Hch. 23:6-8). En todo caso, la influencia de los saduceos era quizá más política que religiosa.

Los "escribas" eran aquellos que se habían dedicado a la obra de copiar las Escrituras del Antiguo Testamento, y éstos llegaron a tener conocimientos profundos de su contenido y por lo tanto, eran considerados como los abogados religiosos. Sus fallos en cuanto al significado e interpretación de las Escrituras se consideraban casi nulos, por lo que eran respetados y venerados por muchos.

Ahora bien, volviendo a nuestro estudio, vemos que un fariseo, un miembro del Sanhedrín vino a Cristo de noche, quizá por temor de que otros le vieran, aunque debemos recordar que Nicodemo no consintió en Su muerte cuando se discutía en el Concilio, y después de la muerte de Cristo pidió Su cuerpo a Pilato para poder enterrarlo (Jn. 7:50 y 19:39). También es posible que haya escogido esta hora para poder tener más tranquilidad para conversar con el Señor. Ante su salutación Cristo contestó: "El que no naciere de nuevo, no puede ver el reino de Dios" (Jn. 3:3). Cristo sabía bien lo que Nicodemo quería, puesto que "El sabía lo que había en el hombre" (Jn. 2:25). Después prosiguió a explicarle algunas verdades profundas, que Nicodemo entendió. El agua (v. 5) habla del bautismo de Juan y de la necesidad absoluta de arrepentimiento y confesión de pecado; y el Espíritu es quien da esta vida nueva, pues no es algo que en forma natural o por mérito o por obra humana se pueda conseguir. Cuando Nicodemo quiso una explicación más amplia, Cristo, haciendo uso nuevamente de las Sagradas Escrituras (Nm. 21:8-9), le hizo saber que este nuevo nacimiento de que hablaba era el resultado de ejercer fe en Su muerte y resurrección.

D. El ministerio paralelo de Juan y de Jesús

Juan 3:22-36

Mientras Jesús ejercía Su ministerio en Judea, en Samaria Juan continuaba con su obra, pues todavía no había sido encarcelado y mientras su influencia decrecía, la de Cristo iba en aumento. Ante las preguntas de sus discípulos, Juan contestó de la manera más hermosa diciendo: "Es necesario que El crezca y que yo mengüe" (Jn. 3:30). Juan sabía bien cuál era su misión y Quien era el Señor Jesucristo. ¡Quiera Dios que ésta sea siempre nuestra actitud! Luego, Juan Bautista nos da su último testimonio en cuanto a Cristo y dice que Él es:

- sobre todas las cosas (v. 31);
- el que testifica acerca de lo que oyó y vio (v. 32);
- el que Dios envió (v. 34); y
- el que el Padre ama (v. 35).

Después, termina con aquel gran texto evangélico que nos resume en una palabra todo el mensaje del evangelio: "El que cree en el Hijo tiene vida eterna; pero el que rehúsa creer en el Hijo no verá la vida, sino que la ira de Dios está sobre él" (Jn. 3:36).

E. La mujer samaritana

Juan 4:1-42

Mientras la popularidad de Jesucristo iba en aumento, los fariseos estaban irritados y celosos, por lo que el Señor, no queriendo tener inconvenientes con ellos, juzgó prudente alejarse de Judea e ir nuevamente a Galilea, pasando por Samaria (Jn. 4:4).

Samaria era aquella provincia que se extendía desde el Jordán y Galilea, midiendo unas doce leguas de norte a sur. Esta región estaba habitada por un pueblo cuyos orígenes se desconocen casi por completo. Cuando Salmanasar, rey de los Asirios llevó al cautiverio a 10 tribus de Israel en el año 722 antes de Cristo, hizo también traer de otras partes de su imperio a gente para poblar la región que acababa de despojar de sus habitantes (2 R. 17:24). Baste decir que no eran judíos. Sin embargo, sí había quedado allí algunos judíos, los cuales se casaron con dichos habitantes, de modo que había algo de judaísmo entre ellos por lo que algunos adoptaron costumbres judías y guardaron la ley de Moisés. Posteriormente, después del edicto del rey Ciro, lo habitantes de Judea regresaron de la cautividad babilónica, y los samaritanos ofrecieron su ayuda para la reedificación del Templo de Jerusalén. Su oferta fue rechazada por lo que se pusieron luego a estorbar cuanto pudieron (Esd. 4:1-6). Después de esto, el hermano del sumo sacerdote judío se casó con una samaritana y se fue a ejercer el sacerdocio en el nuevo Templo que ellos habían construído en el Monte Gerizim (Jn. 4:20). Con esto, las relaciones entre judíos y samaritanos se habían roto por completo, de modo que ellos no tenían trato entre sí (Jn. 4:9). Al considerar todo esto, vemos la actitud reconciliadora de Jesús al querer pasar por Samaria, pues generalmente los judíos iban a Galilea por el camino más largo, que cruzaba el río Jordán y pasaba por Perea, en vez del camino directo por Samaria.

La Escritura dice que era la hora sexta. Los judíos dividían el día desde la salida del sol hasta el ocaso en doce partes, que eran según la temporada del año, de más o menos una hora cada una. Como comenzaban a calcular la hora desde las seis de la mañana, la hora sexta sería más o menos las doce del día. El lugar de encuentro entre Jesús y la samaritana fue en el pozo de Jacob. Se llamaba así el pozo porque Jacob había obtenido este sitio dándoselo a su hijo José (Gn. 18:22). La samaritana era totalmente diferente a Nicodemo, pues era todo lo que él no era, ya que era una mujer, pobre, pecadora, poco religiosa. Sin embargo, Cristo sabía exactamente cómo tratar con ella, de tal manera que con tino y paciencia le llevó, paso a paso, a reconocer su necesidad espiritual y a reconocer que Él era el único que podía satisfacer toda necesidad. Sería bueno leer con detenimiento esta porción, para aprender el método que el Señor empleó para llevar a una persona al conocimiento de la verdad.

Como resultado de este encuentro, muchos de aquella ciudad y región también creyeron en el Señor Jesucristo. Lo que comenzó por ser un encuentro con una persona, terminó siendo una gran oportunidad para que muchos creyesen en Él pues: "decían a la mujer: ya no creemos solamente por tu dicho, porque nosotros mismos hemos oído, y sabemos que verdaderamente éste es el Salvador del mundo, el Cristo" (Jn. 4:41-42).

Repaso de la lección

1. ¿Cómo se puede saber que los hermanos del Señor no fueron solamente primos de Él?

2. ¿En qué sentido ataca el carácter de Dios la teoría que dice que los hermanos de Jesús fueron solamente primos?

3. ¿En qué consistió la purificación del Templo? y, ¿cuántas veces lo hizo Jesús?

4. ¿Qué era el sanedrín? ¿Quiénes eran los fariseos? ¿Quiénes eran los saduceos?

5. ¿Cuál fue el testimonio de Juan en cuanto a Jesucristo?

6. ¿Quiénes eran los samaritanos? y, ¿por qué no tenían trato con los judíos?

Lección 7

El primer viaje en Galilea

Material para estudiar:

Mateo 4:12-25; 8:2-4, 14-17; 9:1-17; 12:1-21
Marcos 1:14-45; 2:1-28; 3:1-19
Lucas 4:14-44; 5:1-39; 6:1-16
Juan 4:46-54; 5:1-47

Bosquejo

A. Acerca de Galilea
Mateo 4:17; Marcos 1:14-15; Lucas 4:14-15

B. Jesús sana al hijo de un noble
Juan 4:46-54

C. Cristo es rechazado en Nazaret
Lucas 4:16-31

D. El hogar en Capernaum
Mateo 4:13-16

E. Los cuatro pescadores de hombres
Mateo 4:18; Marcos 1:16-20; Lucas 5:1-11

F. La liberación del endemoniado
Marcos 1:21-28; Lucas 4:31-37

G. La suegra de Pedro es sanada
Mateo 8:14-17; Marcos 1:29-34; Lucas 4:38-41

H. El primer viaje con sus discípulos
Mateo 4:23-25; Marcos 1:35-39; Lucas 4:42-44

I. Jesús sana a un leproso
Mateo 8:2-4; Marcos 1:40-45; Lucas 5:12-16

J. La sanidad de un paralítico
Mateo 9:1-8; Marcos 2:1-12; Lucas 5:17-26

K. El llamamiento de Leví o Mateo
Mateo 9:9-13; Marcos 2:13-17; Lucas 5:27-32

L. Cristo defiende a sus discípulos
Mateo 9:14-17; Marcos 2:18-22; Lucas 5:33-39

M. La fiesta en Jerusalén
Juan 5:1-47

N. La controversia en cuanto al sábado
Mateo 12:1-14; Marcos 2:23-38; Lucas 6:1-11

O. Cristo sana a las multitudes
Mateo 12:15-21; Marcos 3:7-12

P. La selección de los doce
Marcos 3:7-19; Lucas 6:12-16

Lección 7

El primer viaje en Galilea

Después de los días de intensa actividad que había tenido el Señor Jesucristo en las cercanías de Sicar en Samaria, el Señor continuó su viaje a Galilea, en donde le recibieron con gozo (Jn. 4:45). Las noticias de las obras maravillosas de Jesucristo habían corrido por todas partes, por aquellos que habían subido a Jerusalén para la fiesta. Entusiasmados, convencidos y convertidos por el Divino Maestro, el interés de muchos se suscitó, preparando así el terreno para recibir la buena semilla que el Señor iba a sembrar durante su estadía en aquella región.

A. En cuanto a Galilea

Mateo 4:17; Marcos 1:14-15; Lucas 4:14-15

De las cuatro provincias de Palestina, Galilea es la más septentrional, y no muy grande, teniendo a lo más unos 100 kms. de largo por unos 50 kms. de ancho. Esto explica cómo Cristo podía en poco tiempo recorrer con tanta frecuencia todos los confines de dicha provincia. En cuanto a su aspecto topográfico no es plano, existiendo una alta meseta en la cual se elevan algunas montañas. Al oriente existe una quebrada a través de la cual corre el río Jordán, con una profundidad de más o menos 150 mts. bajo el nivel del Mar Mediterráneo. Allí está el Mar de Galilea, escenario de muchos de los acontecimientos que a continuación estudiaremos. Su superficie es de 20 por 10 kms. Se encuentra en medio de una región fértil, por lo cual a su alrededor existían muchas ciudades y mucha gente. Esto fue una gran ventaja, pues le facilitó mucho al Señor Su recorrido por aquellas comarcas.

El ministerio de Cristo en esa provincia del norte estuvo lleno de la más intensa actividad. Si la fiesta que ahí se menciona fue la fiesta de la Pascua, entonces podemos decir que Su ministerio se prolongó durante 16 a 18 meses. Pero si se trató de otra fiesta, su estadía en Galilea no habría durado más de 6 u 8 meses. De todas formas, considerando todo Su trabajo, lo más probable es que duró de 16 a 18 meses.

B. Jesús sana al hijo de un noble

Juan 4:46-54

El primer milagro que Cristo hizo fue en Caná de Galilea. Ahora, al volver a Galilea, fue nuevamente a aquella ciudad para hacer ahí su segundo milagro. El hecho es que el hijo de un noble estaba enfermo, pero por la fe que el padre ejerció, el Señor pudo sanarle. La Escritura dice: "Entonces creyó él y toda su casa" (Jn. 4:53). Es de notarse en este episodio el crecimiento de la fe de este hombre. En el versículo 50 tenemos la fe que brota de su extrema necesidad; en el versículo 53, la fe que va en auge por la experiencia personal.

C. Cristo es rechazado en Nazaret

Lucas 4:16-31

Cualquiera pensaría que Nazaret se habría engalanado para recibir a Jesucristo. Mas no fue así. Sin ser aclamado, sin anuncio alguno, Jesús vuelve al pueblo donde se había criado y en un día sábado, entró en la sinagoga.

Las sinagogas surgieron a raíz de la cautividad en Babilonia. El anhelo de adorar en el santuario era inherente en el judío, y hallándose privados de este privilegio y costumbre, y por hallarse lejos de su tierra y el Templo en Jerusalén, tuvieron que valerse de otros medios para dar expresión a sus sentimientos religiosos. Por esta razón se establecieron las sinagogas, que eran lugares donde se reunían los sábados para leer las Escrituras y para celebrar las fiestas. Posteriormente, cuando los judíos regresaron a Palestina, establecieron sinagogas también en las diferentes ciudades y agregaron a la lectura bíblica, las oraciones y pláticas.

Cuando el Señor entró en la sinagoga Le pidieron que leyera las Sagradas Escrituras. Se acostumbraba leer una porción de la ley y otra de los Profetas. Al Señor Jesucristo se le ofreció el rollo de los Profetas, pues antes las Escrituras estaban escritas en rollos y no encuadernadas como las tenemos hoy en día. Abrió el rollo, y leyó una parte del capítulo 61 de Isaías. La costumbre era leer veintiún versículos, y puede ser que Cristo haya leído otra porción que no estuvo mencionada, o que haya hecho caso omiso de la costumbre y que haya leído sólo la parte que aquí citamos. Es decir, el Señor Jesucristo, abriendo el rollo leyó: "El Espíritu de Jehová el Señor está sobre mí, porque me ungió Jehová; me ha enviado a predicar buenas nuevas a los abatidos, a vendar a los quebrantados de corazón, a publicar libertad a los cautivos, y a los presos apertura de la cárcel; a proclamar el año de la buena voluntad de Jehová" (Is. 61:1-2). Y enrollando el libro lo dio al ministro y comenzó a decirles: "Hoy se ha cumplido esta Escritura delante de vosotros" (Lc. 4:18-21).

Si comparamos las palabras del pasaje en Lucas con lo que dice en Isaías, vemos que Cristo dejó de leer en medio de un versículo. ¿Por qué? Porque la última parte dice: "día de venganza de nuestro Dios" (Is. 61:2), y si lo hubiese leído, no podría haber dicho: "Hoy se ha cumplido esta Escritura delante de vosotros". Sin duda alguna, esa porción de la Escritura se refiere a un tiempo en el futuro. Cristo supo hasta dónde leer para que Sus dichos fueran ciertos y exactos, lo que constituye una prueba más en cuanto a Su divinidad y en cuanto a la inspiración de las Escrituras. Notemos de paso que Cristo, siguiendo la costumbre de los judíos, se puso de pie para leer las Escrituras y se sentó para hablarles.

Al principio le oyeron de buena gana y se quedaron maravillados de las palabras de gracia que procedían de Su boca, pero cuando se suscitó la pregunta: "¿No es éste el hijo de José?" (Lc. 4:22) pidieron una señal, la cual se les negó por su incredulidad. Entonces se arrojaron sobre Él y le llevaron a un peñasco con el propósito de despeñarle. Sin embargo, Él no permitió que Le quitaran la vida, pues Su hora no había llegado todavía. Todas las veces que quisieron hacerle mal, el Señor no les permitió que lo hiciesen porque Él sabía desde la eternidad cuándo sería la hora de Su sacrificio. Cuando Su hora llegó, de buena gana se entregó a sus verdugos, mas no antes. Después de esto, salió de la ciudad de Nazaret.

D. El hogar en Capernaum

Mateo 4:13-16

Habiendo sido rechazado en Nazaret, Cristo fue a vivir en Capernaum, ciudad marítima ubicada en la ribera noreste del Mar de Galilea (Mt. 4:13). Actualmente la ciudad ha dejado de existir y se desconoce por completo su exacta ubicación, hecho que tiene que ver con la condenación pronunciada por el Señor Jesucristo debido a su incredulidad y dura cerviz (Mt. 11:23). Sin embargo, en aquella época era una ciudad importantísima, siendo punto focal de las actividades comerciales de aquella región. Su ubicación era perfecta para que sirviera de base para los recorridos del Señor hacia las otras ciudades de la región. Durante toda su estadía en Galilea, el Señor hizo de Capernaum su hogar.

E. Los cuatro pescadores de hombres

Mateo 4:18; Marcos 1:16-20; Lucas 5:1:11

Una de las cosas que llama la atención al estudiar la vida de Jesucristo es que dondequiera que Él se encontrara, siempre se agolpaba una inmensa multitud alrededor de Él. En una ocasión estando rodeado de gente y caminando por la orilla del lago de Genezaret (o Mar de Galilea), llamó a cuatro hombres: Andrés y Pedro, Juan y Jacobo que eran pescadores y que estaban remendando sus redes. Anteriormente ellos habían sido discípulos de Juan el Bautista, a quien habían dejado para seguir a Cristo. Ahora Jesucristo demandaba una consagración total e íntegra, para seguirle, a lo que los cuatro respondieron dejando sus ocupaciones de la pesca, para la magna tarea de pescar hombres. Sólo Lucas tuvo a bien relatar la historia acerca de la pesca milagrosa (Lc. 5:4-10) que tan admirablemente sirvió para subrayar el hecho importante del llamamiento que Cristo les hizo. Fíjese bien en el testimonio de Pedro (Lc. 5:8), pues más adelante hemos de ver que su concepto en cuanto a la persona de Cristo se profundiza hasta llegar a la maravillosa declaración: "Tú eres el Cristo, el Hijo del Dios viviente" (Mt. 16:16).

F. La liberación del endemoniado

Marcos 1:21-28; Lucas 4:31-37

Como era Su costumbre, el Señor Jesucristo entró en la sinagoga en Capernaum en el día sábado. Allí le reconocieron y le invitaron a tomar la palabra, cosa que hizo y les enseñó. Inmediatamente todos daban testimonio de que Él no era como los demás, pues se maravillaban de Su doctrina, porque Su palabra era con autoridad, ¡hablaba como sólo Dios puede hacerlo! (Lc. 4:32).

Es extraño, pero sucedió que allí estaba un hombre que tenía un espíritu inmundo, es decir endemoniado. Pero aun más extraño es que frente a la presencia del Señor, el espíritu inmundo empezó a dar testimonio en cuanto al Señor Jesucristo, ante lo cual Él le mandó a callar y a que saliese del hombre, ya que al Señor no le agradó recibir testimonio de los demonios. Esto llenó de admiración a todos, pues decían: "¿qué palabra es ésta, que con autoridad y poder manda a los espíritus inmundos, y salen?" (Lc. 4:36). El hecho maravilloso es que Su poder y autoridad es vigente hasta el día de hoy, que está también a nuestro alcance.

G. La suegra de Pedro es sanada

Mateo 8:14-17; Marcos 1:29-34; Lucas 4:38-41

Saliendo de la sinagoga donde había reprendido con autoridad al espíritu inmundo, el Señor Jesucristo entró en la casa de Simón Pedro en donde encontró a la suegra de Pedro enferma. Inmediatamente le tomó de la mano y le sanó, y enseguida ella les sirvió. El resultado de este milagro, con más efecto que el anterior, fue que oyéndolo, una multitud de enfermos se allegaron al Señor a la hora en que se ponía el sol, cuando ya se terminaba el sábado. El rumor de estos acontecimientos corrieron rápidamente y muchos vinieron buscando al Señor, ante lo cual Cristo les recibió con amor y compasión, y les impuso las manos sanándoles a todos.

H. El primer viaje con sus cuatro discípulos

Mateo 4:23-25; Marcos 1:35-39; Lucas 4:42-44

Al final de su evangelio, Juan declaró que "hay también otras muchas cosas que hizo Jesús, las cuales si se escribieran una por una, pienso que ni aun en el mundo cabrían los libros que se habrían de escribir" (Jn. 21:25). De tal manera que es muy probable que Su primer viaje por los confines de Galilea, el Señor Jesucristo haya hecho muchos milagros de los cuales no tenemos datos precisos. Además, debió haber pronunciado muchos discursos de los cuales no tenemos ni una palabra escrita.

Después de los milagros hechos en Capernaum, el Señor salió con sus cuatro discípulos muy de mañana y se fue a un lugar apartado para orar (Mr. 1:35). Aquí podemos ver la necesidad que tuvo el Señor en Su ministerio de estar siempre en comunión con Su Padre Celestial. Repetidas veces se apartó para orar, y nosotros debemos hacer lo mismo. Estando en oración sus discípulos le informaron que la multitud estaba buscándole. El Señor comenzó ahí su gira, yendo a todos los pueblos, enseñando en las sinagogas y haciendo muchos milagros.

I. Jesús sana a un leproso

Mateo 8:2-4; Marcos 1:40-45; Lucas 5:12-16

Durante Su recorrido, otro de los milagros que el Señor hizo fue limpiar a un leproso. Es interesante notar que siempre en las Escrituras se habla de "limpiar" al leproso y no de "sanarle". Quizá esto se deba a que los judíos pensaban que la lepra era una enfermedad inmunda. En Levítico 13 se habla de esta enfermedad. Los leprosos eran condenados a vivir afuera de las ciudades amuralladas, y al andar por los caminos los hombres tenían que cubrirse la cara hasta las narices y clamar a gran voz: "¡inmundo, inmundo!". Ahora, uno de estos pobres infelices se atrevió a acercarse al Señor, lleno de confianza y con la seguridad de que Cristo podía sanarle. Cristo le dijo: "Sé limpio", mandándole luego a no decir nada a nadie. ¿Por qué? Porque la enemistad de los fariseos y escribas iba en auge y se le oponían cada vez más, de modo que Cristo no quería llamar la atención a través de este acto a fin de poder obrar sin estorbo. Notamos que cuando el leproso lo divulgó por todas partes, Cristo ya no pudo entrar libremente en la ciudad (Mr. 1:45). Además, observamos que el Señor, en conformidad con la ley de Moisés (cp. Levítico 14), le mandó a mostrarse al sacerdote, probando así a todos que Él no había venido para abrogar la ley, como muchos decían, sino para cumplirla (Mt. 5:17).

J. Jesús sana a un paralítico

Mateo 9:1-8; Lucas 5:17-26; Marcos 2:1-12

Nuevamente encontramos a Cristo en una casa en Capernaum, a donde llevan a un paralítico para que le sane. Como había un gran grupo de personas en la casa, sus cuatro amigos tuvieron que abrir el techo y bajar por allí al enfermo, hasta llegar a los pies del Médico Divino. De esta forma ellos demostraron su fe. Al verle, el Señor le dijo: "Hijo, tus pecados te son perdonados" (Mr. 2:5). De esta forma el Señor estaba vindicando Su poder y Su autoridad aun sobre los pecados.

Inmediatamente surgió la crítica y le acusaron al Señor de blasfemia. Pero Cristo sabiamente dijo: "¿Qué es más fácil, decir al paralítico: tus pecados te son perdonados, o decirle, levántate, toma tu lecho y anda?" (Mr. 2:9). Al sanarle, Jesús demostró claramente Su autoridad en el mundo físico como en el espiritual. El resultado de todo esto fue que algunos glorificaron a Dios, pero otros se le opusieron más que nunca.

K. El llamamiento de Levi o Mateo

Mateo 9:9-13; Marcos 2:13-17; Lucas 5:27-32

Mateo era un publicano, es decir, un recaudador de impuestos. La costumbre romana era la de rematar los impuestos a través de una subasta pública, y Mateo era uno de los que habían aprovechado esto para hacerse rico. Los publicanos eran odiados por el pueblo porque eran empleados del Imperio Romano, y también por ser, la mayoría de ellos, injustos y abusivos. Cristo en Su gracia, invitó a Leví a seguirle, cosa que él hizo dejando todo al instante. Posteriormente, vemos que Mateo ofreció un gran banquete en el que invitó a sus amigos, los cuales eran llamados pecadores por los fariseos. Esta fue una acción recomendable, pues de ésta manera ellos también podían oír al Señor Jesucristo y a conocerle personalmente. Cuando los fariseos oyeron acerca de lo que estaba sucediendo en casa de Mateo, criticaron a Jesús, ante lo cual Él dijo: "No he venido a llamar justos al arrepentimiento, sino a pecadores" (Mt. 9:12-13).

L. Cristo defiende a sus discípulos

Mateo 9:14-17; Marcos 2:18-22; Lucas 5:33-39

Seguramente el hecho de que Cristo comía con los pecadores y publicanos suscitó también una disensión entre los discípulos de Juan. Estos eran los que no habían hecho caso a las palabras de Juan y no siguieron a Cristo, creyendo siempre que Juan era realmente el Mesías y que Jesús era un impostor. Ellos se juntaron con los fariseos y se quejaron de que los discípulos de Jesús no ayunaban. Ahora bien, los fariseos y los discípulos de Juan ayunaban con regularidad en ocasiones que ellos arbitrariamente habían escogido. Las Escrituras no mandaban que se ayunase de aquella manera, pues la ley de Moisés sólo lo exigía en el Día de Expiación, una vez al año (cp. Lv. 23:27-32). Por otro lado, no hay evidencia alguna de que Jesús solía ayunar, y en realidad sólo sabemos que lo hizo en una ocasión (Lc. 4:2). Por lo tanto, el Señor decía que mientras Él estuviera presente no era necesario que ayunasen, pues era tiempo de gozo; pero una vez que Él se fuera, refiriéndose a Su muerte, entonces sería tiempo de ayunar. Sabemos que los apóstoles así lo hicieron (Hch. 13:2; 14:23; 2 Co. 11:27).

Después, en Marcos 2:21-22 Jesús dice dos parábolas sobre el ayuno, indicando que en la dispensación de la gracia no hacía falta practicarlo excepto en ocasiones especiales.

M. La fiesta en Jerusalén

Juan 5:1-47

No se sabe con exactitud a qué fiesta se refiere aquí. Es probable que se tratase de la fiesta de la Pascua. Si fue así, el ministerio del Señor duró unos tres años y medio, y si no se refería a aquella fiesta, Su ministerio habría durado alrededor de unos dos años y medio. De cualquier manera, no es tan importante saber cuál fiesta era.

Durante aquella fiesta, en un día sábado, el Señor sanó a un paralítico que hacía 38 años estaba enfermo, y por ser sábado, los judíos se enojaron contra Jesús y procuraban matarle. Notamos aquí que más de un año antes de la crucifixión ya deseaban matarle.

El Señor, respondiendo a sus acusaciones, declaró cuál era Su relación con el Padre Eterno. Cristo se hizo igual a Dios (v. 18), y para respaldar Su declaración (vv. 19-30) citó el testimonio de Juan el Bautista (vv. 33-35), el testimonio de Sus obras (v. 36), el testimonio de Su Padre (vv. 37-38), finalizando con el testimonio de las Escrituras (vv. 39-47). Esto era prueba suficiente para comprobar decisivamente que Él en realidad era el Hijo de Dios, y aun más, El era Dios.

N. La controversia en cuanto al sábado

Mateo 12:1-14; Marcos 2:23-38; 3:1-6; Lucas 6:1-11

Una vez que Jesús regresó a Galilea, sus discípulos caminaban con Él en el campo y empezaron a arrancar espigar de trigo y a comer, y esto fue en un día sábado. Luego, en el mismo sábado, el Señor Jesús entró en la sinagoga y sanó a un hombre que tenía la mano seca. A raíz de estos dos incidentes, los fariseos murmuraban de Cristo, así que el Señor les contestó con cinco argumentos:

1. se refirió a la conducta de David durante el día sábado (1 S. 21:1-6);
2. citó la conducta de los sacerdotes en el Templo (Nm. 28-9-10);
3. apeló a la profecía (Oseas 6:6);
4. aclaró el propósito por el cual fue creado el sábado, y
5. declaró el hecho de que el Hijo del Hombre es Señor del sábado.

Como resultado de esto, los fariseos consultaron con los herodianos, buscando la manera en que podrían deshacerse de Él.

O. Cristo sana a las multitudes

Mateo 12:15-21; Marcos 3:7-12

Después de la controversia sobre el sábado, el Señor Jesucristo se retiró hacia el Mar de Galilea a descansar con sus discípulos (vea otras ocasiones en que se retiró en Mr.3:7; 6:31, 46; 7:24, 31; 9:2; 14:34-35).

Estando Jesús con sus discípulos, vinieron muchos que padecían de múltiples enfermedades para recibir de Sus manos la salud física y liberación de espíritus inmundos. Es interesante notar que vinieron desde Idumea, que era un lugar remoto que quedaba en el sur; desde Tiro y Sidón en el norte; y desde Perea o Transjordania. El Señor Jesucristo sanó a todos los que vinieron hasta Él. Pero como era Su costumbre, les pidió que no dijeran nada a nadie, porque no quería que se suscitase oposición. Sin embargo, muchos no obedecieron la voluntad del Señor, y Mateo señala que esto era para que se cumpliera la profecía de Isaías 42:1-4.

Es sumamente interesante observar que si bien los hombres a veces han dudado de la divinidad del Señor Jesucristo, los espíritus inmundos nunca lo han hecho, pues nuevamente notamos en esta porción que reconocieron que Cristo era el Hijo de Dios (Mr. 3:11).

P. Los doce apóstoles

Marcos 3:7-19; Lucas 6:12-16

Después de estas cosas y de pasar una noche en oración, el Señor escogió a los doce hombres que servirían de núcleo para la obra que Él habría de realizar a través de ellos, pues ellos habrían de proseguir con lo que Jesús había comenzado una vez que Él ascendiera al cielo. Es muy interesante comparar las cuatro listas que tenemos de los 12 apóstoles. Las presentamos a continuación:

Mateo 10:2	Marcos 3:16	Lucas 6:14	Hechos 1:13
Simón Pedro	Simón Pedro	Simón Pedro	Simón Pedro
Andrés	Jacobo	Andrés	Jacobo
Jacobo	Juan	Jacobo	Juan
Juan	Andrés	Juan	Andrés
Felipe	Felipe	Felipe	Felipe
Bartolomé	Bartolomé	Bartolomé	Tomás
Tomás	Mateo	Mateo	Bartolomé
Mateo	Tomás	Tomás	Mateo
Jacobo de Alfeo	Jacobo de Alfeo	Jacobo de Alfeo	Jacobo de Alfeo
Tadeo	Tadeo	Simón Celador	Simón Celador
Simón Cananita	Simón Cananita	Judas hermano de Jacobo	Judas hermano de Jacobo
Judas Iscariote	Judas Iscariote	Judas Iscariote	

En estas listas encontramos algunas cosas de interés, como por ejemplo que Simón Pedro está a la cabeza de cada lista. Sin embargo, esto no quiere decir que tenía la supremacía, pues bien sabemos que había rivalidad entre los apóstoles (Mt. 20:20-24). Por otro lado, no cabe duda de que en realidad él era el líder por su impetuosidad y su energía. Hay tres grupos en cada lista, y cada grupo comienza con a) Pedro, b) Felipe, c) Jacobo hijo de Alfeo. Entre los doce había tres pares de hermanos: Pedro y Andrés, Jacobo y Juan y Jacobo y Judas hermano de Jacobo. En estas listas Bartolomé corresponde a Natanael; Simón Celador y Simón Cananita son la misma persona; y Tadeo es también Judas, hermano de Jacobo.

Repaso de la lección

1. Indique dónde queda Galilea. ¿En qué sentido era esta provincia adecuada para que el Señor desarrollara ahí Su ministerio?
2. ¿Dónde tuvieron su origen las sinagogas? ¿Qué clase de recepción tuvo el Señor en la sinagoga de Nazaret?
3. ¿Dónde estableció Su hogar el Señor Jesucristo durante Su estadía en Galilea? ¿Por qué dejó de existir aquella ciudad?
4. ¿Quiénes fueron los primeros cuatro apóstoles? ¿Quién fue Leví y cuál era su oficio? Indique los nombres de los doce apóstoles.
5. ¿Cuáles son los cinco argumentos que el Señor expuso en cuanto al sábado? ¿Cuál fue el resultado de esta controversia?

A través de un apreciado esfuerzo ha llegado usted, querido estudiante, al fin de la primera etapa en el estudio del curso "Vida de Jesucristo". Le invitamos ahora a meditar sobre lo estudiado, a cerrar las páginas del curso y a escribir el primer examen que comprende las primeras siete lecciones.

¡QUE EL SEÑOR LE AYUDE!

Lección 8

Los milagros

Material para estudiar: *Hechos 2:22-23; Hebreos 2:3-4*

Bosquejo

A. Definición de milagro

B. La credibilidad en cuanto a los milagros

C. Diferentes milagros y sus propósitos

D. Detalle de los milagros

Lección 8

Los milagros

Uno de los hechos que más llama la atención en la vida de Jesucristo es cómo, en tan corto tiempo, llegó a tener tan gran número de seguidores que día a día se aglomeraban para escuchar las benditas palabras que pronunciaba. Algunos eran sinceros, otros eran curiosos y aun otros buscaban cómo hacerle daño. Pero, ¿qué les hacía venir? Una de las razones fue porque el Señor Jesucristo hacía milagros.

No cabe duda que los milagros que Cristo hizo impactaron profundamente a los que los presenciaron, de tal forma que las noticias corrieron rápidamente por todas partes, lo cual atrajo a millares que querían ver a Jesús. Por dondequiera que Él iba, había un sin fin de personas que procuraban todo el tiempo acercarse al Señor para ser sanadas y bendecidas.

A. Definición de un milagro

¿Qué es un milagro? Si examinamos los milagros que hizo Jesús, tales como limpiar al leproso, sanar al enfermo, resucitar al muerto, nos damos cuenta que éstas son obras que el simple poder humano no puede efectuar. Tampoco la operación de las leyes de la naturaleza puede efectuar milagros, ni pueden explicarse por el orden natural de sucesión de causa y efecto. Por lo tanto, tenemos que buscar en otra fuente una definición adecuada, y ésta la encontramos en las Escrituras. El apóstol Pedro en el día de Pentecostés, refiriéndose al Señor Jesucristo predicó lo siguiente: "Varones israelitas, oíd estas palabras: Jesús nazareno, varón aprobado por Dios entre vosotros con las maravillas, prodigios y señales que Dios hizo entre vosotros por medio de El, como vosotros mismos sabéis" (Hch. 2:22).

Ahora bien, en este versículo tenemos las tres palabras que el Espíritu Santo usa en las Escrituras para hablar acerca de los milagros que el Señor hizo, y si entendemos la acepción de estas palabras tendremos en el texto original una definición adecuada de los milagros. La primera palabra que se usa es "dunameis", palabra que quiere decir "obras poderosas", y según la versión Reina-Valera, se traduce como "prodigios". Esta palabra no se refiere solamente a la obra en sí, sino que va más allá y tiene que ver con el poder o la virtud que origina la obra. Esto se explica claramente a través de lo que dice Pedro: "que Dios hizo por El". De modo que un milagro es algo que se realiza debido a un poder externo y sobrenatural, que es Dios, y no por la operación de las leyes naturales.

La segunda palabra que se usa es "teras" y que se traduce "maravillas". Esta palabra no se refiere a la obra sino al efecto que produce aquella obra en los pensamientos y emociones del espectador. Estos milagros transcendían toda imaginación humana y por lo tanto, dejaban a las personas atónitas y llenas de admiración. ¡Qué maravilloso es ver que nuestro Señor Jesucristo presentó grandes señales que certificaron Su Deidad o Divinidad!

La tercera palabra es "semeion" que se traduce como "señales", y significa que las obras sirven como señales o son el sello de autenticidad conferido por Dios a Jesucristo, que es lo que también dice Pedro en cuanto a que Cristo era "varón aprobado por Dios entre vosotros con las ... señales".

Las palabras arriba mencionadas se usan juntas en tres ocasiones (Hch. 2:22; 2 Co. 12:12 y 2 Ts. 2:9), y describen diferentes aspectos que se notan en la mayor parte de los milagros. Como ejemplo citaremos el milagro de la curación del paralítico (Mr. 2:1-12), que fue un "prodigio", pues "él se levantó enseguida y tomando su lecho salió delante de todos". Fue una maravilla porque "todos se asombraron", y también fue una señal porque "glorificaron a Dios diciendo, nunca hemos visto tal cosa", reconociendo así que Dios estaba con el Señor Jesucristo.

También debemos mencionar que hay otra palabra que se usa en relación a los milagros, especialmente en el Evangelio según San Juan, y es "erga" que quiere decir "obra". Es muy significativo ver que estas obras que hizo Cristo, fueron las que dieron testimonio de que Dios Le había enviado al mundo (Jn. 5:36).

Ahora bien, considerando todo esto podemos decir que un milagro es una obra efectuada por un agente externo, fuera del control de las leyes naturales, en este caso por el Señor Jesucristo, Quien ha sido investido de un poder sobrenatural proviniendo de los Alto, que es Dios, y que causa asombro, dando testimonio de que Jesucristo fue enviado por Dios con un mensaje y para realizar la obra divina.

B. La credibilidad en cuanto a los milagros

No es de extrañarse que los milagros hayan sido blanco de los embates de los críticos de la Palabra de Dios, aunque cual roca firma, han resistido a través del tiempo toda acometida de sus enemigos. En sí las críticas que se hacen son:

- porque violan el orden de la naturaleza, los milagros son imposibles de realizar; y
- porque contradicen la experiencia, no se puede creer en ellos.

En primer lugar diremos que los milagros no violan en nada el orden de la naturaleza. Claro está que no se efectúan estos milagros a través de las fuerzas de la naturaleza sino por una virtud externa pero real, de otra manera no serían milagros sino un efecto natural de una causa primaria. Así que, si no son hechos por la naturaleza tampoco violan el orden de la naturaleza. El hecho es, como hemos dicho, que se efectúan por la introducción y el ejercicio de un nuevo poder, aquel poder que en el principio creó todas las cosas y por cuyo poder subsisten. El Creador puede hacer en Su creación aquello que los hombres no pueden hacer ni entender, sin que por ello viole lo que los hombres honran en llamar las leyes de la naturaleza.

Ahora bien, pasemos a la evidencia en cuanto a la credibilidad de los milagros. El primer testigo fue el mismo Señor Jesucristo. Es incuestionable que Él tuvo el poder sobrenatural para realizar este tipo de obras. En Juan 5:36, el Señor declara abiertamente: "porque las obras que el Padre me dio para que cumpliese, las mismas obras que yo hago, dan testimonio de mí, que el Padre me ha enviado". También en Juan 10:37-38 leemos que Cristo dijo: "si no hago las obras de mi Padre, no me creáis. Mas si las hago, aunque no me creáis a mí, creed a las obras, para que conozcáis y creáis que el Padre está en mí, y yo en el Padre". Una vez más, en Lucas 7:20-22, cuando los mensajeros de Juan Bautista fueron a preguntarle si Él era al que esperaban, Él respondió: "Id, haced saber a Juan lo que habéis visto y oído: los ciegos ven, los cojos andan, los leprosos son limpiados, los sordos oyen, los muertos son resucitados, y a los pobres es anunciado el evangelio". Concluimos pues, que Jesucristo hizo los milagros y Él mismo testificó que los hacía en el poder de Dios!

Ahora pasemos a considerar el testimonio de los contemporáneos de Jesús. Un breve examen de los evangelios revela que los milagros formaron parte inseparable de la vida del Señor Jesucristo, de tal modo que sería imposible quitarlos sin destruir su estructura perfecta. Si estos milagros hubieran sido el resultado de la fantasía de mentes desequilibradas, hubieran sido desmentidos inmediatamente. Pero por el contrario, es interesante saber que fueron recibidos como ciertísimos por parte de los primeros lectores del evangelio, que fueron personas que vivieron en el tiempo de Cristo.

Luego, tenemos los escritores de los evangelios, es decir, los discípulos de Cristo que creyeron no sólo en la posibilidad, sino también en la realidad de los milagros, de lo cual testificaron en sus escritos. ¿Acaso no fue Pedro el que dijo en el día de Pentecostés que Cristo hizo milagros y prodigios y señales? (Hch. 2:22). Y Juan, el discípulo amado, en su primera epístola declara: "lo que hemos oído, lo que hemos visto con nuestros ojos, lo que hemos contemplado, y palparon nuestras manos tocante al Verbo de vida ... lo que hemos visto y oído, eso os anunciamos" (1 Jn. 1:1,3). Además, en su evangelio, Juan nos da el relato de muchos de los milagros que hizo el Señor.

Sin duda pudiéramos dar más pruebas, pero creemos que lo que hemos visto es suficiente. Considerando el testimonio del Señor Jesucristo, y el testimonio de sus contemporáneos, concluimos que los milagros son posibles y que se puede creer en ellos.

C. Diferentes milagros y sus propósitos

Podemos decir que hubieron dos clases de milagros: aquellos que se hicieron en los hombres y aquellos que se efectuaron en la naturaleza. De los últimos podemos señalar: el cambiar el agua en vino, el calmar la tempestad, el hacer secar la higuera, etc. De los primeros, los tenemos divididos en tres categorías:

- sanidades sobre aquellos que padecían de dolencias y enfermedades físicas como fiebres, hacer andar a los cojos, dar vista a los ciegos, etc.;
- liberaciones espirituales y mentales, echando fuera a los espíritus inmundos y demonios;
- la resurrección de muertos: de esta categoría sólo sabemos de tres casos, sin mencionar la gloriosa resurrección del Señor Jesucristo, pero bastan éstos para hacernos ver que Su poder era aun mayor que el de la muerte.

Estos milagros los hizo el Señor en diferentes maneras y usando varios medios. La verdad es que en cada ocasión, Él cambió de método. De tal manera que en un caso le vemos sanando a la distancia, en otra instancia untando los ojos de un ciego con lodo; en otra, dando órdenes en voz alta y con autoridad, mientras que en otra ocasión, aun del borde de su vestido salió poder par sanar a una mujer.

Vemos que todos estos milagros fueron hechos con el propósito que nos indica Pedro en el libro de los Hechos. Es decir, que los milagros, prodigios y señales sirvieron para atestiguar que Jesucristo estaba investido del poder de Dios, fue el enviado de Dios y Su Ungido. Estas fueron las credenciales de Su misión, pues estas obras demostraban a todos la plenitud divina que residía en Él. Bien supo esto Nicodemo, y por eso dijo: "Rabí, sabemos que has venido de Dios como maestro, porque nadie puede hacer estas señales que tú haces, si no está Dios con él" (Jn. 3:2).

Por supuesto que todos estos milagros tenían como finalidad llevar a cabo la obra espiritual que Él había venido para hacer, la de dar su vida en precio por el rescate de la humanidad perdida, salvando a los pecadores. Así, según Marcos 2:2-12 donde habla de la sanidad del paralítico, vemos que el Señor sana y perdona los pecados. Seguramente el paralítico no pensaba en eso como prioridad, pero Jesús sabía lo que necesitaba y como era y es el único que puede perdonar, suplió esa necesidad también. Con los milagros, Jesús simbolizó la obra salvadora y redentora que había traído Su reino.

D. Detalle de los milagros

A continuación presentamos una lista completa de todos los milagros que hizo Cristo, los cuales están relatados en los evangelios.

1. El agua convertido en vino en las bodas de Caná, Juan 2:1-11.
2. La sanidad del hijo de un noble en Caná, Juan 4:46-54.
3. La liberación del endemoniado en la sinagoga, Marcos 1:21-28; Lucas 4:31-37.
4. La sanidad de la suegra de Simón Pedro y otros enfermos, Mateo 8:14-17; Marcos 1:29-34; Lucas 4:38-41.
5. La primera pesca milagrosa, Lucas 5:1-11.
6. La sanidad del leproso, Mateo 8:2-4; Marcos 1:40-45; Lucas 5:12-16.
7. La sanidad del paralítico que fue bajado por el tejado, Mateo 9:1-8; Marcos 2:1-12; Lucas 5:17-26.
8. La sanidad del enfermo en el estanque de Betesda, Juan 5:1-9.
9. La sanidad del hombre con la mano seca, Mateo 12:9-14; Marcos 3:1-6; Lucas 6:6-11.
10. La sanidad del siervo del centurión de Capernaum, Mateo 8:5-13; Lucas 7:1-10.
11. La resurrección del hijo de la viuda de Naín, Lucas 7:11-17.
12. El dominio sobre la tempestad, Mateo 8:18; 23-27; Marcos 4:35-41; Lucas 8:22-25.
13. La liberación del endemoniado gadareno, Mateo 8:28-34; Marcos 5:1-20; Lucas 8:43-48.

14. La sanidad de la mujer que tocó el borde de Su vestido, Mateo 9:20-22; Marcos 5:25-34; Lucas 8:43-48.
15. La sanidad de la hija de Jairo, Mateo 9:18-26; Marcos 5:21-43; Lucas 8:40-56.
16. La sanidad de dos ciegos, Mateo 9:27-31.
17. La expulsión de un demonio, Mateo 9:32-34.
18. La alimentación de los cinco mil, Mateo 14:15-21; Marcos 6:34-44; Lucas 9:12-17; Juan 6:1-14.
19. Cristo anda sobre las aguas, Mateo 14:24-33; Marcos 6:47-52; Juan 6:16-21.
20. La hija de la sirofenisa sanada, Mateo 15:21-28; Marcos 7:24-30.
21. El sordo tartamudo sanado, Marcos 7:32-37.
22. La alimentación de los cuatro mil, Mateo 15:32-39; Marcos 8:1-10.
23. La sanidad del ciego de Betesda, Marcos 8:22-26.
24. La liberación del muchacho endemoniado, Mateo 7:14-20; Marcos 9:14-29; Lucas 9:37-43.
25. El estatero hallado en la boca del pez, Mateo 17:24-27.
26. Sanidad de un ciego de nacimiento, Juan 9:1-41.
27. Sanidad de la mujer enferma durante 18 años, Lucas 13:11-13.
28. Un hombre hidrópico sanado, Lucas 14:1-4.
29. La resurrección de Lázaro, Juan 11:1-44.
30. El ciego Bartimeo y su compañero son sanados, Mateo 20:29-39; Marcos 10:46-52; Lucas 18:35-43.
31. La higuera estéril es secada, Mateo 21:18-22; Marcos 11:12-25; Lucas 19:45-48.
32. La oreja de Malco sanada, Mateo 26:51-53; Marcos 14:47; Lucas 22:50-51.
33. La segunda pesca milagrosa, Juan 21.

Repaso de la lección

1. Defina ¿qué es un milagro?
2. Explique por qué los milagros no violan el orden de la naturaleza.
3. Cite algunos versículos que atestigüen la credibilidad de los milagros.
4. ¿Qué clase de milagros hizo el Señor Jesucristo?
5. ¿Por qué hizo milagros el Señor Jesucristo?
6. Mencione diez o más de los milagros que hizo el Señor Jesucristo, indicando dónde se encuentran las historias.
7. Indique cuál es el único milagro que se registra en los cuatro evangelios.

Lección 9

El Maestro Divino

Bosquejo

A. Características del mensaje

B. Contenido del mensaje

Lección 9

El Maestro Divino

Ningún estudio de la vida de Jesucristo estaría completo sin un examen detallado de las enseñanza que dio el Hijo del Hombre e Hijo de Dios. Si bien los milagros que hizo captaron muchísimo la atención, de igual modo lo hicieron las palabras y las enseñanzas que dio el Maestro Divino. Jamás ha habido otro que haya hablado como Él; aun sus enemigos decían: "¡Jamás hombre alguno ha hablado como este hombre!" (Jn. 7:46). Y aunque no tenemos en realidad mucho por escrito de Sus enseñanzas, unas cuantas páginas no más, lo que tenemos constituye un libro de enseñanzas incomparables e insondables, las cuales constituyen una fuente sin par de sabiduría, de principios morales y de instrucciones espirituales; por lo cual no podemos menos que decir que Él es el Maestro de los maestros, el Maestro por excelencia.

Por otro lado, hay que reconocer que ha habido una tendencia, muy manifiesta en los últimos años de poner demasiado énfasis en las enseñanzas del Señor Jesucristo, menospreciando y subestimando la grandiosa obra que vino a llevar a cabo el Señor Jesucristo. Por lo tanto, es importante entender que Cristo no vino para ser sólo Maestro, ni vino sólo para darnos un sistema teológico, un código moral o un credo, o un ejemplo para seguir. Él vino para buscar y salvar lo que se había perdido. Vino para expiar nuestros pecados, para derramar Su sangre preciosa a fin de que podamos ser limpiados de todo pecado. De ahí que no debemos olvidar que la obra de Cristo es la que merece la preeminencia, y Sus enseñanzas deben subordinarse a ella.

A. Características del mensaje

Al examinar las enseñanzas de Cristo, vemos que Él usó el estilo judío para proclamar Sus doctrinas. El estilo que usamos nosotros los occidentales para nuestros discursos es más bien expansivo y lógico, mas no así el de los orientales, que usan más un estilo reflexivo que invita a meditar y a filosofar durante mucho tiempo, hasta que se pueda en forma epigramática y sucinta, hacer una conclusión lo más corta posible. Este estilo conciso se observa en las palabras de Cristo cuando dice: "Pedid y se os dará; buscad y hallaréis; llamad y se os abrirá" (Mt. 7:7). Y ¿qué más breve que la oración que conocemos llamada el "Padre Nuestro"? (Mt. 6:9-13), pero que sin embargo encierra muchas enseñanzas sublimes y eternas.

El estilo que Jesús usó era conciso y también ilustrativo. El Señor Jesucristo era un gran observador de todo cuanto sucedía en torno a Él, y todo lo que veía y oía lo usaba para ilustrar y hacer gráfica Su predicación. No hablaba de ideas abstractas en palabras técnicas, sino que Sus ideas estaban ampliamente ilustradas por lo que a diario sucedía en las vidas de Sus oyentes, de modo que Sus palabras se entendían y quedaban grabadas en Sus mentes. Lo que el Señor había observado de las costumbres religiosas de los hombres sirvió como base para la enseñanza en cuanto a la confianza que algunos tenían en sí mismos (Lc. 18:10-14). Lo que Él observaba en la maravilla de la naturaleza también le servía, de modo que a menudo se refería a los lirios del campo, a los pajarillos, a la siembra y siega para hacer más vívidas Sus enseñanzas espirituales.

En este mismo sentido notamos que Sus enseñanzas eran también en forma parabólica. Posteriormente hablaremos más sobre las parábolas. Solamente mencionaremos el hecho interesante de que, cerca de una tercera parte de todas las enseñanzas que tenemos de Cristo, relatadas en el Nuevo Testamento, son parábolas.

Otra característica de las enseñanzas de Cristo era Su autoridad. Al terminar uno de Sus discursos, Mateo dice que las gentes se admiraban de Su doctrina porque no les enseñaba como los escribas, sino como uno que tenía autoridad (Mt. 7:28-9). Los escribas eran los que transcribían y copiaban las Sagradas Escrituras. Su familiaridad con el texto sagrado les daba cierto derecho a ser intérpretes de él, de modo que ellos decían en sus pláticas: "Así dice la ley". Sin embargo, muy pronto torcieron las Escritura limitándose a las menudencias de la ley. Por eso fue que Cristo en una ocasión les dijo: "¡Ay de vosotros, escribas y fariseos, hipócritas! porque diezmáis la menta y el eneldo y el comino, y dejáis lo más importante de la ley: la justicia, la misericordia y la fe. Esto era necesario hacer, sin dejar de hacer aquello" (Mt. 23:23).

Mas no así el Señor Jesucristo, quien en Sus enseñanzas decía repetidas veces: "Oísteis lo que fue dicho ... mas yo os digo ..." (Mt. 5:21-22). Él enseñaba las Escrituras no como un comentarista más, sino como el mismo autor. Él quitó las glosas, la tradición, las perversiones y las falsas interpretaciones, e hizo relucir el verdadero significado y espíritu de la ley de Dios. Los más altos conceptos espirituales y los más elevados temas morales los pronunció el Señor de tal manera, que se evidenciaba claramente que Él tenía la autoridad total para enseñar como ningún otro lo había hecho. Los profetas del Antiguo Testamento decían: "así dice Jehová". Los escribas decían: "así dice la Ley". Pero Cristo no apeló a ninguna autoridad superior, sino que simplemente decía, sin temor a que le contradijeren: "De cierto, de cierto os digo...."

Otra cualidad de Su estilo era el poder que manifestaba. Lucas nos dice que "se maravillaban de Su doctrina, porque Su palabra era con autoridad (o poder, potestad)" (Lc. 4:32). Las palabras y enseñanzas de Cristo tenían todas las marcas de la inspiración divina. Eran palabras vivas y vitales, y siguen así hoy en día. A través de ellas, Cristo demostró tener la plenitud y la unción del Espíritu Santo que había descendido sobre Él. Cuando Él hablaba, Sus palabras eran transmitidas de corazón a corazón con poder irresistible, que hacía que sus oidores se compungieran o se endurecieran aun más.

Este poder también se puede apreciar cuando habló en contra de la hipocresía de los fariseos y escribas (Mt. 23). O cuando habló con los discípulos en el camino a Emaús, y ellos dijeron "¿no ardían nuestros corazones mientras nos hablaba en el camino?" (Lc. 24:32). Pablo nos dice que la espada del Espíritu es la Palabra de Dios (Ef. 6:17), y en Hebreos 4:12 que la Palabra es como espada de dos filos. Vemos que el Señor Jesucristo habló con tal poder que encaja en las descripciones que hemos dado anteriormente en cuanto a la Palabra.

Otra característica de Su mensaje era la gracia con la que hablaba. En Lucas 4:22 leemos: "y todos daban buen testimonio de El, y estaban maravillados de las palabras de gracia que salían de su boca". Aunque muchas de Sus palabras eran severas y duras, e investidas con toda autoridad y potestad, sin embargo, siempre fueron llenas de gracia y de amor sublime. En ellas, el alma dolorida halló consuelo y solaz, y los temerosos hallaron fortaleza y ánimo. En Juan, capítulos 13 al 16 encontramos muchas expresiones que demuestran el gran amor que Jesús tenía en Su corazón hacia los hombres, y la manera amorosa en la que Él hablaba.

Nos damos cuenta, entonces, que nadie habló ni hablará como Él lo hizo.

B. Contenido del mensaje

A grandes rasgos podemos dividir el mensaje de Jesucristo en dos partes. La primera que habla de verdades morales y espirituales de la más alta categoría, y la segunda que habla de Su autorevelación como persona y de Su obra.

No cabe la menor duda de que Cristo declaró principios fundamentales para la vida moral y espiritual de todo humano, los cuales hallamos resumidos en la frase: "Arrepentíos porque el reino de los cielos se ha acercado"

(Mt. 4:17). Aquí vemos la necesidad imperiosa del arrepentimiento que encierra un nuevo punto de vista, tanto de uno mismo como de Dios, o en otras palabras, un cambio radical en el ser como base para poder entrar en el reino de los cielos. A más de esto, el Señor estableció fundamentos firmes y seguros para el edificio espiritual que tenía que construirse. Esto tenía que ver con una moral absoluta, que vemos reflejada en el Sermón del Monte (Mt. 5:1—7:9), donde dice: "Sed perfectos, como vuestro Padre que está en los cielos es perfecto" (Mt. 5:48). Él demanda de nosotros perfección absoluta, y ésta no se puede adquirir por nuestra propia voluntad y virtud, y tampoco es un concepto relativo. Hay quienes hablan de seguir sólo las enseñanzas de Cristo, pero se engañan a sí mismos, sin discernir que el principio fundamental de las enseñanzas de Cristo es el arrepentimiento total.

En segundo lugar, vemos que el mensaje de Cristo tenía que ver con una autorevelación de Su persona, Su carácter y Su obra. Cuando Él hablaba de la manera en que lo hacía, todos preguntaban: "¿quién es este Maestro?" Y como Cristo sabía que a menudo todos hacían esta pregunta, tuvo a bien revelarse a nosotros a través de Sus palabras.

En una ocasión el Señor preguntó a sus discípulos: "¿quién dicen los hombres que es el Hijo del Hombre?" (Mt. 16:13), frente a lo cual recibió una variedad de respuestas. Por otro lado, si le hubieran hecho esta pregunta a Él, hubieran recibido las respuestas que durante Su ministerio, en forma sucinta, y en varias ocasiones, dio el Señor. Él dijo: "De cierto, de cierto os digo: antes que Abraham fuese, Yo soy" (Jn. 8:58); "Yo soy la luz del mundo" (Jn. 8:12); "Yo soy el pan de vida" (Jn. 6:35); "Yo soy de arriba" (Jn. 8:23); "Yo soy el buen pastor" (Jn. 10:11); "Yo soy la puerta" (Jn. 10:9); "Yo soy la resurrección" (Jn. 11:25); "Yo soy el camino, la verdad y la vida" (Jn. 14:6); y "Yo soy la vid verdadera" (Jn. 15:1). A través de estas palabras, Cristo estaba revelando Quién era Él, y cuál fue Su propósito al venir al mundo.

Otra de las cosas que el Señor Jesucristo enseñó fue que tiene absoluta soberanía y derecho a exigir completa e inmediata obediencia por parte de los hombres. Por ejemplo, cuando Él dijo a los primeros discípulos, o al joven rico y a otros: "Venid en pos de mí", éstas eran palabras que debían ser obedecidas implícitamente, aunque significasen grandes sacrificios personales para el individuo a quien eran dirigidas. El hecho es que Su mensaje era claro e invitaba a tomar una decisión: esto es, a aceptarle o a rechazarle. El aceptarle trae gozo infinito, mientras que el rechazarle hace que una persona esté expuesta a la perdición eterna (Mt. 10:12-15). Jesucristo exige aun más, nuestro amor absoluto y sobre todas las cosas (Mt. 10:37; Mr. 12:30).

También a través de Sus enseñanzas, el Señor declaró que Él es el Juez del mundo. No solamente que es el soberano que exige nuestra obediencia y lealtad, sino que es el juez que nos juzgará y nos absolverá o condenará según lo que hayamos hecho. Él vino al mundo a juzgar en justicia. Él es el juez que Dios el Padre ha constituido en la corte suprema del cielo. Según las leyes inflexibles e inalterables de Dios, seremos juzgados con justicia verdadera (Mt. 19:28; Jn. 5:22; Mt. 25:3).

Por último, y sobre todas las cosas, a través de Sus enseñanzas Cristo declaró Su divinidad. Es indiscutible el hecho de que por ser Dios, Él pudo hablar y enseñar como lo hizo. Aquellos que quisieran despojar a Cristo de Su divinidad, para hacer de Él un simple humano aunque sea de los mejores, se encontraría ante un dilema, pues su ejemplar sería un impostor por haber dicho todo lo que dijo. Así que, para ser coherentes, debemos admitir que Él es Dios encarnado en forma humana, o si no, es necesario rechazar del todo tanto Sus enseñanzas como Su persona. Ahora bien, si analizamos detenidamente lo que Él dijo de Sí mismo, encontraremos por lo menos cuatro realidades:

1. **El Señor reconocía Su pre-existencia**. Él no pensaba de Sí como un ser creado, o uno que tuvo principio y fin de días, sino que sabía y declaró que desde la eternidad hasta la eternidad Él siempre había existido y siempre existiría (cp. Jn. 3:13; Jn. 6:33, 62; Jn. 8:58; 16:28; Jn. 17:5).

2. **Según Filipenses 2:6 vemos que Jesucristo es Dios**: "el cual siendo en forma de Dios, no escatimó el ser igual a Dios como cosa a que aferrarse". Vemos que Cristo declaró esto abiertamente estando en Jerusalén. Se hizo igual a Dios, asumiendo los mismos atributos y las mismas prerrogativas (cp. Jn. 5:17-19; 22-23 y Jn. 10:30).

3. **También el Señor Jesucristo aceptó las confesiones y testimonios de varias personas que declararon Su divinidad**. Entre ellos tenemos la confesión de Natanael (Jn. 1:49), de Pedro (Mt. 16:16), de Marta (Jn. 11:27), y de Tomás (Jn. 20:28).

4. **Por último tenemos la razón inmediata por la cual Le crucificaron,** esto es, que los judíos usaron como pretexto que Él se hacía el Hijo de Dios (Mt. 26:63-66).

Repaso de la lección

1. Señale en qué se debe poner mayor énfasis, ¿en la obra de Cristo o en sus enseñanzas? ¿Por qué?
2. Indique cinco cualidades o características que tenía el mensaje de Cristo.
3. Señale cuáles fueron los dos temas sobresalientes del mensaje de Cristo.
4. ¿Qué dijo Cristo en cuanto a Sí mismo que revela Su divinidad?

Lección 10

EL SERMÓN DEL MONTE

Material para estudiar: *Mateo 5:1—7:29*

BOSQUEJO

A. Lugar donde pronunció Su mensaje, 5:1-2

B. Características y privilegios de los ciudadanos del Reino, 5:3-48
   1. Una descripción de las características, vv. 3-12
   2. Relación de dicho carácter con el mundo, vv. 13-16
   3. Relación de dicho carácter con el Antiguo Testamento, vv. 17-47
   4. Resumen, v. 48

C. Relación de los súbditos para con Dios, 6:1-34
   1. La supremacía divina, vv. 1-18
   2. El cuidado divino, vv. 19-34
   3. Resumen, v. 33

D. Relación con los súbditos para con sus semejantes, 7:1-12
   1. El no juzgar, vv. 1-5
   2. El andar con prudencia, v. 6
   3. La nación y la regla de oro, vv. 7-11
   4. Resumen, v. 12

E. Instrucciones para entrar en el reino, 7:13-27
   1. Los dos caminos, vv. 13-14
   2. Los falsos profetas, vv. 15-20
   3. La necesidad de la obediencia, vv. 21-23
   4. Los dos cimientos, vv. 24-27

F. Palabras finales, 7:28-29

LECCIÓN 10

El sermón del monte

Luego de escoger a los doce apóstoles, el Señor se sentó para darles instrucciones en cuanto a lo que debían ser y lo que tenían que predicar. De todos los mensajes que pronunciara el Señor Jesucristo durante Su vida, éste es el más largo y completo. Sin embargo, por ser tan largo algunos creen que este mensaje es una colección de las palabras del Divino Maestro, recopiladas por el evangelista Mateo. La repetición de algunas de estas enseñanzas profundas y pensamientos sublimes también se encuentran en los otros evangelios.

A. Lugar donde pronunció Su mensaje, 5:1-2

La Escritura dice que Jesús subió al monte y se sentó para pronunciar Su sermón frente a una gran multitud. Algunos creen que el lugar donde quedaba el monte fue en la serranía que se llama Los Cuernos de Hattim.

Ahora bien, si examinamos los versículos con que concluye el sermón, leemos que "las gentes se admiraban de Su doctrina, porque les enseñaba como quien tiene autoridad y no como los escribas" (7:28-29), y nuevamente vemos la autoridad con la que Jesucristo estaba investido, la cual sigue vigente para nosotros hasta el día de hoy.

Preguntamos ¿cuál fue el propósito y cuál el tema de este sermón? Recordemos que el Señor Jesucristo, igual que Juan Bautista, vino pregonando el mensaje: "arrepentíos, porque el reino de los cielos se ha acercado" (Mt. 4:17). Con la venida de Jesucristo como Mesías, era de esperarse que este rey ofreciera establecer el reino mesiánico. Como paréntesis diremos que la gente no captó Su mensaje y le rechazó como el Mesías, como lo dice Juan 1:11: "A lo suyo vino, y los suyos no Le recibieron". La idea que tenían ellos tanto de su rey como de su reino estaba errada, así que rechazaron al rey y al reino. Sin embargo, el Rey, al ofrecerles el reino, les dio las leyes que rigen dicho reino, y son éstas las que tenemos narradas en el Sermón del Monte.

Algunos han comparado las enseñanzas que aquí tenemos con las del decálogo del Antiguo Testamento, diciendo que en dichas palabras tenemos expresada la ley en su más alta expresión. Hay otros que declaran que por haber sido rechazado el reino y tratarse de las leyes de dicho reino, estos ya no están en vigencia. Pero por supuesto que no es así. Hubiera sido incoherente que Cristo se ocupara de dar un código de leyes para un reino que Él sabía que iba a ser rechazado y que por ende, dichas leyes jamás serían obedecidas. Las verdades que aquí se encierran son para nosotros, los que por la fe en Cristo hemos llegado a ser súbditos del Rey y ciudadanos del Reino.

B. Características y privilegios de los ciudadanos del reino, 5:3-48

Los privilegios de los ciudadanos se comprenden leyendo los versículos que comienzan por la palabra "Bienaventurados", y que solemos llamar las "Beatitudes" o "Bienaventuranzas". Cristo principió diciendo que el reino sería caracterizado por la dicha inefable que experimentarían lo que tenían parte en Él. Los judíos esperaban tener gran felicidad y dicha en el reino mesiánico pero basado en la prosperidad material, idea confirmada por las palabras que pronunciara uno de Sus oyentes en una ocasión: "Bienaventurado (o feliz) aquel que coma pan en el reino de Dios" (Lc. 14:15). Sin embargo, el Señor no dejó lugar a dudas en cuanto a la naturaleza del reino y de las características de Sus súbditos, puesto que los versículos del Sermón del Monte forman una serie de paradojas que por cierto llamaron la atención de los oyentes, e hicieron desvanecer todas las ilusiones erróneas que abrigaban muchos de Sus oyentes.

Su sermón sirvió para aclarar a muchos que esperaban un reino de delicias carnales y materiales, que no iban a ser los ricos, ni los orgullosos, ni los poderosos, ni los conquistadores, los que iban a gozar de la dicha o felicidad en el reino, sino los pobres, los tristes, los mansos, los hambrientos y los perseguidos.

Las palabras de este Sermón forman una profunda introducción para lograr aquello que Dios espera de cada uno de Sus hijos, esto es: "que seamos perfectos como Él es perfecto", a la vez que nos hacen ver cuánto necesitamos de Dios. Es precioso conocer que en el reino las necesidades espirituales más grandes serán suplidas. El estudiar vez tras vez estas Beatitudes hará que estas paradojas se encarnen en una gloriosa realidad en nuestras vidas.

Luego de dar una descripción de las características de los súbditos en el reino, el Señor Jesucristo procede a decir cuáles son las responsabilidades y cuál la influencia que debe haber. Él usa las siguientes metáforas: "Vosotros sois la sal de la tierra ... vosotros sois la luz del mundo" (Mt. 5:13-14). Los que somos del reino espiritual del Señor tenemos que desarrollar una gran obra. La sal debe ser usada como preservante a fin de evitar que la masa se eche a perder del todo. Así que, por el hecho de pertenecer a Cristo y a través de nuestro estilo de vida en este mundo, hacemos las veces de preservante y evitamos su rápida y completa corrupción. Pero al mismo tiempo, Cristo nos hace ver la posibilidad de que la sal se vuelva insípida, y por lo tanto no sirva para nada, y que la influencia que deberíamos ejercer de preservar al mundo, ya no tenga ningún valor.

Después, cuando dice "vosotros sois la luz del mundo", no se refiere a que nosotros tengamos luz en nosotros mismos, sino que somos reflejo de la luz divina, al igual que la luna refleja la luz del sol. Pero si aquel reflejo no es bueno, es la luz original la que sufre el desprestigio, y por lo tanto, es necesario que nuestra luz brille con fulgor para que nuestro Padre Celestial sea glorificado. El hecho es que en este mundo de lóbregas tinieblas, nuestra luz debe ser el faro que alumbre a fin de que los errantes y perdidos puedan ver la luz admirable que es el mismo Señor Jesucristo.

Desde el versículo 17 Cristo comienza a decirnos cuál es la relación que debe existir entre los súbditos y la ley y los profetas, o en sí el Antiguo Testamento. El hecho es que no faltaron aquellos que, al oír las palabras de

Cristo, dijeron que Él había venido a promulgar una nueva religión o un nuevo dogma. Cristo se apresuró a aclararles diciendo: "No penséis que he venido a abrogar la ley o los profetas: no he venido para abrogar, sino para cumplir" (5:17), y añadió, refiriéndose a la ley de la justicia, que la justicia de los del reino tenía que ser mayor que la de los escribas y de los fariseos, los cuales se contentaban con el estricto cumplimiento de la letra de la ley, que era algo externo y que no emanaba del hombre interior, motivado por lo espiritual.

Prosigue luego a aclarar lo que significa cumplir con la ley del "no matarás", que va más allá del asesinado y que tiene que ver también con la ira contra otro. Condena además el insulto y el odio que son el germen de la muerte. Y para que se evite todo esto, nos da el mandamiento de la reconciliación que es aun más importante que la adoración. Seguidamente pasa a hablar del adulterio, y nuevamente no se limita a la letra de la ley, sino que da a entender que se trata de una moralidad mucho más íntima y secreta. Tan rigurosa es la moralidad que se espera que merece todo nuestro esfuerzo y todo sacrificio para cumplirla, sacrificando aun si fuera necesario el ojo derecho o la mano derecha.

Enseguida, Cristo se refiere a la ley del perjurio y no se limita sólo a los falsos juramentos o a los juramentos incumplidos, sino también a jurar en vano, y enfatiza la importancia de hablar con verdad y con sencillez. Continúa hablando de la ley de la venganza, la cual como ley jurídica está en vigencia en la mayoría de los países del mundo en el día de hoy, y que es necesaria, mas no debe ser usada como base para la venganza o desquite personal. Así que el Señor terminantemente repudia el espíritu vengativo. Para terminar, se refiere a la ley del amor universal, el cual no es restringido únicamente para nuestros familiares y amigos, ya que no hay virtud alguna en amar a los que nos aman, pues aun los peores pecadores hacen esto. Nuestro amor debe incluir hasta a nuestros enemigos y debe expresarse en nuestras oraciones por ellos.

Al meditar sobre estas preciosas palabras del Señor Jesucristo, nos preguntamos con el apóstol Pablo: "Y para estas cosas, ¿quién es suficiente?" (2 Co. 2:16), o ¿quién puede cumplir con ellas? Más aun, cuando meditamos en la conclusión del Señor que dice: "Sed pues vosotros perfectos, como vuestro Padre que está en los cielos es perfecto", desmayamos y lo vemos como algo imposible de alcanzar hablando humanamente. Damos gracias a Dios por la ayuda eficaz del Espíritu Santo que nos ha sido dado y declaramos con el apóstol Pablo: "no que seamos competentes por nosotros mismos para pensar algo como de nosotros mismos, sino que nuestra suficiencia proviene de Dios" (2 Co. 3:5).

C. Relaciones de los súbditos para con Dios, 6:1-34

En el capítulo 6 el Señor Jesucristo expone las relaciones que deben existir entre los súbditos del reino y Dios como Rey supremo. Las enseñanzas de esta porción se resumen en 6:33 que dice: "Buscad primeramente el reino de Dios y su justicia, y todas estas cosas os serán añadidas".

En primer término tenemos, según los versículos 1 al 18, la supremacía divina y la subordinación humana. Cristo exige de nosotros una justicia mayor que la de los escribas y fariseos, ya que ellos se contentaban con una adhesión estricta a la letra de la ley, y pasaban por alto el significado profundo del espíritu de la ley.

Luego, Cristo habla acerca de las costumbres corrompidas que ellos tenían y que aun hoy en día tienden a viciar nuestros cultos y adoración, trocándolo en una parodia de lo que debería ser la verdadera adoración en espíritu y en verdad. Dice: "Mirad que no hagáis vuestra justicia delante de los hombres para ser vistos de ellos" (6:1). Los fariseos fincaban la justicia en tres puntos: la limosna, la oración y el ayuno. Si estas tres se observaban rigurosamente según el parecer de ellos, habían cumplido toda justicia. Desgraciadamente, la observancia de esto se había convertido en algo que se hacía para recibir los aplausos de los hombres y no para recibir la aprobación divina. El Señor denunció firmemente este sistema y dijo que el dar limosna u ofrenda se debe hacer para el Padre Celestial, y no para ser vistos por los hombres. Dijo lo mismo en cuanto a la oración. No se refería a que no se debe orar en público, sino a la motivación falsa de hacerlo para que otros admiren y alaben nuestra piedad. En ocasiones, al procurar recibir la aprobación humana, las oraciones se alargan por medio de palabrerías innecesarias. Por lo tanto, las vanas repeticiones no tienen ningún mérito.

Luego de indicar lo que no se debe hacer, el Señor pasa a dar un modelo de oración y enseña el "Padre Nuestro". Aquí cabe indicar que no todos pueden expresar esta oración, pues sólo aquel que por la fe en Cristo ha llegado a ser hijo de Dios puede llamarle a Dios "Padre". Si uno no es hijo de Dios, comienza su oración con una mentira al repetir las palabras "Padre nuestro". Esta oración en su estructura es eminentemente sencilla, simétrica y profunda en su significado. A primera vista, parecería que se trata de una oración simple en extremo, pero es como un lago de aguas cristalinas, cuya profundidad no se puede calcular sin sondearlo. Esta oración consta de tres partes: la invocación; luego tres peticiones en relación a Dios, y para concluir, cuatro peticiones relacionadas con las más hondas necesidades del ser humano.

Inmediatamente pasa a hablar del ayuno, y vuelve a recalcar que debe ser para Dios y no para ser vistos por los hombres. El hecho es que todo acto de devoción que se hace con el fin y único propósito de ser visto por los hombres es sin provecho, sin galardón y sin aceptación por parte de Dios.

A continuación, en los versículos 19 al 34, Cristo habla de hacer tesoros en los cielos y de no poner el corazón en las cosas materiales y temporales. Tampoco debemos preocuparnos y afanarnos en cuanto a qué hemos de comer y con qué nos vestiremos, puesto que si Dios el Padre cuida de las aves quienes dependen absolutamente del cuidado divino, ¿cómo no cuidará de Sus hijos? No pensemos nunca que Aquel quien nos dio vida y nos puso en este mundo se va a olvidar de nosotros. El Creador es también nuestro Sustentador. Además, ¿quién puede mejorar una situación a través de la ansiedad, la congoja y el desánimo? ¡Nadie! El Señor mismo dice que este afán y la ansiedad no están de acuerdo con el espíritu cristiano. Los no creyentes por cierto que se afanan, pero nosotros que somos hijos de Dios nunca debemos hacerlo. La vida se vive de día en día, y de día en día es que Dios suple nuestras necesidades. Él no promete grandes riquezas, ni ofrece un buen saldo en el Banco. Pero sí promete suplir toda necesidad conforme a Sus riquezas en gloria en Cristo Jesús, Señor nuestro (Fil. 4:19). Vivamos pues, día a día, con la mirada puesta en el autor de la vida y consumador de nuestra fe.

Finalmente tenemos el resumen, que se halla en el versículo 33 y que dice: "Buscad primeramente el reino de Dios y Su justicia, y todas estas cosas os serán añadidas". Vemos pues, que nuestra relación con Dios es: obedecer al Soberano antes que a los hombres, y confiar en Su cuidado ya que Él es nuestro Padre Celestial.

D. Relaciones de los súbditos para con sus semejantes, 7:1-12

El versículo clave es el 12 donde dice: "Así que, todas las cosas que queráis que los hombres hagan con vosotros, así también haced vosotros con ellos; porque esto es la ley y los profetas". En todo el Sermón el Señor Jesucristo insiste en que nuestra justicia tiene que ser mayor que la justicia fingida de los fariseos y escribas, y en esta porción indica lo que involucra la ley, y que es menester guardarla a fin de que podamos vivir en justicia con nuestros semejantes. El Señor nos da ciertas reglas que nos sirven de amonestación y de guía.

Para alcanzar este elevado nivel de moral, es necesario que no tengamos un espíritu de censura, pues esto es lo que quiere decir: "No juzguéis para que no seáis juzgados" (7:1). Aquí no se condena aquella facultad que tenemos de discernir entre el bien y el mal, sin la cual el hombre llega a ser un autómata, sino que más bien se reprueba aquel espíritu que ve la paja en el ojo ajeno: que ve solamente las faltas y errores y halla defectos en todo y todos. Tener ese espíritu mefistofélico del criticón está prohibido y es condenado para todo aquel que es un súbdito del reino. Antes de criticar, es menester que nos critiquemos a nosotros mismos y que estemos sin culpa alguna, para pretender censurar al hermano. Es como dijo el Señor en otra ocasión: "El que de vosotros esté sin pecado sea el primero en arrojar la piedra contra ella" (Jn. 8:7).

Luego pasa a hablar de otro aspecto de nuestra relación con nuestros semejantes, diciendo que debe ser con discreción, pues a esto se refiere el versículo 7:6: "No deis lo santo a los perros, ni echéis vuestras perlas delante de los cerdos". Aparentemente esta sentencia está en oposición con lo que acabó de decir el Señor Jesucristo. ¿Cómo puede el Señor llamar a los hombres perros y cerdos, después de decir que no debemos juzgarlos? Vemos que el Señor dijo esto a fin de que no cerremos los ojos ante hechos incontrovertibles, y que es menester que podamos juzgar entre el bien y el mal. Estas palabras de Jesús hablan de la discreción, el tino, y el discernimiento del carácter del hombre que debemos tener. Si nos conducimos sin un espíritu de crítica y aprendemos a ser discretos, andaremos en buena relación con nuestros semejantes.

Todo lo que estamos estudiando está a nuestro alcance por medio de la oración. Por eso en los versículos 7 y 11 tenemos las exhortaciones a la oración. Allí vemos que el énfasis no es tanto en que Dios está listo a contestar nuestras oraciones, sino en que nuestro Padre Celestial sabe dar buenas dádivas o regalos a Sus hijos. Alguien ha dicho que Dios siempre contesta nuestras oraciones, ya sea con un "Sí" o con un "No". No nos dará aquello que sea perjudicial y malo para nosotros, sino aquello que sea para nuestro bien.

E. Instrucciones para entrar en el reino, 7:13-27

En los siguientes versículos encontramos una serie de figuras que van en pareja y que comienzan con los dos caminos y las dos puertas. Luego, los versículos 15 al 21 hablan de los dos profetas y de los dos testimonios: el falso y el verdadero. Para terminar, presenta las dos casas y los dos cimientos. Todas estas figuras y comparaciones se nos presentan con el único fin de hacernos saber la manera en que uno puede o no entrar en el reino. Cuando el Señor habla de las dos puertas y los dos caminos, nos hace saber que para llegar a la vida en el reino, no será de una manera fácil o sin dificultades; por el contrario, dice que habrá obstáculos y luchas, pero que en Él también hay victoria. Así que, aunque la puerta sea estrecha y estrecho el camino, debemos seguir confiados hacia adelante.

A continuación habla de los falsos profetas, diciendo que por sus frutos se los podrá reconocer, y que debemos tener cuidado de sus palabras suaves y persuasivas, ya que habrán lobos rapaces vestidos de ovejas. Muchos de estos falsos profetas profesarán ser alguien mediante grandes discursos, realización de milagros y expulsión de demonios. Sin embargo, ni aun esto cambiará su identidad, puesto que serán usados por el diablo y ni ellos entrarán al reino. El énfasis que el Señor Jesucristo da es que sólo aquel que hace la voluntad del Padre Celestial, podrá entrar en el reino de Dios.

El Señor termina esta porción y este notable sermón con la ilustración de las dos casas y de los dos cimientos. Toda persona sabe que lo importante en una casa es el fundamento, y que sólo aquello que es edificado sobre una base firme y estable puede resistir la furia de la tempestad. De igual modo sucede con la vida espiritual. Debemos asegurarnos de que nuestra casa esté fundamentada sobre la roca inconmovible que es Cristo y la obediencia a la Palabra, y no sobre la arena movediza de la opinión pública, de las falsas filosofías y de teorías humanas. Es en base a este bello sermón y sobre estas palabras llenas de gracia, que podemos edificar nuestras vidas de manera sólida.

F. Despedida, 7:28-29

Seguramente al leer estas palabras del Sermón y al examinarlas detenidamente, hemos sido impresionados por la hermosura tanto del pensamiento como también del estilo del Señor. Su simplicidad elevada, y Su naturalidad perfecta acentuada por las vívidas ilustraciones, el lenguaje incisivo y las sorprendentes paradojas, han sido el encanto de los niños y a la vez la fuente de profundas reflexiones sobre la vida diaria para los sabios.

El destacado estadista y orador norteamericano del siglo pasado, Daniel Webster, dejó escrito en su epitafio lo siguiente: "Mi corazón siempre me asegura y ha vuelto a asegurarme que el Evangelio de Jesucristo tiene que ser una realidad divina. El Sermón del Monte no puede haber sido una simple producción humana".

En realidad que es hermoso apreciar que en este Sermón, el Señor Jesucristo nos reveló el secreto de la sabiduría y la manera práctica de ser felices en esta vida. Además, a lo largo de todo lo visto se puede ver la divinidad de Cristo, reflejada en la autoridad con que hablaba y en la percepción de la realidad espiritual que comunicó a los hombres.

También tenemos varias declaraciones más que hizo el Señor Jesucristo y que demuestran Su Divinidad, tales como: "Oísteis lo que fue dicho a los antiguos ... pero yo os digo..." (5:21-22). Aquí debemos recordar que la palabra hablada por Moisés era reconocida como la revelación divina. ¿Cómo podía uno hacerla a un lado y pretender dar una nueva interpretación o ampliarla? Sólo se puede explicar esto reconociendo la soberanía de Cristo, ya que sólo Dios tiene el derecho y el poder para ampliar y clarificar Su Palabra.

Además el Señor dijo: "Cualquiera que oye estas palabras y las hace ..." (7:24), lo cual deja ver nuevamente Su absoluta soberanía y supremacía sobre los hombres, a la vez que demanda la obediencia de parte de los hombres a Su

Palabra. Pero aun más, Cristo se declara ser el juez de todos los hombres que en el día final se reserva el derecho de condenar eternamente a los rebeldes.

Antes de terminar, queremos decir que el Sermón del Monte, con todas sus preciosas y sublimes verdades, sólo puede ser vivido con la nueva vida que Dios nos otorga a través de Su precioso y único Hijo, el Señor Jesucristo, Quien también es Dios.

Repaso de la lección

1. Elabore un bosquejo detallado del Sermón del Monte.
2. ¿Cuál fue el propósito y el tema del Sermón?
3. Enumere los privilegios y las responsabilidades de los ciudadanos del reino.
4. ¿Cuál es la relación de los súbditos frente a la ley de Moisés?
5. ¿Cuál es nuestro deber para con Dios, y cuál el deber de Dios para con nosotros?
6. ¿Cómo debemos comportarnos con nuestros semejantes?
7. ¿Cómo puede uno entrar en el reino? ¿Cuáles son los problemas que uno confronta al querer entrar?
8. ¿Qué revelación hizo Cristo en cuanto a Sí mismo y en cuanto a Su obra?

Lección 11

Viajes en Galilea

Para estudiar: *Mateo 8:1—13:58; Marcos 3:19—6:6; Lucas 7:1—8:56*

Bosquejo

A. El rápido crecimiento del ministerio de Cristo
Mateo 8:5-13; 11:2-30; Lucas 7:1-50

1. Cristo sana al sirviente del centurión de Capernaúm
2. Cristo resucita al hijo de la viuda de Naín
3. La pregunta de Juan y el elogio de Cristo
4. Cristo reconviene a las ciudades afortunadas
5. Una mujer unge los pies de Cristo

B. Su segundo viaje por Galilea
Mateo 8:18—9:34; 12:22—13:58; Marcos 3:19—6:6; Lucas 8:1-56

1. La acusación y blasfemia
2. Los fariseos piden una señal
3. La oposición por parte de su familia
4. Cristo habla en parábolas
5. Cristo calma la tempestad
6. La liberación del endemoniado Gadareno
7. Jesús sana a la hija de Jairo
8. La sanidad de la mujer con el flujo de sangre
9. La sanidad de los dos ciegos
10. La sanidad del mudo endemoniado
11. La última visita a Nazaret

C. El tercer viaje por Galilea
Mateo 9:35—11:1; 14:1-12; Marcos 6:14-29; Lucas 9:7-9

1. La misión de los doce
2. El temor de Herodes

Lección 11

Viajes en Galilea

Esta lección trata de los muchos acontecimientos que ocurrieron durante las giras hechas por el Señor Jesucristo en la provincia de Galilea. Pero, por supuesto, nos faltan muchos otros eventos que no se registraron en los Evangelios (Jn. 21:25).

A. El rápido crecimiento del ministerio de Cristo

Mateo 8:5-13; 11:2-30; Lucas 7:1-50

Debido a los muchos milagros y la profunda enseñanza, el ministerio de Cristo crecía día a día, y como todas las ciudades quedaban muy cercanas las unas a las otras, la voz se corría rápidamente en cuanto a la presencia y persona de Cristo. Es así como las noticias llegaron también a Judea.

Por aquellos días, el Señor regresó a Capernaum, donde le avisaron que el sirviente de un centurión romano estaba enfermo con una especie de parálisis, y a punto de morir. Este centurión será recordado por las edades como el hombre cuya fe sobrepasó a la fe de todos en Israel. Vemos que este centurión tenía muy buena reputación entre el pueblo, pues los que vinieron a Cristo dijeron que él era digno de que el Señor le hiciera este favor. Además, decían: "él ama a nuestra nación", lo cual era un rasgo inesperado por parte de un romano y oficial del ejército; incluso él les había edificado una sinagoga, demostrando así su amistad, tolerancia y quizá también, su temor de Dios (Lc. 7:4-5). Sin embargo, el centurión no tenía la misma opinión de sí mismo, ya que con verdadera humildad dijo al Señor: "No soy digno de que entres bajo mi techo" (Lc. 7:6), de tal forma que pidió a Cristo que sanara a su siervo sin necesidad de que fuera a su casa. Frente a esta actitud, vemos que el Señor Jesucristo "se maravilló de él", porque dijo que: "ni aun en Israel he hallado tanta fe" (Lc. 7:9). La fe que demostró el centurión fue galardonada y Cristo en ese mismo momento sanó al sirviente amado. Cabe mencionar aquí que, al alabar la fe del centurión, el Señor censuró firmemente la incredulidad de los judíos y declaró que muchos de los hijos del reino quedarán afuera, mientras que muchos de los gentiles tendrán parte en él.

Poco tiempo después, Cristo hizo otro milagro de gran importancia. Hasta aquí el Señor había sanado a los enfermos, pero en esta ocasión resucitó a un muerto. A lo largo de Su ministerio, el Señor resucitó en tres ocasiones a personas que estaban muertas: a un joven (Lc. 7:11-15); a la hija de Jairo (Lc. 8:41-56); y a Lázaro (Jn. 11:1-45). Este primer milagro llamó mucho la atención de la gente, de tal modo que las noticias corrieron rápidamente, llegando aun hasta Judea. Vemos que en estos milagros, el Señor los hizo ejerciendo Su palabra de autoridad, demostrando así que Él es Señor aun sobre la muerte, dándonos a nosotros la esperanza de que seremos vencedores sobre la muerte por la palabra de Cristo.

Las noticias de estos milagros llegaron a oídos de Juan, quien estaba preso en la fortaleza de Macairo. Allí, debido al sufrimiento del encarcelamiento, Juan comenzó a dudar y no estaba seguro si Jesús era el Mesías, el Cristo de Dios. El Señor le mandó a decir como respuesta que las obras que Él hacía daban testimonio de Su Persona, y luego procedió a elogiar a Juan, diciendo que no ha habido otro profeta mayor que él.

Posteriormente, el Señor comenzó a reconvenir a las ciudades afortunadas que tuvieron el privilegio de escuchar Sus palabras y de presenciar Sus milagros (Mt. 11:20-30). Tuvieron un privilegio muy grande y por lo tanto, mayor era su condenación. Este es un principio que siempre estará en vigencia. Si nuestros privilegios han sido grandes, mayor será nuestra responsabilidad y mayor nuestra culpabilidad si no hemos aprovechado las oportunidades para cumplir con nuestro deber.

También vemos que en esta porción el Señor se refiere a Su unidad con el Padre, y dice en Mateo 11:27: "Todas las cosas me fueron entregadas por mi Padre, y nadie conoce al Hijo sino el Padre, ni el Padre conoce a alguno sino al Hijo, y aquel a quien el Hijo lo quiera revelar". A menudo se pasa por alto esta sublime verdad, por cuanto se pone más énfasis en las palabras que siguen a continuación, palabras que han sido el consuelo y la delicia de millares durante todas las edades. ¡Y en verdad que son hermosas y consoladoras! "Venid a mí todos los que estáis trabajados y cargados, que yo os haré descansar. Llevad mi yugo sobre vosotros y aprended de mí, que soy manso y humilde de corazón; y hallaréis descanso para vuestras almas; porque mi yugo es fácil y ligera mi carga" (Mt. 11:28-30).

Luego, tenemos la escena conmovedora en la casa de Simón el fariseo (Lc. 7:36-50), en la que estando Jesús a la mesa con otros invitados, llegó una mujer y con lágrimas en su rostro lloró sobre los pies del Señor, vertiendo un perfume de gran precio. Simón, el fariseo, que se creía justo en su propia estima, empezó a juzgar a la mujer y a Cristo, condenándole a Él por la actitud que asumió hacia la mujer. Pero Cristo justificó a la mujer y regañó a Simón. La lección es que el Señor perdona al pecador arrepentido y resiste al orgulloso que se justifica a sí mismo.

B. Segundo viaje por Galilea

Mateo 8:18—9:34; 12:22—13:58; Marcos 3:19—6:6; Lucas 8:1-56

El Señor Jesucristo continuó Su ministerio, caminando por las ciudades y aldeas de Galilea con el fin de anunciar el evangelio del reino de Dios (Lc. 8:1-3). Vemos que sus discípulos y una gran multitud le siguieron, entre los que estaban aquellos que habían sido sanados y que en agradecimiento querían ministrar a las necesidades temporales del Maestro Divino.

Mientras el Señor caminaba, le trajeron un endemoniado que era ciego y mudo (Mt. 12:22-37; Mr. 3:19-30). La liberación que efectuó Cristo en él suscitó la admiración de muchos, pero a la vez el antagonismo de los fariseos. Para desacreditar al Señor Jesucristo, ellos dijeron que Él había echado fuera al demonio por el poder de Beelzebú, el príncipe de los demonios. Semejante blasfemia no podía ser pasado por alto, de tal manera que el Señor, conociendo sus pensamientos, procedió a reprenderles severamente, y dijo que cualquier reino dividido entre sí mismo no puede menos que caer. Luego el Señor dice que la lucha espiritual no admite neutralidad, y que el que no está con Cristo está en contra de Él. Finalmente condena la actitud de los fariseos y les dice que ellos han cometido el pecado que no tiene perdón ni en este siglo ni en el venidero (Mt. 12:31-32). Un examen de esta porción nos lleva a la conclusión de que el pecado imperdonable consiste en atribuir a Satanás la obra que el Espíritu Santo hace. La frase que usó Cristo para referirse a este pecado que no tiene perdón es nada más una forma hebrea que quiere decir enfáticamente "nunca jamás" (v. 32), y no puede usarse para apoyar la doctrina de la expiación de pecados en el purgatorio.

Ahora bien, surge la pregunta, ¿puede cometerse este pecado el día de hoy? Las condiciones para que este pecado sea cometido son:

- tiene que haber una obra que sea manifiestamente sobrenatural y que no deje lugar a dudas de que es obra de Dios y no de los hombres;
- debe haber una oposición deliberada y maligna que atribuya a Satanás la obra que tan manifiestamente es de Dios.

Podemos entonces concluir que sí existe la posibilidad de cometer este pecado, considerando la obra del Espíritu Santo en el día de hoy. El apóstol Juan dice que el oficio del Espíritu Santo es el de redargüir al mundo de pecado, de justicia y de juicio (Jn. 16:8). De tal manera que si el Espíritu hace esta obra en el corazón de una persona, y esta no hace caso sino que se burla diciendo que lo que pasó en su ser es una emoción o cosa por el estilo, entonces puede así cometer este pecado que no tiene perdón. Tengamos siempre cuidado de no desechar la voz del Espíritu Santo.

Para terminar esta polémica con los fariseos, Cristo expuso la parábola del buen árbol y el buen fruto, dando a entender que por el fruto que ellos llevaban en sus vidas eran conocidos y juzgados. Él enunció una verdad que debe hacer que nos examinemos cuidadosamente a nosotros mismos, pues tendremos que dar cuenta en el día del juicio de toda palabra ociosa que hablemos (Mt. 12:37-38).

A continuación, vinieron los fariseos y escribas pidiéndole una señal, algo portentoso que le acreditara al Señor según las ideas que ellos tenían del Mesías (1 Co. 1:22). En otras ocasiones Cristo había hecho muchos y grandes milagros, pero en esta ocasión no les dio gusto, sino que les ofreció la señal de Jonás, que tenía que ver con Su muerte y resurrección (Mt. 12:38-45). Luego, aludiendo a dos hechos históricos que eran bien conocidos entre ellos, les condenó por su incredulidad, y les hizo ver el estado de peligro en el que se encontraban, contándoles la parábola de la casa desocupada, barrida y adornada.

Cualquiera hubiera creído que los familiares de Cristo apoyarían al Señor en su labor y que se encontrarían entre los fieles seguidores del Maestro; sin embargo, notamos que sus hermanos no creyeron en Él, sino hasta después de la resurrección (Jn. 7:5). Según Marcos 3:21, leemos que ellos pensaban que Él estaba fuera de sí, por lo tanto fueron a buscarle para llevarle a otra parte donde causaría menos problemas. Cuando el Señor Jesucristo percibió que ellos habían venido con este propósito, rehusó hacerles caso y aprovechó la oportunidad para elogiar la fidelidad de sus discípulos y de todo aquel que iba a obedecer la voluntad del Padre Celestial (Mt. 12:46-50).

En aquel mismo día, estando en la playa del Mar de Galilea, el Señor les enseñó a sus discípulos y a la multitud que le rodeaba, a través de parábolas. En esta lección no las examinaremos, sino que las dejaremos para la próxima.

Cuando la multitud creció y llegó a ser muy grande a causa de las enseñanzas y de los hechos del Señor Jesucristo, Él mandó que pasasen al otro lado del mar (Mt. 8:18; Mr. 4:35; Lc. 8:22), y cuando estuvieron en el barco, se levantó una tormenta y el barco se cubría con las olas. A pesar de esto, el Señor Jesucristo estaba durmiendo tranquilamente, mientras sus discípulos, atemorizados, no sabían qué hacer. Finalmente despertaron al Señor y le reprocharon porque no tenía cuidado de ellos. ¡Cuán poca fe tenían ellos y cuán grande su incredulidad, pues a pesar de ver cómo Él, poniéndose de pie, reprendió al mar y éste se calmó grandemente, no reconocieron todavía Quién era Él.

Después llegaron al otro lado del Mar de Galilea a una ciudad llamada Gádara, donde Mateo declara que habían dos endemoniados mientras que Marcos y Lucas mencionan a uno solamente. Esto ha sido criticado, aunque no hay dificultad alguna, pues se explica sencillamente diciendo que Marcos y Lucas se ocupan con mencionar solamente a la persona principal del par de endemoniados que salieron al encuentro del Señor.

Ahora bien, para algunos surge la pregunta: ¿qué es un endemoniado? Algunos dicen que se trata de una especie de desequilibrio mental o de epilepsia. Otros dicen que el Señor se refiere a una superstición común que habían en aquel entonces y que carece de base científica y médica. Sin embargo, un examen de las Escrituras nos convence de que en realidad había demonios que son seres espirituales no humanos, y que toman posesión de individuos para atormentarles. Notamos como prueba de ello que Cristo se dirige a ellos y les habla como a personas (Mr. 1:25), y ellos también hablan como si tuvieran conocimientos sobrenaturales en cuanto a la persona del Señor Jesucristo (Mt. 8:29). En el caso del gadareno, el Señor tiene misericordia de este hombre y echa fuera a los demonios, permitiéndoles que vayan a tomar posesión de un hato de cerdos. El resultado de este acontecimiento fue que los vecinos de la localidad le rogaron a Cristo que saliese de sus contornos, seguramente porque temían que sucediera otra desgracia, ya que todo aquel hato de cerdos se había despeñado y muerto. Poco les importó la sanidad de los endemoniados.

De esta manera el Señor volvió a Capernaum (Mt. 9:18-26; Mr. 5:21-43; Lc. 8:40-56). Estando en esta ciudad vino uno de los príncipes de la sinagoga que se llamaba Jairo y postrándose en actitud de adoración, pidió al Señor que sanase a su hija. Marcos dice que la hija estaba al borde de la muerte y Mateo declara que había muerto. Esta diferencia en los términos se explica sencillamente por el hecho de que Marcos da más detalles en cuanto a este milagro. Según él, cuando los mensajeros salieron a buscar al Señor, la niña no había muerto todavía. Cuando Cristo llegó, entró al cuarto donde estaba la difunta, dejando que entrasen solamente sus tres discípulos, Pedro, Juan y Jacobo, y los padres de la niña. Afuera estaban los que lloraban como era la costumbre y que habían sido contratados para que llorasen la muerte de la niña. En un principio, ellos se burlaron del Señor Jesucristo cuando le oyeron decir que la niña no había muerto, sino que estaba dormida (Mt. 9:24). Ya en el aposento, Se acercó al lecho donde estaba tendido el cadáver y dijo: "Muchacha, levántate" (Lc. 8:54), y ella se incorporó inmediatamente, demostrando así de nuevo, que el Señor tiene poder sobre la muerte.

Mientras el Señor acudía a la casa de Jairo, hubo un suceso interesante, ya que en el camino, estando rodeado de gente que le apretaba, se le aproximó una mujer enferma y tocó el borde del vestido del Señor, y fue sanada. Doce años había padecido de esta enfermedad y había gastado todo cuanto tenía en médicos. Quizá por vergüenza o tal vez porque la ley de Moisés la declaraba inmunda (Lv. 15:25), decidió mezclarse entre la multitud para acercarse a Cristo. Según la ley mosaica, los israelitas tenían que poner una franja y unos flecos en sus vestidos a fin de que sirvieran para recordarles constantemente de las bendiciones que Dios había derramado sobre ellos (Nm. 15:37 y Dt. 22:12). Los fariseos tenían la costumbre de hacerlos bien largos para aparentar mayor piedad (Mt. 23:5). Fue este el borde del vestido de Jesús que la mujer pudo tocar, y Cristo inmediatamente preguntó: "¿Quién me ha tocado?", pues el Señor sintió que poder había salido de Él. Cuando ella se identificó, recibió como galardón de su fe la sanidad que tanto necesitaba.

En otra ocasión, estando Jesús todavía en Capernaum, sanó a dos ciegos, que dando voces le seguían por la calle diciendo: "Ten misericordia de nosotros, Hijo de David" (Mt. 9:27-31). En aquel entonces la ceguera era muy común en aquel país, debido quizá al mucho polvo que había por las calles, o por el contraste de la oscuridad de las casas con la brillante luz del sol de afuera. En dado caso, vemos que el Señor hizo muchos milagros de esta índole, y a éstos, según la fe que tuvieron, les dio la vista. Notemos que en este caso Él no hizo el milagro en la calle, sino que les hizo pasar a la casa en que posaba y en forma privada les sanó. También les rogó que a nadie dijesen nada de lo acontecido, pero ellos no obedecieron y divulgaron la noticia por todas partes.

Inmediatamente después de esto, le trajeron a un mudo endemoniado (Mt. 9:32-34) y Jesús, echando fuera al demonio le sanó, de modo que todos decían que nunca se había visto cosa semejante en todo Israel. Los fariseos, como era de esperar, con desdén y desprecio volvieron a blasfemar, atribuyendo el hecho al príncipe de los demonios.

Después de todo esto, Cristo volvió a visitar el pueblo en que había pasado su niñez, es decir, Nazaret (Mt. 13:54-58; Mr. 6:1-6), a fin de darles otra oportunidad para que acepten Su mensaje, pues en la visita anterior ellos habían querido apedrearle y despeñarle. Sin embargo, cuando llegó allí nuevamente no fue recibido, por cuanto no querían creer que Él era Dios manifestado en carne, y seguían pensando que Él era solamente el hijo de José y de María. Cuán triste es pensar, que por la incredulidad de ellos, el Señor no pudo hacer allí muchas obras como lo había hecho en otras partes. Quiera Dios que nosotros no limitemos el poder de Dios hoy en día por nuestra falta de fe o incredulidad.

C. El tercer viaje por Galilea

Mateo 9:35—11:1; 14:1-12; Marcos 6:14-29; Lucas 9:7-9

Esta sección dice que el Señor Jesucristo se ocupó especialmente en predicar, enseñar y sanar a todos cuantos se acercaban a Él en las aldeas y pueblos de Galilea (Mt. 9:35-11:1), pues tuvo compasión de ellos ya que los vió como ovejas esparcidas y perdidas, sin pastor que les cuidara y guiara. Al ver la necesidad de la gente, Él declara que la mies es mucha y los obreros son pocos, y exhorta a los discípulos a que se dediquen a la oración, pidiendo al Señor que supla esa necesidad. Es interesante notar que los discípulos fueron los que llegaron a ser la contestación a sus propias oraciones. Ellos pidieron al Señor que envíe obreros a la mies, y Él inmediatamente les mandó a ellos.

En cuanto a la misión de los doce que no podemos examinarla minuciosamente, debemos hacer hincapié en cuatro puntos:

1. Vemos que la esfera de acción era entre los judíos y no entre los samaritanos y gentiles, y esto estaba en relación con el plan de Dios, puesto que Él quiso ofrecer primero Sus bendiciones al pueblo de Israel. Aun después de su muerte y resurrección, Cristo en sus últimas instrucciones a los discípulos recalcó que debían comenzar a predicar en Jerusalén, luego en Judea, después en Samaria y hasta lo último de la tierra (Hch. 1:8).

2. Notamos la naturaleza de la obra, en la que se aprecia que fueron dotados de poderes ilimitados en cuanto a las obras milagrosas que iban a realizar a través del Espíritu Santo y en el nombre y por los méritos de Cristo (Mr. 6:14). En cuanto al mensaje, estaban limitados pues no sabían exactamente el significado de la venida de Cristo al mundo, ni entendían a cabalidad la cruz, ni tampoco sabían nada acerca de teología. Así que, predicaron fundamentalmente el arrepentimiento como base para entrar en el reino de los cielos (Mt. 10:7).

3. Observamos que el resultado de la obra de los doce fue bastante grande en extensión, aunque quizá no muy satisfactoria en cuanto a su permanencia.

4. Tenemos lo relacionado a las instrucciones dadas a los discípulos, las cuales se dividen en dos partes:

- aquellas que tienen que ver con el momento actual, y
- las que tenían que ver en parte con profecías y verdades aplicables a los obreros de Cristo de todas las edades. Cristo habló de la persecución y de las dificultades que habían de enfrentar los obreros, y que éstos serían galardonados, ya que cualquiera que confesare a Cristo delante de los hombres será confesado por Cristo delante del Padre Celestial (Mt. 10:32).

Para terminar esta lección, mencionaremos el efecto que tuvo la predicación y la obra de los discípulos en la persona del rey Herodes. Cuando oyó acerca de Cristo y supo de la obra que Él había hecho, tuvo gran miedo porque pensaba que se trataba de Juan Bautista, a quien él había mandado a degollar. Herodes creía que éste había resucitado, y esto sirvió para que él sintiera el juicio que vendría sobre su vida.

Repaso de la lección

1. ¿Debido a qué se extendió tan rápidamente la influencia de Cristo?
2. ¿Cuál es el pecado que jamás tiene perdón? ¿Cómo puede cometerse este pecado en el día de hoy?
3. ¿Cómo se explica la aparente discrepancia entre el número de endemoniados que fueron liberados en Gádara?
4. ¿Cuál fue la esfera de acción de los doce discípulos? ¿Cuál fue fundamentalmente su mensaje?
5. ¿Por qué tuvo Herodes miedo al oír acerca de la obra de Cristo y de los doce?

Lección 12

Las parábolas

Material para estudiar: *Marcos 4:33-34; Mateo 13:1-53*

Bosquejo

A. Definición de las parábolas

B. El uso que Jesús hizo de las parábolas

C. Interpretación de las parábolas

D. Estudio de algunas parábolas

E. Las parábolas principales

Lección 12

Las parábolas

El evangelista Marcos dice que: "Con muchas parábolas como estas les hablaba la palabra, conforme a lo que podían oír. Y sin parábolas no les hablaba; aunque a sus discípulos en particular les declaraba todo" (Mr. 4:33-34). Al leer los cuatro Evangelios nos damos cuenta de la verdad de las palabras de Marcos, pues en repetidas ocasiones el Señor Jesucristo hizo uso de parábolas para enseñar a las multitudes que le rodeaban. Dentro de su lenguaje metafórico, que no puede realmente considerarse parabólico, encontramos más de treinta parábolas que llaman nuestra atención. Vemos que hay parábolas individuales en los Evangelios, pero la mayor parte de ellas están comprendidas en tres grandes grupos:

- las que se encuentran en Mateo 13 y en los pasajes paralelos de Marcos 4 y Lucas 8;
- las que se encuentran en Lucas 15 y 16; y
- las que se encuentran en Mateo 20, 21 y 22.

Por la gran importancia de estas enseñanzas del Señor Jesucristo es que vamos a dedicar toda esta lección a un estudio detallado de las parábolas, su uso e interpretación.

A. Definición de las parábolas

En primer lugar, es imprescindible y básico para nuestro estudio que tengamos una definición precisa de la palabra parábola. En los Evangelios son dos las palabras que se emplean en el texto original. La primera de ellas es usada solamente por Mateo, Marcos y Lucas, y es la palabra "parabole". Este sustantivo tiene su acepción original que significa "una cosa puesta al lado de otra con el fin de compararlas", y de ahí deducimos que una parábola propiamente dicha, es simplemente una comparación. La otra palabra es "paroimía" y la usa exclusivamente Juan, significando "algo al lado del camino", y cuya acepción también deriva la idea de comparación.

Sin embargo, al examinar el uso de esta palabra, vemos que en ocasiones se refiere a un simple refrán como: "Médico, cúrate a tí mismo" (Lc. 4:23). En otras ocasiones se refiere a un dicho epigramático, como por ejemplo: "Dejadlos, son ciegos, guías de ciegos: y si el ciego guiara al ciego, ambos caerán en el hoyo" (Lc. 4:23). En otras ocasiones es usada como un aforismo, tal como lo vemos en Lucas 14:7-11. Ahora bien, generalmente se emplea esta palabra en los cuatro Evangelios para narrar una historia en base a los eventos de la vida humana o de la naturaleza, la cual sirve para ilustrar una verdad espiritual. De ahí que se puede definir a una parábola como una historia terrenal con un significado celestial o espiritual.

De esta manera debemos aclarar que una parábola es más que una fábula. Por ejemplo, las fábulas como las de Esopo, no tienen más propósito que el de inculcar máximas de moralidad, de laboriosidad, de cuidado y prudencia, cuyo único propósito es enseñar una moralidad que el mundo pueda entender, y quiere aprobar. Por otro lado, una parábola tiene un propósito mucho más elevado, pues habla de verdades espirituales y celestiales, y no se limita a lo terrenal. Además, generalmente el narrador de fábulas inserta en el mundo de la naturaleza algo que originalmente no corresponde a la realidad, esto es, que hace hablar a los animales, a los árboles, etc., a fin de sacar luego una enseñanza; es decir, altera el orden normal de la naturaleza para enseñar sus moralejas. Por el otro lado, el Maestro Divino, al usar las parábolas, en nada viola las leyes establecidas de la creación y nunca la representa en forma contraria a lo que en realidad es.

En el Antiguo Testamento encontramos dos fábulas: la una en Jueces 9:8-20 donde Jotam habla acerca de los árboles que se propusieron elegir un rey, y la otra en 2 Reyes 14:9 donde el rey Joás narra acerca del cardillo y el cedro a Amasías, rey de Judá. Una ligera comparación de estas dos fábulas con las parábolas del Señor Jesucristo bastan para demostrar que hay una enorme diferencia entre ellas. Podemos decir también, que en una fábula, la historia narrada no tiene que ser un hecho verídico, sino que bien puede ser una ficción. No así en una parábola. De todas formas, el ejemplo que se encuentra en la historia del hijo pródigo (Lc. 15), corresponde a una familia que probablemente no existió.

Es preciso anotar aquí también la diferencia entre una parábola y una alegoría, puesto que Jesucristo, en más de una ocasión, hizo uso de éstas en Su enseñanza. En una alegoría existen una identificación de una realidad con otra. Por ejemplo, tenemos la magnífica ilustración de esto en Juan 15, donde Cristo dice: "Yo soy la vid verdadera, y mi Padre es el labrador". Vemos que aquí Cristo se identifica con la vid, no se asemeja a ella. En una alegoría las dos partes se identifican o se mezclan, mientras que en una parábola se colocan una al lado de la otra, a fin de proveer una comparación entre ellas.

Ahora bien, si compendiamos todo lo que hemos mencionado hasta aquí, concluimos que una parábola es una historia terrenal que puede ser verídica o imaginaria, pero que en nada viola los hechos de la naturaleza, colocada al lado de una verdad espiritual o celestial, a fin de que debido a nuestra familiaridad con lo terrenal, podamos entender la verdad espiritual.

B. El uso que Jesús hizo de las parábolas

Para estudiar esto consideraremos varios aspectos. En primer término, podemos decir que el Señor Jesucristo no introdujo un nuevo método y un nuevo sistema de enseñanza, sino que simplemente siguió el ejemplo de sus antepasados y la costumbre de sus contemporáneos, ya que este método era muy común entre los Rabinos judíos y orientales desde tiempos antiguos. En el Antiguo Testamento tenemos algunos ejemplos (cp. 2 S. 12:1-14 e Is. 5:1-7), y también los escritos de los Rabinos estaban llenísimos de parábolas. Sin embargo, cabe decir que las parábolas del Señor Jesucristo las elevó a un nivel mucho más alto y digno, inigualado en los anales de la literatura de todas las edades, tanto por su sencillez exquisita y su elegancia literaria, como por la profundidad de Sus enseñanzas espirituales.

En segundo lugar, Cristo usó las parábolas a fin de poner en forma concisa y fácil de recordar, las verdades que Él enunciaba. Las personas que las escuchaban eran, en su mayor parte, gente de poca educación, de modo que no les habría sido fácil recordar las verdades espirituales si éstas hubieran sido enunciadas en términos abstractos y teológicos. Además, tenían la ventaja que, si bien no entendían todo su significado al principio, quedaban grabadas en la memoria y posteriormente era fácil meditar en ellas detenidamente. También constituían una manera eficaz de presentar verdades que sacudían al público que no tenía una buena disposición moral y espiritual para recibirlas. El profeta Natán sabía esto bien cuando reprendió al rey David por su pecado. Si le hubiese declarado abiertamente al rey David que se había comportado como un ladrón y aun peor que eso, su misión hubiera fracasado completamente (cp. 2 S. 12:1-14). De la misma manera, el Señor Jesucristo enunció verdades que no habían sido del agrado del pueblo fanático, pero al usar este método logró desarmar a sus enemigos y pudo interesarlos y captar su atención, antes de que ellos en su enfado le hubieran vejado o ultrajado.

En tercer lugar, tenemos que considerar lo que el Señor contestó cuando sus discípulos le preguntaron: "¿Por qué les hablas por parábolas?" (Mt. 13:10), a lo que Él respondió: "Para que viendo, vean y no perciban, y oyendo, oigan y no entiendan; para que no se conviertan, y les sean perdonados los pecados" (Mr. 4:12). A primera vista parecería dura e injusta la respuesta del Señor, puesto que Él vino para salvar y no para condenar. Algunos dicen que ésta es una de esas verdades que humanamente no se pueden comprender, y que por ende no debemos buscar una respuesta al problema. Otros dicen que, siguiendo la costumbre de algunos filósofos griegos, el Señor tenía dos clases de doctrinas: la exotérica que era enunciada para el pueblo en general, y la esotérica que era para los más selectos, y de esta manera Él estaba haciendo dicha distinción, Pero, sabemos que ninguna de estas respuestas es adecuada, de modo que es menester que inquiramos más particularmente.

Si consideramos los antecedentes y examinamos la porción en Mateo 13:10-17 donde con más detalle tenemos la respuesta del Señor Jesucristo, llegaremos a una conclusión que es a la vez adecuada y satisfactoria. Si trazamos el ministerio del Señor, vemos cómo el espíritu antagónico de parte de sus enemigos iba en auge. Cristo había sido criticado porque decía que perdonaba pecados, porque comía con pecadores, porque sus discípulos aparentemente no guardaban la ley de Moisés, y porque según ellos, Jesús hacía Su obra en el poder de Satanás. El hecho es que a medida que crecía esta hostilidad, aumentaba también la ceguera en sus corazones (Mr. 3:5). Por esto Mateo dice en 13:14-15 que en ellos se cumplía la profecía de Isaías (Is. 6:9-10), ya que sus corazones se habían empedernido y sus ojos se habían entenebrecido voluntariamente, de modo que no querían ni tampoco podían entender el mensaje divino. Así que, porque se cumplió esta profecía en ellos fue que el Señor usó parábolas, estableciendo juicio contra ellos por su incredulidad y antagonismo, ya que aunque oyeran no iban a entender. Las parábolas bien podían ser escuchadas por todos. Pero era la actitud de corazón y espíritu lo que determinaba cuánto comprenderían de ellas. Los discípulos sí querían saber lo que era la voluntad revelada de Dios, y por ende a ellos sí les era dado saber el misterio y entender las palabras de Cristo.

De este modo, vemos que la manera en que Cristo usó las parábolas, sirvieron para juzgar a los oyentes, haciendo diferencia entre los que querían entender y los que no querían. Así se cumplía el principio anunciado por Cristo en otra ocasión: "Mi doctrina no es mía, sino de Aquel que me envió.

El que quiera hacer la voluntad de Dios, conocerá si la doctrina es de Dios, o si yo hablo por mi propia cuenta" (Jn. 7:16-17).

C. Interpretación de las parábolas

En cuanto a la interpretación de las parábolas, siempre han habido diferentes formas de hacerlo, y han oscilado entre los puntos extremos.

A un extremo tenemos a aquellos que declaran categóricamente que cada parábola de Cristo tiene un solo significado y propósito y que tratar de dar a cada detalle e incidente de la parábola su propio significado, es torcer las Escrituras para fines ilegítimos. Al otro extremo están aquellos que dicen que al darle a una parábola un solo significado se le despoja de sus más ricas bendiciones, de modo que es menester buscar el significado preciso de cada detalle.

Ahora bien, un rápido examen del método que usó Cristo para interpretar sus parábolas basta para convencernos de que las dos posiciones son incorrectas. Vemos por ejemplo en la parábola del sembrador (Mt. 13:18-23), que el Señor da a entender que la semilla, las diferentes clases de terreno, las aves, el sol y las espinas, todos tienen su propio y especial significado. Por otro lado, al interpretar la parábola de la cizaña (Mt. 13:31-43) vemos que mientras explica algunos detalles, hay otros que no tienen significado, por ejemplo: los hombres que están durmiendo, la hierba que llega a hacer fruto, los siervos del padre de la familia, y la cizaña que es atada en manojos. En la parábola del mayordomo infiel (Lc. 16:1-13), el Señor da el significado de toda la parábola sin siquiera referirse a los detalles, a fin de sacar de ellos una lección especial. De estas tres interpretaciones hechas por el Señor Jesucristo, vemos que no es posible decir que todos los detalles deben tener su significado preciso, ni tampoco puede decirse que ninguno de los detalles tiene una interpretación especial. Entonces, ¿cómo podemos cerciorarnos de la interpretación exacta de las parábolas?

Hay tres normas que debemos usar en la interpretación de las parábolas:

1. Se debe entender claramente el lenguaje que se usa en las parábolas, especialmente las alusiones que Cristo hace a los fenómenos físicos y a las costumbres sociales. Por ejemplo, es necesario para poder interpretar, saber el resultado de poner un remiendo de paño nuevo en un vestido viejo y lo que sucede cuando el vino nuevo se echa en odres viejos (Mt. 9:16-17). También es importante saber, para interpretar la parábola de la gran cena (Lc. 14:16-24), que en el oriente se acostumbraba a mandar una doble invitación, una con anticipación y la segunda a la hora de la cena. También es más fácil entender la parábola de los convidados que cogían los primeros asientos (Lc. 14:7-11) cuando se sabe que los convidados se sentaban en la mesa según el orden de honor del que gozaban los invitados.

2. Es necesario que identifiquemos la enseñanza central y fundamental de la parábola. Para eso es preciso estudiar el contexto o el hilo de la narración, ya que en ellos muchas veces se halla el significado. En otras ocasiones el Señor Jesucristo mismo nos da el significado, como por ejemplo en Mateo 22:14 y Mateo 25:13. A veces los evangelistas, al narrar la parábola, nos proveen la clave. Por ejemplo en Lucas 15:1-2 tenemos la razón del empleo de las tres hermosas parábolas, y en Lucas 18:1 tenemos el motivo por el que fue usada la parábola del juez injusto. A veces la explicación la tenemos en el prólogo de la parábola (Lc. 18:9; 19:11), y a veces en el epílogo (Mt. 25:13; Lc. 16:9). En algunas ocasiones estas ayudas las encontramos tanto al principio como al final (Mt. 18:21, 35 y Lc. 12:16, 21).

Es necesario, como hemos dicho, centrarse en la enseñanza básica sin caer en necedades o inventos figurativos. Por ejemplo, hemos sabido de una interpretación de la parábola del buen samaritano en que el hombre que cayó en manos de los ladrones fue Adán, los ladrones eran el diablo y sus huestes, el sacerdote y el levita eran la dispensación mosaica, el buen samaritano era Cristo, el aceite y el vino eran las bendiciones del evangelio, la mula era la humanidad de Cristo, el mesón era la iglesia, y los dos denarios eran la vida presente y la porvenir. Todo esto fue lo que halló un predicador en esta parábola, sin embargo ni una mención fue hecha al propósito que tuvo originalmente Cristo, pues Él la narró para contestar la pregunta del doctor de la ley: "¿Quién es mi prójimo? (Lc. 10:29), y para enfatizar la lección: "Ve, y haz lo mismo" (Lc. 10:37).

3. Por último, una vez que se ha establecido lo que es la enseñanza principal, se puede proceder a la interpretación de los detalles. Es necesario recordar siempre que si bien hay detalles, no tienen necesariamente un significado especial. San Agustín declara que en el arado, sólo la reja se utiliza para hacer el surco, sin embargo, todas las demás partes son necesarias; en el arpa, sólo las cuerdas cantan, pero el armazón es importante. Así en la parábola, hay algunas partes que se necesitan en la historia, pero esto no quiere decir que éstas tengan un significado vital.

En la interpretación de los detalles es imprescindible andar con mucho tino y sentido común, tratando siempre de evitar interpretaciones fantásticas y torcidas, así como también procurando no perder las lecciones precisas que tengan para nosotros.

Para terminar con esta sección diremos dos cosas de suma importancia. Primero, que la interpretación que hagamos de cualquier parábola debe estar de acuerdo con la enseñanza en general del Señor Jesucristo y de la Biblia. Segundo, que las parábolas no son una fuente de la cual podemos extraer nuestras doctrinas teológicas. Las parábolas ilustran e iluminan las doctrinas, pero no son la base para ellas. Si alguna doctrina quisiera basarse en una parábola, sin tener otras referencias explícitamente declaradas en otras partes de las Sagradas Escrituras, entonces dicha doctrina deberá ser rechazada enfáticamente. Una gran parte de las herejías y doctrinas que se propagan hoy en día tienen su inicio en las interpretaciones erróneas de las parábolas.

Y habiendo dicho todo esto, es menester hacer hincapié en que siempre debemos pedir la ayuda del Espíritu de verdad, el cual nos guiará a toda verdad (Jn. 16:13). Sin la ayuda del Espíritu de Dios nada podemos hacer, y gracias a Dios, Su ayuda está a nuestra disposición. Sólo falta que la pidamos y nos la apropiemos.

D. Estudio de algunas parábolas

A continuación examinaremos detalladamente algunas de las parábolas del Señor Jesucristo a fin de saber cuál es su significado. Veremos aquellas que se encuentran en Mateo 13 y las porciones paralelas en Marcos 4 y Lucas 8. Si entendemos éstas y las interpretaciones según las normas ya propuestas podremos entender y comprender las demás, pues ésta es la promesa implícitamente declarada en las palabras de Cristo: "¿No sabéis esta parábola? ¿Cómo pues, entenderéis todas las parábolas?" (Mr. 4:13). Además, notamos que después de haber explicado dos de las parábolas de este capítulo, les preguntó a Sus discípulos: "¿Habéis entendido todas estas cosas?, y ellos respondieron: "Sí, Señor" (Mt. 13:51), de modo que después de esto, el Señor ya no continuó interpretando otras parábolas.

Ahora bien, al leer estas siete parábolas nos damos cuenta de que en todas ellas tenemos que buscar la enseñanza principal, puesto que no es sencillo el lenguaje, ni las alusiones y las costumbres sociales. También vemos que todas se refieren a un solo tema, esto es: "el reino de los cielos", lo cual tiene que ver con las palabras de Cristo a sus discípulos: "A vosotros es concedido saber los misterios del reino de los cielos" (Mt. 13:11).

En la primera parábola del sembrador aprendemos que se trata de la propagación del evangelio del reino y de su aceptación, de modo que aquí tenemos la pauta para la interpretación de todas las demás. Estas parábolas, como hemos de ver, describen el resultado de la presencia del evangelio en el mundo durante la presente era, desde el tiempo de la siembra que comenzó con la obra de Jesucristo, hasta el tiempo de la siega, es decir, el fin del siglo (Mt. 13:40-42).

Para interpretar la primera parábola de esta serie tenemos lo que dijo el Señor, por lo cual no debemos añadir mucho. Sólo diremos que nos enseña los principios sobre los cuales se establece el reino de los cielos, esto es, por la predicación del evangelio, la Palabra de Dios, que según la actitud del corazón del oyente es aceptada o es rechazada. En la siembra inicial el Señor es el sembrador, y aun así, el setenta y cinco porciento de los oyentes no recibió la semilla. Por otra parte, el veinticinco porciento sí recibió la semilla o sea la Palabra, llevando algunos más fruto que otros. En el día de hoy podemos esperar que condiciones similares existan y que no todos reciban con gozo la semilla, pero no debemos desanimarnos, sino confiar en la operación eficaz de la gracia de Dios, que puede hacer que el corazón empedernido pueda ser quebrantado y las espinas del afán de este siglo puedan ser arrancadas, a fin de que también éstos puedan recibir la Palabra de Dios.

Al considerar las siguientes seis parábolas de este capítulo, notamos cómo se forman tres pares, cada par describiendo un aspecto especial del reino:

- los obstáculos para el crecimiento del reino;
- la expansión del reino, y
- lo valioso del reino.

El primer par comprende la parábola de la cizaña y la de la red (Mt. 13:24-30, 36-43, y 47-50). La de la cizaña nos enseña que hay un enemigo muy activo, que mientras la buena semilla de la Palabra de Dios se siembra, éste se ocupa en esparcir en el mismo campo la mala semilla con principios antagónicos. Estas dos, al crecer, se asemejan tanto que los hombres no deben tratar de juzgar y dividir, sino dejar dicha obra para los ángeles de Dios en los tiempos del fin. La parábola de la red es similar en cuanto también enseña la existencia de lo verdadero y de lo falso en el reino, que sólo será revelado en la consumación de los tiempos por la intervención de los ángeles. Estas dos parábolas se complementan, siendo que la una enfatiza en el origen de lo falso, y la otra en la división o separación que se hará al fin del siglo.

El segundo par (Mt. 13:31-33), comprende a las parábolas del grano de mostaza y de la levadura, y enseñan acerca de la expansión del reino; la una de la expansión externa y visible y la otra acerca de la expansión interna. Algunos dicen que la levadura siempre es usada en las Escrituras como figura del mal (cp. 1 C. 5:6-8 y Mt. 16:12), pero sabemos que no es así al considerar que, comenzando con el pequeño grupo de apóstoles, el reino ha llegado a tener hasta el día de hoy enormes proporciones y una gran influencia, aunque es cierto que todavía falta mucho por hacer. Además del significado de la levadura, que casi siempre se identifica con el mal, hay ocasiones en que se usa relacionado con las ofrendas ofrecidas al Señor (cp. Lv. 8:13 y 23:17), por lo tanto en este caso en que lo usó el Señor fue relacionado con una buena influencia.

El tercer par (Mt. 13:44-46), comprende la parábola del tesoro escondido y la de la perla preciosa, la cual ilustra lo precioso y valioso del reino. Muchos creen que el tesoro hallado es el reino y que la perla preciosa es cristo, y que para conseguirlos es necesario renunciar a todo lo que tenemos. Esto no está en pugna con la doctrina que declara que la salvación es por gracia, por la fe y no por las obras (Ef. 2:8-9), pues recordamos que la salvación es un regalo; pero ser un discípulo cuesta mucho (Lc. 14:33; Mt. 10:37-38).

E. Las parábolas principales

A continuación presentamos una lista de las principales parábolas pronunciadas por el Señor Jesucristo.

1. Del sembrador. Mateo 13:3-8, 18-23; Marcos 4:3-8, 14:20; Lucas 8:5-8, 11-15.
2. De la cizaña. Mateo 13:24-30, 36-43.
3. De la semilla de mostaza. Mateo 13:31-32; Marcos 4:30-32; Lucas 11:18-19.
4. De la levadura. Mateo 13:33; Lucas 13:20-21.
5. Del tesoro escondido. Mateo 13:44.
6. De la perla preciosa. Mateo 13:45-46.
7. De la red. Mateo 13:47-50.
8. De los dos deudores. Mateo 18:21-35.
9. De los obreros de la viña. Mateo 20:1-16.
10. De los dos hijos. Mateo 21:28-32.
11. De los labradores malvados. Mateo 21:33-45; Marcos 12:1-12; Lucas 20:9-19.
12. De las bodas del hijo del rey. Mateo 22:1-14.
13. De las diez vírgenes. Mateo 25:1-13.
14. De los talentos. Mateo 25:14-30.
15. De la semilla. Marcos 4:26-29.
16. De los dos deudores. Lucas 7:41-43.
17. Del buen samaritano. Lucas 10:30-37.
18. Del amigo a la media noche. Lucas 11:5-8.
19. Del rico insensato. Lucas 12:16-21.
20. La higuera estéril. Lucas 13:6-9.
21. De la gran cena. Lucas 14:15-24.
22. De la oveja perdida. Mateo 18:12-14; Lucas 15:3-7.
23. De la moneda perdida. Lucas 15:8-10.
24. Del hijo pródigo. Lucas 15:11-32.
25. Del mayordomo infiel. Lucas 16:1-9.
26. Del rico y Lázaro. Lucas 16:19-31.
27. De los siervos inútiles. Lucas 17:7-10.
28. Del juez injusto. Lucas 18:1-8.
29. Del fariseo y el publicano. Lucas 18:9-14.
30. De las diez minas. Lucas 19:11-27.

Repaso de la lección

1. Indique dónde se encuentran los tres grandes grupos de parábolas.
2. Dé una definición exacta de la palabra "parábola".
3. Explique la diferencia entre una fábula, una alegoría y una parábola.
4. Indique las razones por las cuales el Señor Jesucristo usó el método de las parábolas para enseñar.
5. Cite las tres normas que deben usarse en la interpretación de las parábolas.
6. Mencione los dos hechos más importantes que se deben tener siempre presentes al interpretar las parábolas.

Lección 13

La enseñanza a los doce

Material para estudiar: *Mateo 14:13—18:35; Marcos 6:30—9:50; Lucas 9:10—9:62; Juan 6:1—7:10*

Bosquejo

A. La crisis en Capernaum
Mateo 14:13-15:20; Marcos 6:30-7:23; Lucas 9:10-17; Juan 6:1-71

1. Cristo cruza el mar de Galilea y alimenta a los cinco mil
2. El pueblo quiere proclamarle a Cristo como rey
3. Cristo anda sobre las aguas
4. Mensaje sobre el pan de vida
5. La tradición de los fariseos

B. Los viajes de Cristo
Mateo 15:21-16:12; Marcos 7:24-8:26

1. A Tiro y Sidón - sanidad de la hija de la Siro-fenicia
2. A Decápolis - sanidad del tartamudo y alimentación de los cuatro mil
3. A Galilea - donde es atacado por los fariseos y saduceos
4. A Betsaida - sanidad de un ciego

C. La confesión de Pedro
Mateo 16:13-20; Marcos 8:27-30; Lucas 9:18-21

D. La profecía acerca de Su muerte
Mateo 16:21-28; Marcos 8:31-9:1; Lucas 9:22-27

E. La transfiguración
Mateo 17:1-23; Marcos 9:2-32; Lucas 9:28-45

1. La visión
2. Las preguntas de los discípulos
3. La incapacidad para sanar a un endemoniado
4. Cristo vuelve a profetizar acerca de Su muerte

F. En Capernaum
Mateo 17:24-18:35; Marcos 9:33-50; Lucas 9:46-62

1. La paga del tributo en el Templo
2. El mayor entre los discípulos
3. Jesús reprende a Juan
4. El deber de perdonar al hermano
5. Cómo seguir a Cristo

G. Viaje a Jerusalén
Juan 7:1-10

1. El consejo de sus hermanos incrédulos
2. El viaje paulatino a Jerusalén

LECCIÓN 13

La enseñanza a los doce

En esta lección veremos cómo el Señor Jesucristo busca oportunidades para retirarse de la provincia de Galilea, para irse a lugares donde pueda descansar con calma, enseñar a sus discípulos, y estar libre de las asechanzas malignas de sus adversarios. No alcanzamos a imaginarnos todo lo que el Señor debió haber experimentado durante aquellos meses, especialmente al pensar que se acercaba aquel día en que sería entregado en manos de sus verdugos. La tensión física, mental y espiritual debió haber sido casi insoportable. Si pudiéramos en una lista las razones por las cuales Cristo se retiró, diríamos que son cinco:

1. Por la oposición del rey Herodes, quien se había alarmado después de haber dado muerte a Juan el Bautista, y que ahora pensaba que Cristo era Juan resucitado.
2. Por el fanatismo de sus seguidores que querían, a todo trance, hacerle rey.
3. Por la hostilidad de los fariseos y saduceos.
4. Porque necesitaba descansar de sus arduas labores. El Mar de Galilea se encuentra bajo el nivel del Mar Mediterráneo, y por lo tanto un lugar sumamente cálido, por lo que prefirió retirarse a las montañas.
5. Porque quiso darles instrucciones especiales a los doce, a fin de que estuvieran listos para hacerse cargo de la obra después de Su crucifixión.

A. La crisis en Capernaúm

Mateo 14:13—15:20; Marcos 6:70—7:23; Lucas 9:10-17; Juan 6:1-71

En aquel tiempo eran tantas personas los que de día y de noche querían ver al Señor, que le era difícil comer y descansar en forma debida, de modo que Marcos dice que el Señor llevó a sus discípulos a un lugar apartado para descansar. Así que fueron hacia Betsaida-Julia remando, puesto que quedaba al este del Mar de Galilea. Como la gente sabía que la distancia no era tan grande, todos se apresuraron para dar la vuelta por tierra, a fin de encontrarle al otro lado. Aquí vemos un rasgo característico del Señor Jesucristo: esto es, que aunque había ido para descansar y no quería ser molestado, cuando vio a la multitud que le importunaba, en vez de perder la paciencia y mandarles a que se retiren, tuvo compasión de ellos, pues los veía como ovejas sin pastor y con grandes necesidades.

Esto dio lugar para que Cristo hiciera uno de aquellos milagros grandes que llenó a todos de inmensa admiración, pues con sólo cinco pequeños panes y dos pececillos alimentó a cinco mil hombres, sin contar a las mujeres y los niños. Es interesante notar que Cristo los organizó en grupos de 50 personas, y que los doscientos denarios a los que se refirieron los apóstoles era equivalente al sueldo de un hombre por doscientos días de trabajo.

Ante tal señal portentosa, no fue extraño que la multitud se levantara y quisiera hacerle rey. Sin embargo, Cristo despachó a sus discípulos por vía marítima y se retiró al monte, mientras la multitud hablaba entre sí buscando la manera de llegarse a Él para hacerle rey Jn. 6:14-15).

Cuando los discípulos estaban ya en el mar, el viento les era contrario, y se desató una gran tormenta que hacía que el barco estuviera en peligro. A la cuarta vigilia de la noche, el Señor Jesucristo vino andando sobre las aguas. Según la costumbre de los romanos que dividían la noche en cuatro vigilias, esto habrá sido entre las tres y seis de la madrugada. Ahora bien, los discípulos, como la mayoría de los judíos, creían en la existencia de fantasmas, de modo que se atemorizaron pensando que lo que veían era una aparición de fantasma. Cristo, sabiendo lo que ellos estaban pensando les dijo: "Yo soy, no temáis" (Jn. 6:20) y ellos le reconocieron. Luego, Mateo nos cuenta que Pedro caminó sobre las aguas (Mt. 14:28-31), hasta que quitó la mirada del Señor y empezó a hundirse. El Señor le salva y al mismo tiempo reprende su falta de fe y sus dudas. La lección aquí es que nunca debemos quitar nuestra mirada del Señor. Luego, vemos que enseguida el viento se sosegó, y al ver lo que había sucedido, los discípulos adoraron al Señor y dijeron: "Verdaderamente tú eres el Hijo de Dios" (Mt. 14:33). Este fue el principio de una revelación más clara sobre quién era Jesús.

Cuando después llegaron a su Genesaret, la gente trajo a todos sus enfermos y necesitados para que Él los sanara y supliera sus necesidades.

Muchos que habían visto el milagro de la multiplicación de los peces y los panes buscaban al Señor para satisfacer sólo sus necesidades materiales, por lo que el Señor les dijo: "Trabajad, no por la comida que perece, sino por la comida que a vida eterna permanece, la cual el Hijo del Hombre os dará" (Jn. 6:27). Ellos inmediatamente pensaron que se trataba de méritos u obras, pero el Señor les aclaró que se trataba de creer. Cuando ellos se dieron cuenta de que era necesario creer en Él, le pidieron que les diera una señal, declarando como base de su argumento que Moisés les había dado una señal a sus padres. Cristo les contestó con una figura que emanaba de lo que acababa de acontecer. Les dijo: "Yo soy el pan de vida" (Jn. 6:35), e inmediatamente ellos respondieron: "Señor, danos siempre ese pan", pensando aun sólo en lo material y no en lo espiritual. Cristo, que estaba pensando en la misión que había venido a cumplir en el mundo, especialmente en lo referente a Su muerte en la cruz, estaba hablando de Su cuerpo y de Su sangre; que era menester comer Su cuerpo y beber Su sangre. De estas palabras surgen un sin fin de errores, especialmente aquel que propone la Iglesia Católica Romana en su dogma de la transubstanciación. Por interpretar las palabras en sentido literal yerran garrafalmente.

Entonces surge la pregunta, ¿qué es comer Su cuerpo y beber Su sangre? Uno come porque tiene hambre y bebe porque tiene sed; de tal manera que la figura que el Señor aquí emplea se explica en el mismo versículo 35 donde dice: "Yo soy el pan de vida; el que a mí viene nunca tendrá hambre, y el que en mí cree, no tendrá sed jamás". De modo que el venir a Cristo es equivalente a comer Su cuerpo y el creer en Cristo equivale a beber Su sangre. Y a fin de que no pensaran más en que era comer literalmente el cuerpo de Cristo, cosa que había escandalizado a los judíos y a los romanistas, les dijo que aquello iba a ser absolutamente imposible, por cuanto muy pronto Él iba a ascender al cielo en cuerpo, de modo que no podrían comer más de Él (Jn. 6:62). No cabe la menor duda de que la Iglesia Católica ha torcido las Escrituras al tratar de comunicarle al hombre la horrible doctrina de la transubstanciación, por el cual todo buen cristiano se vuelve deífago, esto es, que come a su Creador cuantas veces comulgue. ¡Qué Dios nos libre de tan craso error que Cristo aclaró en los versículos 35, 62 y 63 de este importante capítulo.

Después de esto, vinieron los fariseos de Jerusalén a reprender al Señor porque sus discípulos no guardaban la tradición de los ancianos, y comían sin haberse lavado las manos (Mt. 15:1-20; Mr. 7:1-23). Claro está que resultaba absolutamente imposible guardar toda la tradición, pues cuando fue escrita en el siglo cuarto, llegó a tener más de 5000 páginas. Vemos que ante esto, Cristo les reprendió severamente porque ellos honraban a Dios de labios para afuera, porque no lo hacían de corazón. Por guardar la ley, ellos invalidaban la ley de Dios. El Señor usó como ejemplo la costumbre que ellos tenían de llamar cualquier cosa "Corbán", que quería decir una ofrenda a Dios. Una vez que le ponían ese nombre a sus bienes, no tenían que pagar impuestos sobre ello, ni usarlo para cancelar sus obligaciones. De modo que muchos padres pasaban necesidades porque sus hijos, que no querían ayudarles, establecieron a sus bienes como ofrenda a Dios. Cristo les tildó de hipócritas, porque según su tradición, no querían contaminarse por comer sin lavarse, pero sin embargo estaban contaminando sus corazones dejando que de ellos salieran los "malos pensamientos, los homicidios, los adulterios, las fornicaciones, los hurtos, los falsos testimonios, y las blasfemias" (Mt. 15:19). De modo que, es necesario tener primeramente el corazón limpio por los méritos de la sangre de Cristo (1 Jn. 1:7).

B. Los viajes de Cristo

Mateo 15:21 - 16:12; Marcos 7:24 - 8:26

Posteriormente, el Señor Jesucristo emprendió una serie de viajes hacia el norte de Galilea. El primer viaje lo hizo hacia las ciudades de Tiro y Sidón en la costa del Mar Mediterráneo (Mt. 15:21-28; Mr. 7:24-30). Allí entró en una casa para mantenerse anónimo, pero una mujer Sino-fenisa, cuya hija estaba atormentada de demonio le habló y le pidió que le ayudase. El Señor no quiso atenderla, indicándole que Él había venido primeramente para ofrecer la salvación a los judíos. Pero ella no se dio por vencida, y por su petición sabia y con fe consiguió lo que había pedido, y su hija fue sanada en aquella misma hora.

Luego el Señor continuó su viaje hacia el norte, por Fenicia, y luego al este hasta el Monte Hermón, siguiendo hacia la región al sur llamada Decápolis (Mt. 15:29-38; Mr. 7:31 al 8:9). En este viaje le trajeron a muchos que padecían de toda índole de enfermedades, y a todos les sanó de modo que todos glorificaban a Dios (Mt. 15:30-31). Entre ellos había en especial, un tartamudo que era también sordo y a quien el Señor sanó, mandándole que no dijera nada a nadie, pero él hizo caso omiso y lo divulgó a todos (Mr. 7:32-37). En este viaje Cristo volvió a multiplicar los panes, y dio de comer a cuatro mil personas. Tanto Mateo como Marcos mencionan ambos incidentes, enfatizando que este milagro fue hecho en dos ocasiones distintas, declarando específicamente que fueron siete panes multiplicados (Mt. 16:9-10 y Mr. 8:19-20).

Posteriormente se dirigió nuevamente hacia Galilea, y visitó el pueblo de Magdala o Dalmanuta (Mt. 15:39—16:4; Mr. 8:10-12). Por primera vez los saduceos y fariseos, que eran en realidad enemigos políticos y religiosos, se unieron para hacer frente a su enemigo común, para atacar al Señor. Ellos le pidieron al Señor que les mostrara una señal portentosa, pero Él les reprendió pos su hipocresía y porque podían reconocer las estaciones del año, pero no las señales de los tiempos. Así que, la única señal que les ofreció fue la que anteriormente les había dado, la señal de Jonás, es decir, la de Su muerte y resurrección (Mt. 12:39-40).

Para terminar este viaje, el Señor se dirigió nuevamente a Betsaida (Mt. 16:5-12; Mr. 8:13-26). En el camino les amonestó que se cuidaran de la levadura de los fariseos, es decir, de la hipocresía. Al llegar a Betsaida sanó a un ciego, y es interesante notar que este milagro lo hizo poco a poco, o en dos etapas, ya que al comienzo no pudo ver en forma clara sino hasta después, cuando sí pudo ver perfectamente.

C. La confesión de Pedro

Mateo 16:13-20; Marcos 8:27-30; Lucas 9:18-21

Ahora llegamos a un incidente importantísimo en la vida del Señor Jesucristo. Para que los discípulos pudieran llevar a cabo la obra que Él les iba a encomendar, era necesario que estuvieran convencidos y confirmados de que en realidad Él era el Mesías. Así que, Él les preguntó; "¿Quién dicen los hombres que es el Hijo del Hombre?" Las respuestas variaron tremendamente: unos decían que era Juan el Bautista; otros decían que era Elías, pensando en la profecía de Malaquías 4:5; otros, siguiendo una tradición, decían que era Jeremías, y otros decían que era uno de los profetas. Al ver cuán grande era la divergencia de opiniones que había en el pueblo, el Señor les preguntó directamente a los discípulos: "Y vosotros, ¿quién decís que soy yo?" Pedro, siempre impetuoso contestó por todos (y ellos concordaron con su opinión): "Tú eres el Cristo, el Hijo del Dios viviente". Sabemos que Pedro pudo hacer esta tremenda declaración porque Dios se lo reveló desde lo alto.

Ahora bien, las palabras que Cristo le dijo a Pedro merecen una consideración detallada, especialmente porque la Iglesia Católica Romana ha torcido su significado para sus propios intereses, aunque no tienen ningún apoyo en las Escrituras. La declaración que hizo el Señor cuando dijo: "Tú eres Pedro, y sobre esta roca edificaré mi Iglesia" (Mt. 16:18), ha sido interpretada desde los padres apostólicos hasta hoy, de tres maneras diferentes, y no hay unanimidad en cuanto a ello entre los comentaristas.

La primera interpretación es que, al decir "sobre esta roca", Cristo se refería a Sí mismo. No cabe la menor duda de que las Escrituras se refieren a Cristo como la roca incomovible y como el fundamento de la Iglesia, siendo Él la principal piedra de ángulo (cp. 1 Co. 10:4; 1 P. 2:5-6; Ef. 2:20). Sin embargo, decir que en esta ocasión estaba refiriéndose a Sí mismo no nos parece posible, por cuanto complica demasiado la figura, ya que más bien está declarando que Él es el edificiador de la Iglesia y no el fundamento. Algunos con el fin de reafirmar esta interpretación dicen que cuando el Señor dijo: "Tú eres Pedro", estaba señalando el apóstol con la mano, y al decir "Sobre esta roca ..." estaba señalándose a sí mismo. Sin embargo, esto nos parece una interpretación demasiado artificial y forzada.

La segunda es la que dice que la roca a la cual Cristo se estaba refiriendo era a la confesión de Pedro. De hecho es una realidad que sin la verdad de esta aseveración no podría haber Iglesia. Solo después de que Pedro enunciara esta verdad, Cristo habló de que la Iglesia iba a ser edificada. La verdad aquí enunciada llega a ser el fundamento, y si ésta se repudiara, toda la casa caería. Sin embargo, con todo, tampoco creemos que el Señor aquí se estaba refiriendo a la confesión, ya que es darle una interpretación artificial y forzada.

La tercera interpretación, y la que nos parece ser la más acertada por estar más de acuerdo con las palabras de Cristo, es que la piedra es Pedro. Es necesario considerar que el Señor Jesucristo estaba hablando arameo, y en esta lengua no hay completa diferenciación de palabras, así que usó la misma palabra para referirse tanto a Pedro como a piedra.

Además, si consideramos el punto de vista de quien habla, vemos que esto nos ayuda para tener la mejor interpretación. El apóstol Pablo, en 1 Corintios 3:10-11 declara que él, como perito arquitecto puso el fundamento, y agrega que Cristo es el único fundamento. Pero en esta ocasión que es análoga a la otra, Cristo declara que Él es el fundador y edificador, y que por ende el fundamento debe ser otro. Así que, no cabe la menor duda de que Pedro y los demás apóstoles fueron los primeros miembros de la Iglesia que se formó en el día de Pentecostés (Hch. 2), y por lo tanto, ellos forman el fundamento de la Iglesia, que es también la verdad propuesta por Pablo en Efesios 2:20.

Vemos entonces que Cristo es el fundamento principal, y que no puede haber otro, y que la verdad en cuanto a la confesión es también básica y fundamental en la predicación de la Iglesia. Pero vemos además que, en esta ocasión, el Señor se refirió a la base humana que emplearía para la edificación de la Iglesia, diciendo que Pedro y los otros apóstoles, todos juntos, al creer esta gloriosa verdad de que Él es el Cristo, el Hijo del Dios viviente, llegarían a ser el fundamento.

Ahora bien, los Romanistas han torcido estas palabras para establecer su doctrina en cuanto al Papado. Sin embargo, para establecer este dogma, ellos tendrían que comprobar lo siguiente:

1. **Que Pedro era el único fundamento,** lo que se desmiente con las palabras de Pablo, Pedro y Juan (cp. 1 Co. 3:11; Ef. 2:20; 1 P. 2:4 y Ap. 21:24);

2. **Que Pedro era superior entre los apóstoles,** lo que se desmiente con el hecho de que poco después ellos estaban discutiendo entre sí en cuanto a quién era el mayor entre ellos (Mt. 18:1; Lc. 22:24); además,

Pedro fue mandado por los demás apóstoles en Hechos 8:14, reprendido por los demás en Hechos 11:1-8, y resistido y retado por Pablo en Gálatas 2:11.

3. Que Pedro es el vicario de Cristo y soberano entre los creyentes, lo cual se desmiente por las palabras del mismo Pedro en 1 Pedro 5:3.

4. Que el poder conferido a Pedro era transmisible, y que él en efecto lo transmitió. Si esto hubiera sido así, Juan, que murió muchos años después de Pedro, habría llegado a ser vasallo de un Papa desconocido, nombrado por Pedro antes de su muerte. Sin embargo, esto es imposible y no tiene apoyo alguno en las Escrituras.

Admitir que Pedro es la piedra a la cual se refiere Cristo no es darnos por vencidos y entregar nuestra causa a los Romanistas. Por el contrario, al hacerlo hacemos que ellos obligadamente traten de comprobar cosas que no pueden comprobar, y por lo tanto su causa cae al suelo por su propio peso.

En cuanto a que Cristo le entregó a Pedro las llaves del reino, debemos mencionar que le fueron dadas con un fin específico, y no para que las legase a sus supuestos seguidores. Además, sabemos que las llaves las tiene el Señor Jesucristo en gloria y no Pedro, lo cual es una verdad ampliamente atestiguada por las palabras del apóstol Juan en Apocalipsis 1:18. El propósito específico para el cual Pedro recibió las llaves fue para abrir el reino, a fin de que entrasen los Judíos en el día de Pentecostés como está registrado en el capítulo segundo del libro de los Hechos de los Apóstoles. Luego, él usó nuevamente las llaves para abrir el reino para los gentiles en la persona de Cornelio, como vemos en el mismo libro, capítulo 10. De todo esto Pedro dio un informe ante el concilio reunido en Jerusalén (Hch. 15:7).

Y en cuanto al poder de atar y desatar (Mt. 16:19), podemos decir que el Señor estaba refiriéndose a la costumbre rabínica de hacer más o menos estricto el cumplimiento de las leyes mosaicas. Pedro usó de este privilegio con los creyentes gentiles, de lo cual él habló en el primer concilio eclesiástico reunido en Jerusalén (Hch. 15:7-11).

D. La profecía en cuanto a Su muerte

Mateo 16:21-28; Marcos 8:31—9:1; Lucas 9:22-27

Después de la confesión de Pedro, pensando el Señor que los discípulos estaban ya listos para recibir esta revelación en términos claros y precisos, les declaró que era necesario que fuera crucificado por los ancianos, los príncipes de los sacerdotes y los escribas, esto es, por el sanedrín. Cuando Pedro escuchó esto, tomó aparte al Señor para prevenirle. Pero Cristo, usando las mismas palabras que usó al contestar a Satanás en la tentación (Mt. 4:10), reprendió a Pedro, pues lo que Pedro le había propuesto era un tropiezo en el camino que tenía que seguir. Pedro evidenció aquí su mente estrecha, confirmando las palabras de Isaías que dice que nuestros pensamientos no son los pensamientos de Dios (Is. 55:8).

El Señor aprovechó la oportunidad para enseñarles la importante lección de que es necesario que llevemos nuestra cruz y le sigamos. El llevar la cruz no significa lo que tan comúnmente se cree, esto es, soportar estoicamente alguna desgracia o prueba, sino que significa identificarse con la vida y muerte del Señor, estando siempre listos, aunque fuere necesario, a ser vituperados y aun morir por seguirle a Él (He. 13:12-13).

Y para terminar esta sección, tenemos unas palabras que nos resultan difíciles de entender, y es cuando el Señor dijo: "Hay algunos de los que están aquí que no gustarán la muerte, hasta que hayan visto al Hijo del Hombre viniendo en su reino" (Mt. 16:28). Sobre este versículo hay un sin número de opiniones y nadie puede decir categóricamente cuál es la correcta. A continuación mencionaremos las principales, sin dar nuestro sello de aprobación a ninguna de ellas:

1. **A la transfiguración que tuvo lugar seis días después**. Pedro declara que ellos vieron con sus propios ojos la majestad del Señor (2 P. 1:16);

2. **A la resurrección de Cristo,** cuando los discípulos vieron a Cristo después de su muerte;

3. **Al día de Pentecostés, cuando se instituyó la Iglesia;**

4. **A la destrucción de Jerusalén en el año 70 D.C.** cuando la Iglesia fue despojada de sus ritos judíos y se salvaron todos los creyentes que hicieron caso a las palabras de Cristo en Mateo 24 y huyeron de la ciudad a tiempo; o,

5. **A la segunda venida de Cristo.**

E. La transfiguración

Mateo 17:1-23; Marcos 9:2-32; Lucas 9:28-45

Una semana después de la confesión de Pedro en Cesarea de Filipo, el Señor Jesucristo llevó a Pedro, Jacobo y Juan a un monte apartado, y mientras Él oraba, Se transfiguró, y Su vestido resplandeció fuertemente, e igualmente Su rostro brillaba como el sol. Después aparecieron Moisés y Elías conversando con Él.

El propósito de la transfiguración fue confirmar el testimonio de Pedro en cuanto a la persona de Cristo, y lo que Él había dicho en cuanto a Su muerte, ya que al ver Su gloria y oír las palabras de Dios, se convencerían de que Él en realidad era Dios, y al escuchar la conversación de Cristo con Moisés y Elías, se convencerían de que era necesario que muriera por todos los hombres

(Lc. 9:11). Las palabras de Dios fueron las mismas que pronunció cuando Él comenzó Su ministerio, demostrando la satisfacción del Padre en el Hijo. En cambio, las palabras de Pedro son completamente insensatas al querer comparar a Cristo, que es mucho más superior, con Moisés y Elías; también demuestran que no entendieron completamente esta transfiguración ni lo que decían los escribas. Entonces Cristo les explicó en Mateo 17:11-13 estas cosas.

A continuación encontramos que los discípulos no pudieron sacar al demonio de un muchacho por su falta de fe y preparación. Sin embargo, la fe del padre que dijo al Señor: "Señor, creo, ayuda mi incredulidad" (Mr. 9:24) hizo que Cristo le liberara inmediatamente.

F. En Capernaum

Mateo 17:24—18:35; Marcos 9:33-50; Lucas 9:46-62

Cuando el Señor llegó a Capernaum, se le acercaron los que cobraban los impuestos para el Templo, para recaudar las dos dracmas o el medio estatero o siclo que Moisés había ordenado que se pagara (Éxodo 30:11-15). Cristo, a fin de que nadie se escandalizara, pagó el tributo porque así quería cumplir con la ley, e hizo un milagro que pagaba el tributo de ambos (Mt. 17:24-27).

Después de esto, se suscitó una discusión entre los discípulos en cuanto a quién era el mayor de entre ellos en el reino de los cielos. Cuando el Señor se enteró de esto, puso a un niño en medio de ellos y les habló acerca de la necesidad de ser humildes, sencillos y sinceros como niños, para lograr entrar en el reino.

En aquel momento, Juan interrumpió al Señor para contarle que él había reprendido a uno que no era de ellos pero que también estaba haciendo milagros; entonces el Señor le respondió aclarando que si no estaba en contra de Él, entonces estaba con ellos (Mr. 9:39-40). Enseguida dijo que nadie debería ser menospreciado o desechado, porque el Hijo del Hombre había venido a buscar y salvar a cada uno (Mt. 18:10-14), utilizando la parábola de la oveja perdida para recalcar esta verdad.

Cristo luego procedió a dar instrucciones en cuanto a la conducta que debe haber entre hermanos en la fe (Mt. 18:15-35). En la primera parte habla de cómo debemos tratar a un hermano que ha pecado contra nosotros, esto es, que debemos hacer un esfuerzo para ganar al hermano. En la segunda parte, enseña que debemos estar siempre dispuestos a perdonar a otro aunque haya pecado gravemente contra nosotros. Para ilustrar esta verdad el Señor pronunció la parábola de los dos deudores.

Seguidamente, el Señor Jesucristo dijo que los que querían seguir en pos de Él tendrían que estar dispuestos a renunciar a todas sus posesiones, y que todo aquel que poniendo su mano sobre el arado mirare atrás, no es apto para el reino de Dios (Lc. 9:62).

G. El viaje a Jerusalén

Juan 7:1-10

Estando ya cerca de la fiesta de los Tabernáculos, los hermanos de Jesucristo le aconsejaron que subiera a Jerusalén, a fin de que los de Judea también tuvieran la oportunidad de ver Sus milagrosas obras. A pesar de que ellos hablaban así y habían visto muchas de sus obras, todavía no creían en Él. El Señor les dijo que se adelantasen ellos primero, y luego Él subió secretamente a Jerusalén.

Repaso de la lección

1. ¿Cuáles fueron las razones por las cuales Cristo se retiró de Galilea?
2. ¿Qué significan las palabras del Señor en cuanto a que Él es el Pan de Vida?
3. ¿En qué sentido los fariseos anulaban la ley de Dios por su tradición?
4. ¿Cuáles son las tres interpretaciones de las palabras: "Tú eres Pedro y sobre esta piedra edificaré mi Iglesia?" ¿Cuál es probablemente la interpretación más correcta? ¿Qué significa la expresión de que Pedro usaría las llaves del reino?
5. ¿Cuál fue el propósito de la transfiguración?

Lección 14

El segundo ministerio en Judea

Material para estudiar: *Juan 7:11—10:39; Lucas 10:1—13:21*

Bosquejo

A. En Jerusalén
Juan 7:11—10:21

1. Jesús en la Fiesta de los Tabernáculos
2. La mujer pecadora
3. Jesús, la luz del mundo
4. Los fariseos procuran matarle
5. El ciego de nacimiento es sanado
6. Jesús, el buen Pastor

B. En Judea
Lucas 10:1—13:21

1. La misión de los setenta
2. El buen samaritano
3. En la casa de Marta y María
4. Cristo enseña a orar a los doce
5. La acusación blasfema
6. Cristo denuncia a los fariseos
7. Otros mensajes de Cristo
8. La necesidad del arrepentimiento
9. Cristo sana a una enferma

C. En Jerusalén
Juan 10:22-39

1. Los judíos quieren apedrearle

Lección 13

El segundo ministerio en Judea

Como vimos en la lección anterior, Cristo subió a la ciudad de Jerusalén para estar en la Fiesta de los Tabernáculos. Esta fiesta se celebraba anualmente, para conmemorar el fin de la larga peregrinación de los judíos en el desierto.

Era una de las fiestas principales marcada por el gran gozo y alabanza, y que adquiría un mayor realce con la procesión que se celebraba diariamente desde el estanque de Siloé hasta el Templo (cp. Lv. 23:33-44; Dt. 16:13-17).

Los acontecimientos mencionados en esta lección acaecieron dentro de un período de tres meses, más o menos, desde la Fiesta de los Tabernáculos hasta la Fiesta de la Dedicación (Jn. 10:22). En esta lección hemos de notar que Juan se ocupó en describir los acontecimientos dentro de la ciudad de Jerusalén, mientras que Lucas habló de lo acontecido en Judea.

A. En Jerusalén

Juan 7:11—10:21

Apenas hubo llegado el Señor Jesucristo a Jerusalén, los judíos comenzaron a buscarle, preguntando: "¿dónde está aquel?" Estaban buscándole, no porque querían escucharle o ver sus obras, sino porque querían matarle (Jn. 7:1, 11, 25), aunque otros decían que Él era bueno y otros que era un engañador. Pero nadie hablaba abiertamente porque tenían miedo de lo que dijera el sanedrín.

Pero si el pueblo tenía miedo, Cristo no temía a nadie, y en medio de la fiesta subió al Templo y enseñaba como quien tiene autoridad para hacerlo. Los que le oyeron, evidentemente se maravillaron de las palabras que salían de Su boca, puesto que sabían que Él no había egresado de ninguna de las escuelas rabínicas. Su autoridad no se basaba en estudios teológicos, sino en el hecho de que su mensaje y su doctrina provenía de Aquel que le había enviado, y para respaldar sus palabras, que parecían ser blasfemas, hizo la siguiente declaración pragmática: "El que quiera hacer la voluntad de Dios conocerá si la doctrina es de Dios, o si yo hablo por mi propia cuenta" (Jn. 7:17). El deseo de querer hacer la voluntad divina traerá consigo la certidumbre de lo que sea la verdad.

Con sus declaraciones, Cristo dejaba perplejos y confundidos a sus enemigos, y la plebe no sabía qué decir ni qué hacer. Algunos decían que estaba endemoniado (v. 20); otros se maravillaban de que le dejaran hablar así (vv. 25-26); otros procuraban prenderle (v. 30); y otros creyeron en Él, convencidos de que Él era el Mesías (v. 31). Y en medio de aquella confusión de ideas, el Señor nuevamente declaró que pronto volvería a Aquel que le había enviado (vv. 33-36), que eran palabras claras pero que aún no podían entender Sus oyentes.

Como habíamos dicho, en aquellos días de fiesta había una procesión desde el estanque de Siloé hasta el Templo. En una vasija de oro sacaban agua del estanque y la llevaban triunfalmente al Templo, donde la echaban sobre el altar en memoria del Señor, dador de toda bendición que les había provisto de agua en el desierto. Mientras lo hacían, los sacerdotes entonaban Salmos diciendo: "Sacaréis agua con gozo de las fuentes de la salvación" (Is. 12:3).

Fue en aquel momento que Cristo se puso de pie y alzó la voz diciendo: "Si alguno tiene sed, venga a mí y beba" (v. 37). La figura que usa aquí se refiere al Espíritu Santo, que después de que Jesús fuera glorificado, habrían de recibir aquellos que creyesen en Él.

Semejante declaración tuvo distintas reacciones en las mentes de los oyentes. Algunos decían que Él era profeta, otros que Él era el Cristo, y otros querían prenderle (vv. 40, 41, y 44); los fariseos, furiosos, declaraban su incredulidad y su condenación rotunda para con aquellos que creyesen en Él (vv. 47-49). Notemos aquí que Nicodemo, usando un argumento algo sutil, trató de defender al Señor (vv. 50-52). Es interesante notar que uno de los pretextos que dieron para no creer en Él era que Él era oriundo de Nazaret y no de Belén, ignorando el lugar de Su nacimiento, por cuanto Él había vivido casi todo el tiempo de Su juventud hasta que comenzó Su ministerio público, en Nazaret.

Después de estas cosas cada uno se fue a su casa y Jesús se dirigió al monte de los Olivos donde solía pasar la noche. Al día siguiente, estando en el Templo, le trajeron a una mujer que había sido hallada en pecado de adulterio (Jn. 8:1-11). A través de esto los fariseos quisieron ver cómo reaccionaba el Señor frente a este claro quebrantamiento de la ley de Moisés, pues ésta decía que ella debía ser apedreada (Lv. 20:10; Dt. 22:22-23). Ellos dijeron: "En la ley nos mandó Moisés apedrear a tales mujeres. Tú, pues, ¿qué dices?" (Jn. 8:5). En realidad, con esta pregunta estaban tentando al Señor. Él les dijo: "El que de vosotros esté sin pecado, sea el primero en arrojar la piedra contra ella" (Jn. 8:7), y continuó escribiendo en la arena con Su dedo. Algunos han dicho que el Señor estuvo escribiendo la lista de los pecados de los acusadores de la mujer, los cuales se sintieron redargüidos y avergonzados, por lo cual se alejaron, y Cristo mirando a la mujer le dijo: "Ni yo te condeno; vete, y no peques más" (Jn. 8:11). Ella se fue en libertad para no pecar más.

Luego, quizá el mismo día, estando en el lugar de las limosnas, es decir, en el atrio del santuario, Cristo comenzó a enseñar a los que se habían reunido allí. Aunque habían algunos que habían resuelto matarle, no lo hicieron porque Dios no se los permitió, por cuanto "aún no había llegado Su hora" (Jn. 8:20). Cuando pronunció las palabras que constan en Juan 8:12 pueda ser que se haya estado refiriendo a la columna de fuego que guió a los israelitas en su peregrinación en el desierto (Éx. 13:21), y de hecho parece que tenía presente la verdad que enunció Juan en el prólogo del evangelio (Jn. 1:4,9). Cuando dijo: "Yo soy la luz del mundo; el que me sigue, no andará en tinieblas sino que tendrá la luz de la vida", estas palabras llenaron de indignación a los fariseos, y dijeron que Su testimonio no era válido por cuanto provenía de Él mismo. Mas Cristo, refiriéndose a la ley de Moisés (Dt. 19:15) se justificó diciendo que Su testimonio estaba respaldado tanto por Su Padre como por Él.

A continuación el Señor procedió a llamarles la atención a los fariseos por su incredulidad y su pecado. En este mensaje encontramos una declaración importante en la que se revela aun más la persona de Jesucristo, a más de establecer un contraste entre sí mismo y los judíos. Aunque hay varios detalles a los cuales no nos podemos referir aquí, mencionaremos los siguientes tres puntos:

1. El concepto de libertad. Los judíos creían que eran y siempre habían sido verdaderamente libres, olvidándose de la esclavitud en Egipto, del tiempo de la cautividad en Babilonia y del actual yugo impuesto por los romanos. El concepto del Señor Jesucristo era que más bien el pecado procedía del interior del hombre, y que la libertad verdadera sólo la podía dar Él (Jn. 8:36).

2. El concepto del linaje. Ellos creían que con ser linaje de Abraham ya tenían asegurada la salvación y la vida eterna. Sin embargo, Cristo declaró que aquello no bastaba, sino que era además necesario que guardasen Su palabra (Jn. 8:51-52).

3. El concepto de la misión de Cristo. Ellos acusaban al Señor de hacerse mayor que Abraham, cuando en realidad Cristo declaró categóricamente que lo era (v. 58). Las palabras: "Antes que Abraham fuese, Yo soy", no son ni más ni menos que una afirmación de Su divinidad. Tres veces en este discurso usó las palabras "Yo soy" como nombre personal. En el versículo 24 dice: "Si no creyereis que yo soy, en vuestros pecados moriréis". En el versículo 28 declara: "Cuando hayáis levantado al Hijo del Hombre, entonces conoceréis que yo soy". Y en el versículo 58 afirma: "Antes que Abraham fuese, yo soy". Si esto lo comparamos con la auto-revelación de Dios en el Antiguo Testamento, vemos que el Señor se apropió de las palabras que Dios usó, para referirse a Él mismo. Por ejemplo, cuando habla con Moisés: "Y respondió Dios a Moisés: YO SOY EL QUE SOY. Y dijo, así dirás a los hijos de Israel: YO SOY me ha enviado a vosotros" (Éx. 3:14).

Cuando los judíos oyeron al Señor usar este nombre sagrado refiriéndose a sí mismo, entendieron que Él se estaba haciendo igual a Dios, y le acusaron de blasfemar e intentaron apedrearle. Pero como aún no había llegado Su hora, Cristo, escabulléndose, salió del Templo (Jn. 8:59).

A continuación, Cristo sanó a un hombre ciego de nacimiento, y como resultado se suscitó mucha oposición por parte de los fariseos, pero el que había recibido la vista sí creyó en Él.(Jn. 9:1-41). En dicho acontecimiento los discípulos preguntaron: "¿Quién pecó, éste o sus padres para que naciese ciego?" (9:2). Cristo contestó que no era este el motivo, sino para que se manifestara la gloria de Dios. Esto no quiere decir que Dios había condenado al pobre hombre a una vida de miseria y sufrimientos a fin de que pudiera mostrar Su poder y Su gloria al sanarlo, sino que ésta fue una oportunidad para demostrar Su poder. Aunque los fariseos trataron de desacreditar este milagro, no pudieron por cuanto todos los que le conocían daban testimonio de que en verdad éste había sido el ciego de nacimiento. A más de esto, categóricamente él mismo declaraba: "Una cosa sé, que habiendo yo sido ciego, ahora veo" (v. 25). Más adelante Jesús le preguntó directamente: "¿Crees tú en el Hijo de Dios?", pregunta que se refería a Su divinidad; después de cerciorarse de quién era el que le hablaba, el hombre afirmó su fe en términos claros y sencillos. Ante esto los fariseos quisieron justificarse, pero la condenación de Cristo fue terminante al decirles: "Si fuerais ciegos, no tuvierais pecados; mas ahora, porque decís: vemos, vuestro pecado permanece" (Jn. 9:41).

Para concluir esta serie de acontecimientos en la ciudad de Jerusalén, Cristo pronunció Su hermoso mensaje sobre el buen pastor (Jn. 10:1-21). Este mensaje, más que una parábola, es una alegoría. Se divide en dos partes: la primera en que tenemos el contraste entre el buen pastor y el asalariado, y la segunda en que se diferencia el entrar por la puerta y el entrar como ladrones y salteadores por los muros. En las dos partes se refiere a los fariseos que engañaban y hacían que la gente se desviara. Además, habló de Sí mismo, de Su persona y de Su misión. En la primera parte se ve la exclusividad de Cristo, que no admite a otros, diciendo: "Yo soy la puerta". En la segunda parte el Señor declara Su propósito, que fue el de dar Su vida por las ovejas, y no sólo por los judíos (v. 14), sino también por nosotros los gentiles (v. 16). Es importante notar que Él dio Su vida voluntariamente (v. 18). Su muerte no fue un accidente, ni tampoco fue porque los hombres quisieron matarle, sino porque Él mismo quiso dar Su vida para salvarnos. Si Jesús dio su vida así por nosotros, también cada pastor debe hacerlo por su grey.

Estas palabras suscitaron un nuevo alboroto y dividieron al pueblo en dos grupos. Algunos que le defendían y otros que le atacaban. Los primeros recurrieron a Sus hechos, dejando constancia de que no era un endemoniado por cuanto había dado vista al ciego, comprobando así que las obras de Cristo eran una señal clara de Su divinidad (Hch. 2:22).

B. En Judea

Lucas 10:1—13:21

Esta sección comienza con la misión de los setenta que sólo Lucas tuvo a bien registrar. Sabemos que además de los doce discípulos, el Señor Jesucristo tenía otros discípulos (cp. Jn. 6:66; Hch. 1:15-26; 1 Co. 15:6). El Señor escogió a estos setenta para que de dos en dos salieran a predicar. Encontramos muchas semejanzas entre la misión de los Doce (Mt. 10:1-42; Lc. 9:1-6) y la misión de los Setenta:

1. en las dos el Señor señala que la obra es grande;
2. los dos grupos tenían que predicar y sanar;
3. los dos tenían que pregonar que el reino de Dios ya había llegado;
4. los dos tenían que librarse de todo impedimento, y
5. ambos andarían como ovejas en medio de lobos rapaces.

Por otro lado, algunos puntos diferentes entre los grupos son:

1. la misión de los Doce era permanente, mientras que la de los Setenta era temporal;
2. Cristo les anticipó a los Doce que sufrirían persecución, pero que tendrían la ayuda eficaz del Espíritu Santo (Mt. 10:17-24); pero a los Setenta no les mencionó nada al respecto;
3. los Doce tenían mayor autoridad y dones para hacer milagros;
4. los Doce fueron enviados a "las ovejas perdidas de la casa de Israel" (Mt. 10:6), mientras que los Setenta no tuvieron tales limitaciones;
5. a los Setenta se les dio la orden de darse prisa en la obra (Lc. 10:4).

Notemos las denuncias contra las ciudades de Corazín y Betsaida en Lucas 10:13.

Vemos que en una ocasión cuando regresaron los Setenta de su misión, se regocijaron por el éxito que habían tenido, pero Cristo les dijo que no se regocijasen por el éxito temporal, sino porque sus nombres estaban escritos en el libro de la vida (Éx. 32:32, 33; Fil. 4:3; Ap. 3:5; 21:27). En el versículo 18 en el cual Cristo menciona a Satanás, no se refiere a su caída inicial cuando estaba en el cielo (Is. 14:12), ni tampoco a su derrota final (Ap. 12:7-11; 20:1-3,10). Sino que se refiere al derrumbamiento del reino de Satanás a través de los siglos, por la influencia de la predicación del mensaje del evangelio.

Posteriormente encontramos la oración del Señor en la cual Él se regocijó. Esta oración es una de las expresiones más sublimes de Cristo que tenemos registradas en los primeros tres Evangelios, o sea, en los sinópticos, y forma parte de la auto-revelación del Hijo de Dios. En ella declara ser el cumplimiento de las profecías del Antiguo Testamento del advenimiento mesiánico, y a la vez el único a quien el Padre se ha revelado y que conoce y puede revelar al Padre (Lc. 10:21-24). Después de leer esto, podemos estar seguros de que Cristo sabía perfectamente quién era Él y cuál era Su misión.

A continuación vino un doctor de la ley, o sea un escriba, queriendo tenderle una trampa (Lc. 10:25-37), y le hizo la siguiente pregunta: ¿Haciendo qué cosa heredaré la vida eterna?" El Señor contestó de tal forma que evidenciaba que conocía exactamente la ley. Pero el escriba, viéndose desconcertado por la respuesta del Señor y queriendo justificarse, preguntó: "¿Y quién es mi prójimo?", a lo cual el Señor respondió narrando la bien conocida parábola del Buen Samaritano. Notemos que la parábola tenía como propósito contestar la pregunta hecha por el escriba y no el de ilustrar la obra del Señor Jesucristo. Sin embargo, uno no puede leerla sin pensar en la obra que hizo Cristo para salvar y cuidar de los hombres. Así que, podemos decir que a la vez que enseña claramente quién es el prójimo, ilustra la obra redentora del bendito Salvador y Señor Jesucristo.

Varios días después, el Señor se dirigió por el camino de Jerusalén a Jericó, y llegó a casa de Marta y María en la aldea de Betania (Jn. 11:1). Lucas presenta esta escena de manera exquisita (Lc. 10:38-42). Marta, queriendo demostrar su hospitalidad, estaba afanada en preparar y servir una deliciosa comida. María, en cambio, dejó a un lado sus servicios domésticos y se sentó a los pies de Cristo para escuchar las bellas palabras que salían de Su boca. Cuando Marta mostró su inquietud, el Señor en forma cariñosa y suave le llamó la atención, señalando el orden de las prioridades.

Más adelante llegamos a la situación en que los discípulos le dijeron al Maestro: "Señor, enséñanos a orar" (Lc. 11:1-13). Los judíos acostumbraban orar tres veces al día y Juan el Bautista había continuado con la buena costumbre, enseñándoles a orar de la mejor forma. Al hacer esta pregunta, parecería que ellos se habían olvidado de las instrucciones recibidas en Galilea cuando, en el Sermón del Monte, el Señor les había dicho palabras casi idénticas (Mt. 6:5-15; vea Lección 10, sección C). De todas formas, el Señor volvió a darles un modelo de oración y habló de la parábola en la que enseña que, aun siendo inoportuno uno es galardonado. Si los hombres saben dar buenas dádivas, ¿cuanto más nuestro Padre Celestial?

Luego en Lucas 11:27-28 encontramos una lección en cuanto a quiénes son verdaderamente las personas felices. El Señor bien podía haber aprovechado la oportunidad para dar realce y énfasis a su madre María, pero al contrario, no la elogió ni nada por el estilo, sino que como hemos dicho, encomió más bien a todo aquel que oye la palabra de Dios y la pone por obra.

Un tiempo después, accediendo a la invitación de un fariseo, el Señor se sentó a comer sin prestar atención a la costumbre ceremonial de lavarse las manos (Lc. 11:37-54). El fariseo se maravilló de esto, pero el Señor vio en su actitud una oportunidad para censurar severa e incisivamente la hipocresía de aquellos que con vehemencia se dedicaban a guardar las minuciosidades de la ley, pasando por alto los aspectos más importantes. Cuando los escribas oyeron las palabras de Cristo, se sintieron heridos en sus conciencias y se quejaron, pero esto sólo sirvió para llamar la atención de Cristo quien dirigió

Sus denuncias contra ellos. El Señor censuró a los fariseos por las siguientes razones:

- por su hipocresía (v. 42);
- por su vanidad y arrogancia (v. 43);
- por su mala influencia (v. 44 y vea Nm. 19:16).

A los doctores de la ley los acusó por:

- su literalismo e insoportable legalismo (v. 46);
- su ortodoxia y fanatismo que se manifestó a través de severas persecuciones (v. 47-51); y
- por su despotismo teológico que negaba a todo hombre el derecho de conocer la verdad (v. 52).

El resultado de estas críticas fue que sus oyentes se enojaron tanto que trataron, a todo trance, de hallar una ocasión para matarle. El capítulo 12 de Lucas narra una serie de mensajes que son de mucha importancia. Durante estos mensajes, como era Su costumbre, repitió varias cosas que ya había dicho anteriormente. Podemos notar además, las muchas interrupciones que tuvo de parte de sus oyentes, cosa que sucedió en varias ocasiones durante Su ministerio público.

A continuación comentaremos sobre estos mensajes dados por el Señor:

- mensaje a sus discípulos (vv. 1-12);
- a uno de la compañía (vv. 13-21);
- a los discípulos (vv. 22-40);
- a Pedro (vv. 41-53; y
- a las multitudes (vv. 54-59).

El primer discurso dirigido a los discípulos puede dividirse de la siguiente manera:

1. amonestación para guardarse de la hipocresía y promesa de que obtendrán la victoria (vv. 1-3);
2. exhortación a la prudencia espiritual y promesa de cuidado continuo (vv. 4-7);
3. advertencia contra el peligro de negar a Cristo y promesa de reconocimiento y galardón (vv. 8-10);
4. admonición a fin de no estar afanados y promesa de pronto auxilio (vv. 11-12).

Luego tenemos un mensaje a un hombre que en forma intempestiva le interrumpe, y que consiste de dos partes:

1. La ocasión. El hombre, no satisfecho por su condición económica le pide a Cristo que cambie las leyes sociales en cuanto a las herencias (vv. 13-15).
2. La parábola del rico insensato, que claramente enseña la verdad que dice: "Buscad primeramente el reino de Dios y su justicia, y todas estas cosas os serán añadidas" (Mt. 6:33).

El segundo discurso a los discípulos en el cual se aprecian las mismas enseñanzas que dio en el Sermón del Monte (Mt. 6:19-33), y que puede dividirse en dos secciones:

1. la necesidad de poner plena confianza en el Padre Celestial, porque Él cuida de nosotros (vv. 22-34), y
2. la necesidad de esperar, velar y trabajar por el Señor, ilustrado en la parábola del siervo vigilante (vv. 35-40).

Luego el Señor Jesucristo, conmovido en Su espíritu, exhorta a la gente a reconciliarse con Dios, pues como ellos estaban sumidos en sus diarios quehaceres no se daban cuenta, por las señales de los tiempos, de que súbitamente llegaría el día del juicio (vv. 54-59). Aquí cabe mencionar que la expresión en el versículo 59 no se refiere a la supuesta existencia del purgatorio, sino que es una forma hebrea de enfatizar la duración del castigo eterno.

A continuación, en el capítulo 13, Cristo trata acerca del tema trascendental del arrepentimiento como base imprescindible para evitar la muerte eterna (vv. 1-9). El Señor se refirió a dos acontecimientos, la matanza atroz e impía de los Galileos en el lugar Santo, y el trágico accidente ocurrido en Siloé, enseñando que el sufrimiento y la muerte no son sinónimos del castigo moral por los pecados; pero sí, estas calamidades y sufrimientos bien pueden ser voces que nos llaman a reconocer el deber y la necesidad impostergable de arrepentirnos y de arreglar las cuentas con Dios.

En los versículos 1 al 5 Cristo se refiere al castigo inexorable, y en los versículos 6 al 9 contó la parábola de la higuera en la viña, donde declara la maravillosa gracia de Dios. No debemos tratar de darle a cada detalle de esta parábola un significado especial, correlacionándolo por ejemplo, con la historia de Israel y la manera en que Dios ha tratado con ella a través de los siglos, pues esto puede conducirnos a crasos errores. Sin embargo, no cabe la menor duda de que la enseñanza de la parábola nos habla tanto a Israel como a nosotros de que Dios, en Su amor y gracia, nos concede repetidas oportunidades para producir en nuestras vidas frutos dignos de arrepentimiento (Mt. 3:8) y fruto que permanezca (Jn. 15:1-16).

Luego, nuevamente encontramos aquí el relato de un milagro que sólo Lucas tuvo a bien registrar en su Evangelio. Se trata de aquella mujer que había sido víctima de un espíritu inmundo que la tenía agobiada y enferma. El

Señor Jesús, pese al hecho de que era sábado, la liberó primero del poder del espíritu maligno, y luego le restauró el uso físico de sus miembros, de tal modo que ella glorificaba y alababa a Dios. El principal de la sinagoga dirigió unas cuantas palabras de censura por este acto a la gente reunida (vv. 14-15). Cristo, alzando su voz, usó como punto de partida una costumbre que tenía el pueblo y que ellos permitían (v. 15), y condenó rotundamente a los hipócritas.

Seguidamente, Cristo contó dos parábolas que ya hemos comentado en la Lección 12, sección D. Para terminar esta sección, Juan relata cómo Jesús volvió a Jerusalén (Jn. 10:22-39). Era invierno y se estaba celebrando la fiesta de la Dedicación, más o menos tres meses después de la fiesta de los Tabernáculos mencionada en Juan 7:2. Aquí vemos que en forma impaciente y molesta, sus enemigos le preguntan al Señor: "¿Hasta cuándo nos turbarás el alma? Si tú eres el Cristo, dínoslo abiertamente" (10:24). Respondiendo Cristo, hace referencia al testimonio de sus obras (cp. Hch. 2:22) y establece un gran contraste entre los creyentes, es decir, Sus ovejas y los incrédulos que con tenacidad rehusan recibir Sus palabras. Pero la hostilidad de parte de ellos no fue tanta al oír estas palabras, como cuando inmediatamente el Señor declaró Su divinidad y la unidad que había entre Él y el Padre Celestial. Para ellos, esto constituía una blasfemia sin precedente que merecía la más rigurosa y severa pena que imponía la ley. Lo que ellos no comprendían era que estas palabras no eran blasfemas, sino la pura verdad. Si esto no era la verdad, tendríamos que decir que Cristo:

1. deliberadamente estaba engañando a sus oidores con una serie de mentiras colosales;
2. era un desequilibrado que se engañaba a sí mismo a la vez que trataba de engañar a otros; o
3. decía la verdad.

Para demostrar que Su aseveración era la verdadera, apeló a las Escrituras que no pueden ser quebrantadas (vv. 34-36) y a las obras que Él había hecho (vv. 36-38). Sus enemigos, al oír todo esto procuraron nuevamente matarle, pero Él salió en medio de ellos y se fue a la región de Perea (v. 40).

Repaso de la lección

1. ¿Cuáles eran las diferencias entre el Señor Jesucristo y los judíos?
2. Cite los contrastes que existen en el mensaje del Buen Pastor.
3. Haga una lista de las semejanzas y de las diferencias que hay entre la misión de los Doce y la misión de los Setenta.
4. ¿Con qué propósito pronunció Cristo la parábola del Buen Samaritano?
5. ¿Cuáles son los cinco mensajes que encontramos en el capítulo 12 de Lucas?

Usted ha llegado ahora al final de la segunda etapa en el estudio del curso "La vida de Jesucristo". Después de revisar este material, es necesario cerrar el libro de estudio y contestar el segundo examen escrito que comprende las lecciones 8 a 14.

Lección 15

El viaje a Perea

Material para estudiar: *Juan 10:40—11:51; Lucas 13:22—19:28; Marcos 10:1-52; Mateo 19:1—20:34*

Bosquejo

1. ¿Son pocos los que se salvan?
   Lucas 13:22-35
2. Un mensaje y tres parábolas en casa de un fariseo
   Lucas 14:1-24
3. Lo que se requiere de un discípulo
   Lucas 14:25-35
4. Tres parábolas acerca de la gracia
   Lucas 15:1-32
5. Tres parábolas acerca de la mayordomía
   Lucas 16:1—17:10
6. La resurrección de Lázaro
   Juan 11:1-54
7. Los diez leprosos
   Lucas 17:11-19
8. La venida del reino
   Lucas 17:20-37
9. Dos parábolas acerca de la oración
   Lucas 18:1-14
10. Cristo y el divorcio
    Mateo 19:1-12; Marcos 10:1-17
11. Cristo y los niños
    Mateo 19:13-15; Marcos 10:13-16; Lucas 18:15-17
12. Cristo y las riquezas
    Mateo 19:16—20:16; Marcos 10:17-31; Lucas 18:18-30

13. Cristo y la ambición personal
Mateo 20:29-34; Marcos 10:46-52

14. El ciego Bartimeo
Mateo 20:29-34; Marcos 10:46-52; Lucas 18:35-43

15. Zaqueo, el publicano
Lucas 19:1-10

16. Las diez minas
Lucas 19:11-28

Lección 15
El viaje a Perea

En nuestra lección anterior habíamos visto que el Señor Jesucristo salió de en medio de los judíos que habían estado en la Fiesta de la Dedicación, y emprendió un viaje a la región tras del Jordán donde anteriormente Juan el Bautista había trabajado con tanto éxito, captando la atención del pueblo aun más que Juan (Jn. 10:39-42).

Lucas nos declara que Jesús pasaba por todas las aldeas y ciudades enseñando, mientras se encaminaba lentamente a Jerusalén (Lc. 13:22).

1. ¿Son pocos los que se salvan?
Lucas 13:22-35

En el camino uno le hizo la siguiente pregunta: "¿Son pocos los que se salvan?" (13:23). El Señor, dirigiéndose a todos contestó diciendo que es importante esforzarse, pues hay la posibilidad de que se haga todo de labios para afuera y no de corazón sincero. En los últimos versículos de esta porción, Cristo extiende los límites del reino e incluye a todos y no sólo a los de la raza judía, que era el pueblo escogido, declarando que algunos que fueron privilegiados perderán la oportunidad gloriosa de ser partícipes en el reino (12:29-30).

Por aquel tiempo los fariseos quisieron obligar a Cristo a que abandonara dicha región, y el Señor contestó que nadie podía detener Su ministerio (vv. 32-33). Fue aquí donde expresó desde lo profundo de Su corazón, el triste lamento por la dureza de Jerusalén al no recibir al enviado de Dios, quien deseaba ardientemente todo el bien para ella. ¡Cuánto encierran las palabras del versículo 34!: "¡Cuántas veces quise ... y no quisiste!"

2. Un discurso y tres parábolas
Lucas 14:1-24

Jesucristo había sido invitado a comer en casa de un fariseo donde continuaban acechándole, pero el Señor continuaba usando estas oportunidades para seguir enseñando. Como era costumbre en aquel entonces, también entraron a la casa algunos que no habían sido invitados, entre ellos un hombre hidrópico. El Señor quiso suplir esta necesidad y sanó al hombre en ese día sábado. Observando las actitudes de los invitados, Cristo aprovechó la situación para enseñar unas lecciones importantísimas, utilizando tres parábolas:

- La parábola de los primeros asientos, en la cual Cristo enseña que el que se ensalza será humillado, y el que se humilla será ensalzado (vv.7-11);
- La parábola de los convidados, en la cual enseña que más bienaventurado es dar que recibir (vv. 12-14); y
- La parábola de la gran cena, en la que enseña la necesidad de hacer caso a la invitación divina, pues de otra manera seremos excluidos. Toda excusa humana será rechazada, pues no hay excusa alguna para no aceptar la invitación del Señor. En esta parábola hay, sin duda, una alusión al rechazo que tuvo el Señor por parte del pueblo de Israel, y a la inclusión de los gentiles en el reino (vv. 15-24).

3. Lo que se requiere de un discípulo

Lucas 14:25-35

A continuación, fijándose en las muchas personas que le seguían, quizá algunos por curiosidad y otros por interés, Jesús enseñó lo que es ser un verdadero discípulo (vv. 25-35), indicando las siguientes características:

- ha puesto a Cristo en el lugar de preeminencia en su vida, por encima de todo lo demás;
- se ha identificado con el vituperio de Cristo (He. 13:12-13), y
- ha calculado primeramente el costo, a fin de poder terminar lo que ha principiado (Gá. 5:7 y Lc. 9:62).

4. Tres parábolas acerca de la gracia

Lucas 15:1-32

Durante Su ministerio, el Señor Jesucristo andaba y comía con los pecadores, a fin de atraerles para el reino, cosa que no agradaba a los escribas y fariseos, quienes más bien se apartaban de los pecadores, porque en su orgullo se sentían superiores. Para referirse a esto, el Señor les refirió tres parábolas acerca de la gracia de Dios. Estas parábolas forman una trilogía cuya belleza no tiene comparación con ninguna otra en los anales de la literatura, y cuyo mensaje ha inspirado y llenado de gozo a muchísimos.

Las tres parábolas ponen énfasis en el hecho de que algo se ha perdido, y como lo dice Bengel: "La oveja, la moneda y el hijo perdido, los tres corresponden al pecador descarriado". Las dos primeras hacen resaltar el gran amor que tiene el Padre Celestial, Su cuidado y Su tristeza por lo que se ha perdido, y el gran esfuerzo que hace para buscar y encontrar lo perdido. La parábola dice que en el cielo y en la tierra hay gozo cuando se encuentra a un pecador perdido. La tercera resalta más el papel que desempeña el pecador en el drama de la redención. Nuevamente se puede ver el amor del Padre; el ansia demostrada en la perenne espera por el retorno del hijo pródigo, y a la vez se nota cómo el pecador finalmente reconoce su estado calamitoso, se arrepiente y resuelve volver a su Padre para pedir perdón.

A través de estas parábolas, Cristo condenó la actitud hipócrita e indiferente de los fariseos, y expresó su tierna solicitud por aquellos que se han extraviado y descarriado por el pecado.

5. Tres parábolas acerca de la mayordomía

Lucas 16:1—17:10

Estas fueron dirigidas a los discípulos (16:1-9), y es necesario que amonestemos a nuestros lectores para que no quieran interpretar estar parábolas asignando un sentido especial a cada detalle, pues así nunca se las podrá entender. El sin número de interpretaciones vagas, volátiles y a veces nocivas que existen, debe de hacernos muy cuidadosos y prudentes en nuestra interpretación.

En la primera parábola encontramos una exhortación a la prudencia cristiana: la responsabilidad de usar este mundo y las riquezas para los fines benéficos del Evangelio; o sea, usar y administrar los bienes materiales para Dios y Su reino.

La segunda parábola es la del rico y Lázaro. Inmediatamente nos topamos con la pregunta de que si esta porción es o no una parábola. Al examinarla cuidadosamente nos damos cuenta de que propiamente no es una parábola, aunque su estilo es parabólico. Es más una narración histórica que una parábola. Pero que sea o no una parábola poco importa en realidad, pues sí son importantes las verdades que encierra. En la narración encontramos a dos personas cuyas posiciones sociales eran diametralmente opuestas en esta vida, y así resultaron también sus destinos finales. Debemos decir que el pecado del rico no era que gastaba fugazmente su dinero, y que la virtud de Lázaro no consistía en que era pobre y menesteroso. Más bien la diferencia era que el rico había puesto su confianza en las riquezas, y que Lázaro había puesto implícitamente su confianza en Dios. Son estas dos actitudes fundamentales que encontramos aquí, las que llevan al cielo o al infierno.

Vemos a través de la historia que Cristo es el único que tenía la autoridad para hablar acerca de lo que hay más allá de la muerte.

Notemos que:

- hay dos lugares preparados para las dos clases de personas que hay en el mundo, esto es, los que confían en Dios y los que confían en sí mismos, los cuales estarán eternamente separados entre sí sin ninguna esperanza de poder cerrar el abismo que hay entre ellos;
- un lugar es de dicha eterna y el otro de sufrimiento eterno;
- no es un estado de inconsciencia;
- y que ninguno podrá regresar de aquellos lugares al mundo para persuadir a los humanos. Además que, aunque alguien regresase de ultratumba, no le creerían.

Entonces, la única fuente fidedigna en que podemos creer, son las Sagradas Escrituras.

Posteriormente, el Señor se refiere a la parábola del siervo inútil (cap. 17), y la conecta a las otras dos parábolas previamente pronunciadas sobre el mismo tema de la mayordomía. Es de notarse aquí que la habilidad para ejercer el amor que perdona está ligado a la fe, de tal modo que nuestra oración debe ser también: "Auméntanos la fe" (v. 5); de otra manera no podremos cumplir con los mandatos que el Señor aquí nos da. Ahora bien, la enseñanza de la parábola es la siguiente: que la justificación del pecador tiene que ser por pura gracia. El que hace todo cuanto se le exige sigue siendo aun un siervo inútil, de modo que depende absolutamente de la gracia y misericordia divina.

6. La resurrección de Lázaro

Juan 11:1-54

Ahora dejamos la narración de Lucas para enfocar nuestra atención a uno de los hechos más sobresalientes en la vida del Señor. El escenario de este acontecimiento fue Betania, una pequeña aldea que distaba unos dos kilómetros de la ciudad de Jerusalén (11:18), lugar a donde el Señor solía acudir en varias ocasiones cuando estaba en Jerusalén, ya que había hallado un lugar de refrigerio y solaz en el hogar de María, Marta y Lázaro (Mr. 11:11; Lc. 10:38-42). En esta ocasión Lázaro había enfermado de gravedad y sus dos hermanas habían mandado a llamar inmediatamente a Jesús, pensando, como es natural, que Él que a tantos había sanado, también podría sanar a su amigo íntimo. Pero el Señor vio en esta situación una oportunidad más para demostrar Su gloria (v. 4), y demoró su partida dos días más. Él amaba a estos tres hermanos (v. 5), pero no dejó que ese amor le desviara del alto propósito que tenía en Su vida. El Señor consideró que era mejor no estar en Betania, pues hubiera sido demasiado difícil dejar que las cosas siguieran su orden natural; en cambio, estando ausente, fue más fácil.

Los discípulos reconocieron que regresaría a un lugar donde hacía poco habían querido matarle. Jesús les declaró que debía seguir trabajando porque llegaría el tiempo en que no obraría más. Entonces Tomás, dándose cuenta de lo posible, dijo que estaba listo para morir con Cristo (v. 16).

Cuando llegaron a Betania escucharon las malas noticias de que Lázaro había muerto y que le habían sepultado desde hacía cuatro días. Marta, al oír que Jesús había llegado, fue a su encuentro y le reprochó (v. 21). María también hizo lo mismo (v. 32). Luego, Marta expresó su fe en la resurrección en términos generales, pero Cristo declaró que tenía poder absoluto sobre la muerte y la vida (vv 25-26). La resurrección para Él no es algo que sólo puede acontecer en un futuro lejano, sino algo realizable en el momento presente. Cuando Marta oyó esto, declaró que creía en la divinidad del Señor Jesucristo (v. 27). Después, el Señor se dirigió hacia la tumba de Lázaro y lloró. Vemos aquí su amor manifestado en tristeza. Luego oró, no porque era necesario que lo hiciera, sino para testimonio a los presentes, y alzando entonces la voz dijo: "Lázaro, ven fuera". Lázaro estaba envuelto con vendas, según era la costumbre, desde los hombros hasta los pies, de modo que le era imposible andar. Pero por aquella palabra de poder dada por Cristo, recibió vida nueva y se puso en pie a la entrada del sepulcro, y por ende, Cristo ordenó que le desatasen.

El resultado de este milagro fue que muchos creyeron en Él. Pero a la vez, se estableció con claridad la diferencia entre los que creían en Él y los que eran Sus enemigos y querían matarle. Por esta razón, el Señor salió de allí y se fue hacia el norte de Judea, a Efraín. Aquí cabe señalar la profecía que dio Caifás (vv. 49-52), en la cual declaró la necesidad de que uno muera, en este caso el Señor Jesucristo, para la redención de Su pueblo escogido y para la salvación de todos cuantos creyesen en Él.

7. Los diez leprosos

Lucas 17:11-19

De Efraín, en el norte de Judea, Jesucristo pasó por Samaria a Galilea en su último viaje, que terminaría en Jerusalén (Lc. 17:11). En una de aquellas aldeas, se encontró con diez leprosos. No era de extrañarse que tantos estuvieran juntos, porque al haber sido aislados por su triste condición física, se habían unido para enfrentar la vida juntos. Estos leprosos desde lejos, como prescribía la ley (Lv. 13:45-46), pidieron auxilio y el Señor les mandó que fueran a mostrarse al sacerdote (Lv. 13:49; 14:1-3). Cuando obedecieron a este mandato, en el camino fueron sanados (Lc. 17:14). De los diez que fueron sanados, sólo uno, el cual era samaritano (vv. 17-18), regresó para dar gracias al Señor. Lo mismo sucede hoy en día, que sólo unos pocos van al Señor a darle gracias por Sus ricas bendiciones.

8. La venida del reino

Lucas 17:20-37

En otra ocasión, un fariseo le preguntó al Señor acerca del reino de Dios (17:20-27). En esta porción el Señor enseñó que hay dos errores que deben evitarse:

- la propensión a pensar que señales de toda índole son necesarias y precederán a la venida del reino, puesto que éste vendrá sin advertencia (vv. 20-23);
- la idea prevaleciente de que la venida del Rey y el establecimiento del reino serán secretos (vv. 24-25).

El Señor usa dos ilustraciones del Antiguo Testamento y dice que las condiciones que prevalecerán en aquel día serán descuido e indiferencia en cuanto a lo espiritual, y un énfasis netamente carnal y mundano (vv. 26-32). También recalcó la necesidad de velar, ya que nadie sabe la hora en que Él ha de venir (vv. 33-37).

9. Dos parábolas en cuanto a la oración

Lucas 18:1-14

La primera es la del juez injusto (vv. 1-8), y enseña la necesidad de perseverar hasta el punto de aparentemente ser inoportunos en la oración. La segunda (vv. 9-14), que es la del fariseo y el publicano, habla de la necesidad de ser humilde y sincero cuando se ora.

El que ora de esta manera, hallará respuesta a sus oraciones.

10. Cristo y el divorcio

Mateo 19:1-12; Marcos 10:1-17

Desde Galilea, el Señor cruzó el Jordán y se dirigió nuevamente a Perea. Allí vinieron preguntándole en cuanto a la cuestión del divorcio (Mt. 19:1-12; Mr. 10:1-12). Ellos preguntaron para tentarle: "¿Es lícito al hombre repudiar a su mujer por cualquier razón?" Jesús, respondiendo, les enseñó que el matrimonio es una institución divinamente ordenada, santa e indisoluble, e hizo referencia a lo que Moisés escribió en el Pentateuco, especialmente lo escrito en el libro de Génesis. Con su usual mala intención, los fariseos pasaron por alto la respuesta del Señor y citaron Deuteronomio 24:1 como si ésta fuera una ordenanza divina, pero Cristo aclaró que, por la dureza del corazón de ellos, Moisés había permitido aquello. De modo que podemos decir que:

- el propósito y el mandamiento divino es que los casados permanezcan casados;

- por la perversidad humana, en ciertos casos es permitido el divorcio.

Estas enseñanzas de Cristo tenían un nivel mucho más alto que las ideas de los judíos, quienes por cualquier pretexto solían repudiar a sus mujeres. Luego, el Señor añade un comentario en cuanto a que en algunos casos, por causa del reino de Dios, algunos permanecerán solteros.

11. Cristo y los niños

Mateo 19:13-15; Marcos 10:13-16; Lucas 18:15-17

Haciendo un enorme contraste con estas discusiones, tenemos luego una hermosa escena en la que vemos a Cristo recibiendo a los niños. En un comienzo, los discípulos no quisieron que nadie molestase al Señor, pero Él llamó la atención a Sus discípulos diciendo: "Dejad a los niños venid a mí y no se lo impidáis...." Además, aprovechó la oportunidad para enseñar acerca de la necesidad absoluta de tener una actitud de un niño para poder entrar en el reino, esto es, un espíritu de sencillez, humildad y fe.

12. Cristo y las riquezas

Mateo 19:16—20:16; Marcos 10:17-31; Lucas 18:18-30

Aquí el Señor procedió a dar instrucciones sobre el uso de las riquezas. La circunstancia fue que un joven sumamente rico, principal en la sinagoga local, apresuradamente corrió y se puso de rodillas ante el Señor en señal de reverencia y adoración. Su salutación fue respetuosa pero no demostró un reconocimiento de la divinidad del Señor Jesucristo, ni tampoco del carácter e integridad del Maestro divino. El uso de la palabra "bueno" le atribuía al Señor nada más que una relativa moralidad como a cualquier otro. Cristo inmediatamente hizo la diferenciación entre "el bien" humano que es relativo, y el divino que es absoluto. El joven, en toda su conversación, demostró una superficialidad que contrasta desfavorablemente con la profundidad de las declaraciones de Cristo.

Parecería que era sincero en su deseo, pero no tenía mucha idea de lo que decía. Cuando oyó la condición expuesta para alcanzar la vida eterna, se alegró bastante, pero si sólo eso tenía que hacer, ya lo había hecho. Es interesante notar que Cristo sólo hizo referencia a la segunda parte del decálogo; es decir, a lo que se refiere a las obligaciones de los hombres para con su prójimo y nada dijo de la parte más sublime y que, por ende, es la más difícil de cumplir: de los deberes de los hombres para con Dios. Luego Cristo, amándole, le dijo lo que sería más difícil para el joven, esto es, que se despojase de todas sus riquezas. El joven, al oír esto, se alejó con tristeza.

Este acontecimiento sirvió para enseñar la lección de que los que confían en las riquezas difícilmente entrarán en el reino de Dios. Es necesario no poner el corazón en las cosas materiales para obtener la salvación eterna. Los discípulos no entendieron las palabras de Cristo, pero Él luego les dijo que todo sacrifico hecho para el Señor será galardonado, ya que Dios no es deudor de nadie.

Finalmente, encontramos las siguientes palabras de Cristo que otorgan fe y confianza a todo oyente: "Para los hombres esto es imposible; mas para Dios, todo es posible" (Mt. 19:26).

No cabe la menor duda de que la porción que sigue (Mt. 20:1-16) fue pronunciada al mismo tiempo que el mensaje anterior, pues los dos terminan casi con las mismas palabras: "Muchos primeros serán postreros, y postreros, primeros" (Mt. 19:30 y 20:16). La enseñanza de esta parábola es que el galardón que cada uno recibe será otorgado no según el parecer de los hombres, sino de acuerdo al dictamen de la soberanía divina y que, por supuesto, será en forma justa y equitativa.

13. Cristo y la ambición personal

Mateo 20:17-28; Marcos 10:32-45; Lucas 18:31-34

Estando aún en Perea, Cristo por tercera vez anunció clara y decididamente que iba a morir en Jerusalén (Mr. 10:33-34; Mt. 20:17-19). Las dos ocasiones anteriores fueron antes y después de la transfiguración (Mt. 16:21; 17:22). Al ver el rostro resuelto de Cristo que con paso firme iba por el camino, todos se llenaron de miedo (Mr. 10:32). Así que, el Señor les llevó aparte a los Doce y les dijo detalladamente lo que iba a suceder cuando llegasen a Jerusalén. Es sumamente interesante notar todo lo que Él dijo, puesto que se cumplió al pie de la letra.

Poco después de esto, la mujer de Zebedeo junto con sus dos hijos, Jacobo y Juan, se acercaron para hablar con el Señor (Mt. 20:20-28; Mr. 10:35-45). Mateo dice que fue la madre la que hizo la petición y Marcos, que fueron los hijos. No hay discrepancia aquí, sino que en realidad vinieron los tres, y es más que seguro que la madre fue la que tomó la palabra. Ellos, pasando por alto las declaraciones que recién había hecho Cristo en cuanto a Su muerte, y pensando sólo en el reino que según ellos, Él pronto iba a establecer, pidieron el derecho y el privilegio de sentarse cada uno al lado del Señor. La contestación del Señor fue categórica. A Él no le incumbe conferir ese honor, sino al Padre, y Él ya ha hecho estos arreglos de antemano (Mt. 25:34). Enseguida vemos que, sin saber lo que decían, declararon que podían beber de la misma copa y ser bautizados con el mismo bautismo que el del Señor. El hecho es que Jacobo, no mucho tiempo después, murió siendo el primer mártir de entre los apóstoles (Hch. 12:2), y Juan fue desterrado teniendo que sufrir también grandes tribulaciones (Ap. 1:9). Cuando los otros discípulos oyeron acerca de esta petición se indignaron, y el Señor aprovechó esto para enseñarles acerca de la necesidad de ser siervos, sabiendo ministrar a las necesidades de los demás, por cuanto Él mismo había venido no para ser servido sino para servir y dar Su vida en rescate por los pecadores (Mr. 10:45).

14. El ciego Bartimeo

Mateo 20:29-34; Marcos 10:46-52; Lucas 18:35-43

A continuación tenemos la sanidad del ciego Bartimeo y de su compañero. La circunstancia era que estos ciegos comenzaron a dar voces tras el Señor de modo que esto molestaba al gentío que iba tras Él. Pero ellos seguían clamando "Señor, Hijo de David...." El título que ellos usaron deja ver que ellos reconocieron el linaje del Señor y creían que realmente Él era el Mesías. Dónde aprendieron a usar este nombre, y de dónde supieron de Su gran poder, no lo sabemos, pero seguramente otros les habían contado de las grandes maravillas que el Señor había ejecutado. Inmediatamente después de ser sanados, se unieron a la compañía y le siguieron alabando, glorificando a Dios de tal modo que la gente también empezó a hacerlo (Lc. 18:43).

15. Zaqueo, el publicano

Lucas 19:1-10

Para terminar esta lección, tenemos la hermosa historia de la visita de Jesucristo a la casa de Zaqueo. Zaqueo era un principal de los publicanos, o recaudadores de impuestos. Los publicanos tenían fama de ser usureros y abusivos, característica que también se le atribuía a Zaqueo. En una ocasión, cuando el Señor pasaba por el camino, tuvo un vivo deseo de ver a Cristo, de modo que decidió subirse a un árbol para lograr su objetivo. Cuando Cristo le vio, le dijo que bajara de allí, porque quería comer en su casa. El cambio operado en Zaqueo fue rápido y radical, de modo que cambió completamente su actitud. Su testimonio fue elocuente, y mostró evidencia de humildad y sinceridad. Conforme a los dictámenes de la ley (Éx. 22:1 y Nm. 5:6-7), devolvió aquello en lo que había defraudado multiplicado por cuatro.

Como siempre, hubo los que criticaban a Jesús porque Él andaba con los publicanos y pecadores. El Señor tuvo que aclarar nuevamente Su misión, diciendo: "Porque el Hijo del Hombre vino a buscar y a salvar lo que se había perdido" (Lc. 19:10).

16. Las diez minas

Lucas 19:10-28

Concluimos esta sección con la parábola de las diez minas, que es muy parecida a la de los talentos (Mt. 25:14-30). Cuando los discípulos escucharon cuál era el propósito del Hijo del Hombre al venir a este mundo (Lc. 19:10), se creó una nueva expectativa de que Cristo establecería inmediatamente Su reino. Para contrarrestar esta idea, el Señor les narró esta parábola, la cual fue bien entendida por las personas de aquella época, puesto que era la costumbre que los gobernadores de las provincias tenían que ir a Roma para que su posición oficial fuera ratificada. Muchas veces los ciudadanos mandaban una embajada para procurar nombrar a otro gobernador. Y no era raro que si el postulante obtenía el nombramiento, regresaba y ponía a sus amigos y a aquellos que le habían sido fieles como gobernantes en algunas ciudades de su señorío. De modo que, el Señor usó esta figura para enseñar que Él iba a volver posteriormente del cielo, coronado como rey, para hacer justicia con todos.

Además, enseñó que al irse, nosotros tendríamos una obra para hacer, y Él espera que lo hagamos con ahinco y devoción. No debemos esperar Su venida con los brazos cruzados, sino que debemos trabajar arduamente para Él. Cuando Él venga, dará a cada uno conforme a su obra, según lo que haya hecho con los talentos que recibió. Este, por cierto, es un llamado a cada uno para que seamos fieles administradores de Sus dones, para la honra y gloria de Su nombre.

Repaso de la lección

1. ¿Cuáles son las tres parábolas que el Señor pronunció en casa de un fariseo?
2. Cite las tres características de un verdadero discípulo de Cristo.
3. ¿Cuáles son las parábolas que se encuentran en Lucas 15 y qué nos enseñan?
4. Indique las tres parábolas que hablan sobre la mayordomía.
5. ¿Cuáles son los errores que deben evitarse en cuanto a la venida del reino?
6. ¿Cuál es la enseñanza del Señor Jesucristo en cuanto al divorcio?
7. ¿Qué enseñó el Señor a través de la parábola de las diez minas?

Lección 16

El ministerio en Jerusalén

Material para estudiar: *Mateo 21:1—23:39; Marcos 11:1—12:44; Lucas 19:29—21:38; Juan 11:55—12:50*

Bosquejo

1. Cristo en Betania, en camino hacia Jerusalén
   Juan 11:55-12:11; Marcos 14:3-9; Mateo 26:6-13
2. La entrada triunfal
   Mateo 21:1-11, 14-17; Marcos 11:1-11; Lucas 19:29-44; Juan 12:12-19
3. La higuera seca y la segunda purificación del Templo
   Mateo 21:12-13; 18-22; Marcos 11:12-26; Lucas 19:45-48
4. La visita de los griegos
   Juan 12:20-50
5. Cristo frente al sanedrín
   Mateo 21:23—22:14; Marcos 11:27—12:12; Lucas 20:1-19
6. La pregunta en cuanto al tributo
   Mateo 22:15-22; Marcos 12:13-17; Lucas 20:20-26
7. Los saduceos y la resurrección
   Mateo 22:23-33; Marcos 12:18-27; Lucas 20:27-40
8. ¿Cual es el gran mandamiento?
   Mateo 22:34-40; Marcos 12:28-34
9. Cristo el Hijo de David
   Mateo 22:41-46; Marcos 12:35-37; Lucas 20:41-44
10. Cristo denuncia a los fariseos
    Mateo 23:1-39; Marcos 12:38-40; Lucas 20:45-47
11. Cristo observa las ofrendas
    Marcos 12:41-44; Lucas 21:1-4

Lección 16

El ministerio en Jerusalén

En esta lección vamos a estudiar algunos de los acontecimientos que sucedieron en los últimos tiempos de la vida del Señor, especialmente aquellos mensajes que dio públicamente, puesto que después sólo dio instrucciones privadas a sus discípulos.

1. Cristo en Betania en camino hacia Jerusalén

Juan 11:55—12:11; Marcos 14:3-9; Mateo 26:6-13

El tiempo había llegado para que el Señor se dirigiera a Jerusalén para ser entregado a la muerte. Este era el tiempo apropiado por cuanto se celebraba la Pascua, y multitudes acostumbraban subir a Jerusalén para adorar en la fiesta.

Seis días antes de la Pascua (Jn. 12:1), es decir, el Viernes antes de la Semana Santa, el Señor llegó a Betania, que era Su acostumbrado lugar de solaz y donde había resucitado a Lázaro. Allí le ofrecieron un gran banquete en casa de Simón el leproso (Mr. 14:3), quien probablemente había sido sanado por Jesús. Mientras Jesús estaba sentado allí a la mesa con Lázaro y los demás convidados, María entró para ungir los pies del Señor. Aquí debemos aclarar que este hecho es completamente distinto al que había tenido lugar en Galilea, un año atrás (Lc. 7:36-50). Es verdad que hay algunos puntos en los que se asemejan, pero en otros hay bastante diferencia. En ambos, el nombre del dueño de casa era Simón, y en ambas ocasiones fue una mujer la que ungió los pies del Salvador. Pero ahí terminan las similitudes, pues en Galilea Simón menospreció a la mujer, mientras que en Betania, ésta era amiga íntima de la familia. En Galilea, la mujer era "una pecadora de la ciudad", pero aquí se trata de una mujer devota y pía que había llegado para escuchar a Cristo (Lc. 10:39).

Otra cosa que cabe señalar en este acontecimiento es la actitud y tendencia diferente que había entre María y Judas. Ella con alegría dio todo lo que tenía para ungir al Señor, mientras que Judas se quejó, no porque se le ungía al Señor ni porque pensaba en los pobres, sino porque veía perderse una oportunidad para enriquecerse a costa de sus compañeros. Parecería que esta misma actitud se observa en el mundo el día de hoy.

También sobresalen en esta sección las palabras de Juan 12:11: "porque a causa de él (Lázaro) muchos de los judíos se apartaban y creían en Jesús". No cabe la menor duda de que Cristo quiere que el cambio que se ha operado en nuestro ser por la gracia de Dios, redunde para la honra y gloria del Señor y para la salvación eterna de los incrédulos, aspecto que también vemos en el Sermón del Monte. En Mateo 5:6 dice: "Así alumbre vuestra luz delante de los hombres, para que vean vuestras buenas obras y glorifiquen a vuestro Padre que está en los cielos".

2. La entrada triunfal

Mateo 21:1-11, 14, 17; Marcos 11:1-11, Lucas 19:29-44;
Juan 12:12-19

Desde Betania, el Señor se dirige a Jerusalén, y entra a la ciudad en medio de aclamaciones y hosanas de bienvenida.

Este suceso no tuvo lugar porque el Señor quería sentirse importante entre el pueblo o que le aclamaran y coronaran Rey, ni tampoco porque quería congraciarse con sus discípulos quienes quizá deseaban que su Maestro inmediatamente estableciera Su reino (Lc. 19:11; Hch. 1:6); sino porque era necesario que se cumplieran las profecías del profeta Zacarías (Mt. 21:4), y también porque Cristo era en realidad Rey y era Su prerrogativa real aceptar dichas aclamaciones.

Ahora bien, describiremos un poco los antecedentes y las circunstancias de esta entrada triunfal. El Señor había enviado a dos de los apóstoles, posiblemente a Pedro y Juan (Lc. 22:8) a la población de Betfagué (Mr. 11:1), para traer de allí un pollino sobre el cual nadie jamás había montado (Lc. 19:30). Aquí vemos cómo el Señor que es dueño de todo, podía hacer uso de lo que necesitaba.

El Señor entró a la ciudad sentado sobre el pollino, en medio de aclamaciones y hosanas. Es interesante notar que las palabras usadas en esta aclamación se encuentran en el Salmo 118, y forman parte del cántico que se entonaba en las fiestas solemnes de los judíos, cuando el pueblo salía a dar la bienvenida a los peregrinos que subían a Jerusalén. La palabra "Hosana" quiere decir: "Oh, Jehová, salva ahora" (Sal. 118:25). Además, queremos decir que el hecho de que Él haya entrado montado sobre un pollino en vez de montar sobre un caballo, significa paz según la costumbre oriental, puesto que sólo los embajadores de paz hacían su entrada de esta manera (Is. 9:6; Zac. 9:6).

Al ver esta gran bienvenida que dieron al Señor, los fariseos, enemigos implacables de Jesús, muy enojados dijeron: "He aquí el mundo se va tras El" (Jn. 12:19), e insistieron para que reprendiera a los entusiasmados ciudadanos. Pero Cristo contestó diciendo lo que encontramos en Lucas 19:40.

Otro hecho importante fue cuando, yendo por el camino, llegaron al Monte de los Olivos desde donde se podía ver toda la ciudad de Jerusalén y el Señor Jesucristo, llorando a voz en cuello (pues así lo denota la palabra original), expresó su gran tristeza diciendo: "... no conociste el tiempo de tu visitación" Lc. 19:41-44). Pocos años después, la profecía de Cristo se cumplió al pie de la letra, con la destrucción de la ciudad de Jerusalén en manos de los romanos, bajo el mando de Tito en el año 70 D.C.

Una vez que el Señor hubo entrado en la ciudad se dirigió al Templo, y toda la ciudad estaba atónita al ver el espectáculo. En el Templo los niños alzaban la voz para aclamarle, y cuando las autoridades eclesiásticas le reprendieron, Cristo citó el Salmo 8:2, defendiendo la actitud encomiable de los niños (Mt. 21:15-16).

Después de esto, Cristo y los suyos volvieron a Betania, llegando probablemente a la casa de Lázaro.

3. La higuera seca y la segunda visitación al templo

Mateo 21:12-13; 18-22; Marcos 11:12-26; Lucas 19:45-48

Después de haber pasado la noche en Betania, el lunes muy de mañana salieron de nuevo rumbo a Jerusalén. En el camino, Jesús tuvo hambre y se acercó a una higuera para comer del fruto de ella. Pero al ver que no tenía fruto, maldijo a la higuera de manera que ésta se secó. No es que hizo esto en un arrebato de ira, sino que quiso aprovechar la oportunidad para enseñarles a Sus discípulos una lección muy importante, de la cual nosotros también podemos aprender.

Figurativamente, podemos decir que la higuera era una hipócrita, pues parecía que tenía fruto, cuando en realidad era estéril; por consiguiente, no merecía seguir en la tierra (Lc. 13:6-9). El castigo que recibió sirve como solemne amonestación para todos, tanto para la nación judía como para cada persona. La lección es que debemos ser sinceros y no hipócritas.

Después de este incidente, Cristo fue y entró en el Templo de Jerusalén y se repitió la escena que antes consideramos en la Lección 6. No cabe la menor duda de que Cristo limpió en dos ocasiones el Templo, y esto lo podemos ver si comparamos las dos porciones, ésta y la que encontramos en Juan 2:13-23.

Después de este acontecimiento en el Templo, el Señor volvió otra vez a Betania. Al día siguiente, martes, cuando regresaban a Jerusalén, los discípulos se sorprendieron al ver a la higuera completamente seca. El Señor aprovechó esta oportunidad para enseñarles que la fe puede hacer mayores milagros que éste.

4. La visita de los griegos

Juan 12:20-50

Después vemos, según nos narra Juan, que unos griegos vinieron a conocer al Señor Jesucristo. Parece que ellos eran prosélitos judíos, es decir, gentiles que se habían sometido a los ritos ceremoniales de los judíos, razón por la cual habían venido para estar presentes en la fiesta judía.

Ellos le pidieron a Felipe, quien tenía nombre griego, que les pusiera en contacto con Jesús. Al oír esto, el Señor alzó su voz y dio un discurso sumamente emocionante y lleno de gran significado. Alguien ha llamado a esta escena "el pequeño Getsemaní".

Parece que la petición de los griegos hizo resaltar en la mente de Cristo el hecho de que Su hora ya había llegado (Jn. 12:23). Él había venido para salvar a todos cuantos creyeran en Él, pero para estos griegos que estaban "alejados de la nación de Israel y eran extranjeros a los pactos de la promesa, sin esperanza y sin Dios en el mundo" (Ef. 2:12), era imprescindible que el Hijo del Hombre muriera, vertiendo Su sangre preciosa, porque sólo así los que estaban alejados podían ser "hechos cercanos por la sangre de Cristo" (Ef. 2:13). De modo que el deseo de los griegos hizo evidente la necesidad absoluta de que el grano de trigo caiga en tierra y muera (Jn. 12:24).

Frente a esto, Cristo se retrajo momentáneamente, queriendo librarse de esa hora negra y cruel, pero inmediatamente recordó que Él había venido precisamente para dar Su vida en rescate por muchos. Enseguida vino una voz del cielo que decía que en Él, el nombre de Dios sería glorificado (Jn. 12:28). Cuando la gente murmuró, Cristo les contestó diciendo que en la cruz Él sería glorificado, y aunque ellos todavía no lo entendían, Él les dijo que había venido para ser la Luz en medio de un mundo de tinieblas y oscuridad (Jn. 12:30-36).

Posteriormente, Cristo habló acerca de lo que es creer y de la incredulidad. Según el versículo 37, la incredulidad no es lógica. Cierto es que fue profetizada y que es resultado de tener los ojos cegados (vv. 38-40), pero con todo, siempre han habido los que creen y los que creerán (v. 40). Finalmente, Cristo apeló a que crean en el que le había enviado, haciendo resaltar el hecho de que el que no cree será condenado por la misma palabra que ha escuchado (v. 48).

5. Cristo frente al sanedrín

Mateo 21:23—22:14; Marcos 11:27—12:12; Lucas 20:1-19

Habiendo llegado a Jerusalén después de haberles enseñado a Sus discípulos en el camino desde Betania (vea sección 3), el Señor Jesucristo entró al Templo para enseñar. La costumbre de los maestros o rabíes era caminar en los pórticos del Templo enseñando a sus discípulos, y Cristo siguió también esta costumbre. Enseguida vinieron los del sanedrín para interrogarle, pues era su función indagar acerca de cualquiera que se proponía enseñar con autoridad en el Templo.

No hay pensar que Cristo trató de esquivar la interpelación cuando Él también les hizo una pregunta, la cual era una contestación clara y adecuada, puesto que Juan era el que había testificado en cuanto a la autoridad de Cristo (Jn. 1:32-34). Como ellos se dieron cuenta de que su astucia y maldad había sido descubierta, no quisieron contestarle, de manera que tampoco Cristo les contestó (Mt. 21:27), y más bien contó tres parábolas:

- la parábola de los dos hijos (Mt. 21:28-32);
- la parábola de los labradores malvados (Mt. 21:33-46; Mr. 12:1-12; Lc. 20:9-19); y
- la parábola de las bodas del rey (Mt. 22:1-14).

No es difícil entender la interpretación de todas estas parábolas. En forma general diremos que Cristo estaba hablando de los privilegios que se les había dado a los judíos pero que ellos no quisieron aceptar, por lo que dichos privilegios e invitación se hizo extensible a otros, los cuales sí hicieron caso y por ende, participaron de los beneficios del reino. La interpretación de la parte de la parábola que habla del vestido de boda puede entenderse mejor si tenemos en cuenta que aquel hombre entró a las bodas por pura gracia, pero que sin embargo, era necesario que se ciñese a los reglamentos establecidos (vea Tito 3:4-8).

6. La pregunta en cuanto al tributo

Mateo 20:15-22; Marcos 12:13-17; Lucas 20:20-26

Después de esto, Cristo siguió enseñando en el Templo. Durante el día vinieron varias delegaciones con preguntas pre-establecidas, para hacerle caer en algún error o contradicción. La primera fue hecha por los fariseos y los herodianos. Es interesante notar que estos dos grupos, que tradicionalmente habían sido enemigos políticos, en esta ocasión se unieron para hacer frente al Mesías.

La pregunta era una que se discutía en los círculos políticos y teológicos, y que ponía a Cristo frente al dilema de distanciarse con el pueblo, o ser desleal al gobierno. Cristo, al identificar esta mala intensión, no contestó ni sí ni no. Más bien, abarcó todo el problema, lo cual nos enseña también a nosotros cómo actuar en el mundo el día de hoy.

Posteriormente el apóstol Pablo, en Romanos 13:1-8, y el apóstol Pedro en 1 Pedro 2:13-17, también nos dan en forma clara y sucinta la misma regla de fe y práctica.

7. Los saduceos y la resurrección

Mateo 22:23-33; Marcos 12:18-27; Lucas 20:27-40

En nuestra Lección 6, sección C, vemos algo en cuanto a los saduceos quienes no creían en la resurrección (Hch. 23:8). Estos vinieron al Señor con una pregunta a través de la cual deseaban desacreditarle. Hicieron referencia a Deuteronomio 25:5-10 y citaron el caso de una mujer que se había casado con siete hermanos, y luego con una sonrisa de victoria preguntaron suavemente: "En la resurrección, pues, ¿de cuál de los siete será ella esposa?, porque todos la tuvieron" (Mt. 22:28). La contestación del Señor fue clara y terminante al decir: "Erráis, ignorando las Escrituras y el poder de Dios" (Mt. 22:29). La resurrección depende absolutamente del poder de Dios, y el conocimiento de la resurrección viene a través de las Sagradas Escrituras. Luego, el Señor habla del nuevo estado en que vivirán los que han resucitado, citando como prueba el hecho de que Dios es el Dios de vivos y no de muertos (v. 32). Al oír esto, todos permanecieron atónitos por Sus palabras y Su doctrina (v. 33).

8. ¿Cuál es el gran mandamiento?

Mateo 22:24-40; Marcos 12:28-34

Posteriormente, vemos que los fariseos le formularon una tercera pregunta. Ellos habían visto con suma satisfacción que los saduceos habían sido derrotados con las palabras de Jesús, así que aprovecharon la oportunidad para mostrar su superioridad y para establecerse más bien con el favor del pueblo. Por lo tanto, enviaron a uno de los suyos que era intérprete de la ley (Mt. 22:35) para probar y tentar al Señor.

El Señor Jesucristo contestó citando a Moisés, diciendo que es necesario amar a Dios con todo el ser (Mt. 22:37; Dt. 6:4-5). Luego usando otro libro de Moisés, citó el segundo mandamiento: "Amarás a tu prójimo como a tí mismo" (Mr. 12:31; Lv. 19:18). Si reflexionamos un momento, nos damos cuenta de que ciertamente de estos dos mandamientos depende toda la ley y los profetas (Mt. 22:40), por cuanto la ley, el Decálogo (Éx. 20:1-17), consiste tanto en nuestros deberes para con Dios (vv. 2-11), como en nuestros deberes para con nuestros semejantes (vv. 12-17).

Después de todas estas respuestas que dio Cristo, ya ninguno osaba preguntarle nada.

9. Cristo, el hijo de David

Mateo 22:41-46; Marcos 12:35-37; Lucas 20:41-44

Ahora vemos que es Cristo el que hace una pregunta a Sus perseguidores, diciendo: "¿Qué pensáis del Cristo? ¿De quién es hijo?" (Mt. 22:42).

Según la opinión judía sólo había una contestación (cp. 9:27; 12:23; 15:22; Jn. 7:41-42) y ésta era, según la enseñanza de los escribas, que el Mesías tenía que ser hijo de David (Mr. 12:35). Pero también era necesario saber si ellos creían que el Mesías tenía que ser más que un simple humano, según el Salmo 110:1 que dice: "Jehová dijo a mi Señor: Siéntate a mi diestra, hasta que ponga a tus enemigos por estrado de tus pies", demostrando así la perfecta divinidad del Mesías. Vemos que ante esto, los fariseos no pudieron contestar, ni tampoco se atrevieron a meterse más en controversias con Él. Sin embargo, se aprecia que la gente común le oía de buena gana (Mr. 12:37).

10. Cristo denuncia a los fariseos

Mateo 23:1-39; Marcos 12:38-40; Lucas 20:45-47

Ahora llegamos al último mensaje pronunciado por el Señor Jesucristo en público. Habiendo derrotado decisivamente a todos cuantos se habían atrevido a tentarle, Cristo procedió a hablar las palabras más severas e incisivas que jamás pronunció durante todo Su ministerio. Algunos, al leer estas palabras han criticado la actitud del Señor Jesucristo, diciendo que Él se dejó guiar por la ira en forma demasiado violenta. Pero cuando uno piensa en la terrible hipocresía de aquellos religiosos, y cuando se considera la magnitud de sus pecados, no hay más que reconocer que la condenación era lo que ellos merecían.

El Señor comenzó Su discurso amonestando a los presentes a no seguir el ejemplo de aquellos maestros de la ley, porque "dicen y no hacen" (Mt. 23:3), amonestación ante la cual todos debemos prestar atención aun en el día de hoy.

El hecho es que lo que hacían los fariseos y escribas no lo hacían de todo corazón, ni con sinceridad, sino sólo para ser vistos de los hombres, y esto se evidenciaba en que:

a. Ensanchaban sus filacterias. Estas eran unas cajitas de cuero que se ataban en la frente y el brazo izquierdo, según la enseñanza de Éxodo 13:16 y Deuteronomio 6:8 y 11:18. Ellos copiaban las porciones bíblicas de Éxodo 13:2-13, 11:17 y Deuteronomio 6:4-6; 11:13-22 en un pergamino fino, encerrándolos luego en unas cajitas de cuero de animales limpios para ponerlos en sus frentes y brazos izquierdos. Pero estos fariseos, para aparentar mayor piedad, hicieron más grandes estas cajas a fin de que todos pudieran verlas.

b. Extendían más los flecos de sus mantos. Según el mandamiento de Dios dado a Moisés, los israelitas debían tener franjas en sus vestidos, que servían para recordarles los mandamientos de Dios (Nm. 15:37-41).

c. Amaban los primeros asientos, los puestos de honor tanto en la vida social como en la vida religiosa;

d. Y amaban las salutaciones de la gente en la plaza y la veneración por parte de los demás. Los discípulos de Cristo tenían que huir de éstas actitudes fariseicas. Aquí cabe señalar la amonestación del versículo 9: "Y no llaméis padre a nadie en la tierra". La humildad y la sinceridad deben ser los rasgos característicos de un verdadero cristiano; por lo tanto, el título de "Santo Padre" que se le da al Papa va directamente en contra del mandato de Jesucristo.

A continuación, en los versículos 13 al 33, el Señor pronuncia ocho denuncias a manera de "ayes", que comunica un tonó de severa falta de aprobación: "¡Ay de vosotros, escribas y fariseos, hipócritas":

(1) porque cierran el reino de los cielos a los hombres, no entrando ni dejando entrar (v. 13);
(2) porque simulan la piedad para cubrir sus hechos nefados (v. 14);
(3) porque hacen prosélitos que siguen en sus pasos (v. 15);
(4) porque se burlan de lo sagrado (vv. 16-22);
(5) porque pasan por alto lo importante de la ley para cumplir con los detalles (vv. 23-24);
(6) porque se jactan de cumplir la ley por fuera, pero no de la limpieza de corazón (vv. 25-26);
(7) porque son sepulcros blanqueados (vv. 27-28);
(8) porque condenan a sus antepasados y cometen los mismos delitos (vv. 29-32).

Luego, contestando su propia pregunta: "¿Cómo escaparéis de la condenación del infierno?", Cristo da un resumen de la triste historia del rechazo que ellos tuvieron hacia los intentos y propósitos divinos, mediante todas las ofertas de Dios. El Señor concluye todo con las tiernas palabras: "¡Jerusalén, Jerusalén, que matas a los profetas y apedreas a los que te son enviados! ¡Cuantas veces quise juntar a tus hijos, como la gallina junta sus polluelos debajo de las alas, y no quisiste! He aquí, vuestra casa es dejada desierta" (vv. 37-39).

¡Cuán patéticas, sorprendentes y terribles palabras de Jesús! Pocos años después se cumplieron estas palabras con la destrucción de Jerusalén. ¡Que el Señor nos ayude a aprender esta lección tan importante que quiso que los fariseos aprendieran!

11. Cristo observa las ofrendas

Marcos 12:41-43; Lucas 21:1-4

Después de todas estas palabras de reprensión, los fariseos y escribas se retiraron furibundos, respirando aun amenazas y muerte contra el Señor. Aun sus discípulos se apartaron de Él, de modo que Él quedó solo, sentado cerca del arca de la ofrenda. Este fue su último acto público antes de ser prendido, juzgado y crucificado. Mientras Él miraba cómo muchos ponían su ofrenda en el arca, incluyendo muchos ricos que ponían bastante, vino una pobre mujer viuda y echó un poco, que en realidad era todo lo que tenía. Inmediatamente el Señor se puso en pie y declaró que ella echó más que todos los otros. Vemos entonces, que el Señor no mira cuánto ponemos en la ofrenda, sino cómo lo hacemos y cuánto nos queda. No nos olvidemos por tanto, de las palabras del apóstol Pablo: "Cada uno dé como propuso en su corazón, no con tristeza, o por necesidad, porque Dios ama al dador alegre" (2 Co. 9:7).

Repaso de la lección

1. ¿Qué significa la palabra Hosana? ¿Por qué escogió el Señor entrar a Jerusalén sentado sobre un asno?
2. ¿Por qué se angustió tanto el Señor Jesucristo cuando oyó que ciertos griegos le buscaban?
3. ¿Cuál fue la pregunta que le hicieron los herodianos, y cómo les contestó el Señor?
4. ¿Cuál fue la pregunta que le hicieron los saduceos, y cómo les contestó el Señor?
5. ¿Cuál fue la pregunta que le hicieron los fariseos, y cómo les contestó el Señor?
6. ¿De qué les acusó Cristo a los fariseos? ¿Cuál era su mayor pecado?

Lección 17

Cristo y la profecía

Material para estudiar: *Mateo 24:1—25:46; Marcos 13:1-37; Lucas 21:5-36*

Bosquejo

I. ¿Qué es un profeta y qué es una profecía?

II. Los resultados de la profecía

III. Cristo, como el cumplimiento de la profecía

IV. Cristo, el supremo profeta

V. Mensaje en el Monte de los Olivos

Lección 17
Cristo y la profecía

Ningún estudio de la incomparable vida del Señor Jesucristo estaría completo sin un análisis del tema: Cristo y la profecía. Este es un estudio que a la vez que es sumamente interesante es también muy difícil de tratar, porque precisamente aquello que enciende el interés es lo que crea las dificultades. Su interés radica en que es el estudio del cumplimiento de lo que ha sido profetizado tiempo atrás, y a la vez, tiene que ver también con lo que está por cumplirse en el futuro.

En este estudio no pretendemos hacer un análisis detenido del tema, sino uno en forma general.

I. ¿QUÉ ES UN PROFETA Y QUÉ ES UNA PROFECÍA?

Empecemos definiendo lo que es un profeta. En el sentido popular, diremos que es una persona que tiene la capacidad de predecir lo que va a acontecer en el futuro. El diccionario define la palabra así: "El que predice las cosas por inspiración divina. El que anuncia un acontecimiento futuro". De ahí que generalmente se piensa que el profeta sólo tiene que ver con lo relacionado al futuro.

Sin embargo, en el sentido bíblico, la palabra tiene una acepción mucho más amplia, en donde la idea de predecir tiene un papel secundario. Un profeta, en el sentido bíblico, es una persona en cuyo corazón y boca Dios ha puesto Sus palabras, a fin de que él comunique esto a los hombres. Por ejemplo, Eliseo, que es considerado como uno de los grandes profetas del Antiguo Testamento, en los primeros capítulos del segundo libro de los Reyes, se ocupó mayormente en hablar del presente y anunciar el mensaje divino sin preocuparse con el asunto del porvenir. De igual manera, podemos citar a Aarón, hermano de Moisés (Éx. 4:16, 7:1).

En este sentido, Cristo es el profeta por excelencia, el máximo profeta, pues Él es la revelación de Dios encarnada; o como lo dice el apóstol Juan, es el Logos de Dios (Jn. 1:1). Por otro lado, el Señor Jesucristo es también el profeta incomparable, porque una gran parte de sus mensajes tienen un sentido apocalíptico, siendo su tema principal aquello que está por suceder, aun en los tiempos del fin.

En cuanto a la palabra profecía, podemos decir que por lo general el sentido bíblico corresponde a la acepción popular, es decir, que es una predicción inspirada por Dios y que corresponde a un tiempo futuro. Es necesario tener presente, sin embargo, que una profecía es más que una simple adivinación. Según se entiende, adivinar es nada más descubrir, por simples conjeturas o sin fundamento lógico, alguna cosa oculta o ignorada, o predecir el futuro o descubrir las cosas ocultas por medio de agüeros o sortilegios. Así que, afirmamos que una profecía es mucho más que esto. Se puede observar en el capítulo 2 de la profecía de Daniel la diferencia entre los adivinos caldeos y el profeta Daniel, así como en el capítulo 22 de 2 Reyes leemos de la diferencia que existió entre los profetas del rey Acab y el profeta de Dios.

Una profecía es también más que una simple predicción, ya que es una declaración de hechos o sucesos futuros como resultado de las observaciones a través del entendimiento humano. Por ejemplo, un astrónomo puede predecir el momento preciso en el que un cometa podrá ser visto por los hombres. Su predicción está fundamentada en estudios comprobados a través de muchos siglos.

Las características de una profecía son las siguientes:

- Es una predicción del futuro que no puede ser hecha por imaginación ni por la sabiduría humana, ni por la adivinación, ni por una predicción hecha al azar.
- Tiene que ser clara y sin ambigüedades. Por ejemplo, Herodoto nos dice que cuando el rey Creso consultó al oráculo de Delfos en cuanto a si sería conveniente hacer guerra contra los persas, el oráculo

contestó diciendo: "Al cruzar el Halys, Creso destruirá un poderoso ejército". En este caso la predicción fue ambigua y la historia nos dice que Creso destruyó su propio ejército.

- Por otro lado, una profecía no debe ser hecha en forma tan precisa que puede llegar a ser realidad por medio de la instrumentalización humana.
- De igual manera, una profecía debe darse con suficiente anticipación a fin de que el profeta no pueda hacer que se cumpla por su propia intervención, o por la ayuda de otros.
- Una profecía tiene que cumplirse, pues si no se cumple, de ninguna manera puede considerarse como tal.

II. RESULTADOS DE LA PROFECÍA

Estos pueden ser benéficos o destructivos. Son benéficos cuando:

- Son una demostración patente de la mano poderosa de Dios, que está moviendo y compaginando todo para el bien del hombre. Nada sucede al azar sino por el predeterminado consejo de Dios.
- Son una demostración palpable de la sabiduría y el poder infinito de nuestro Dios.
- Son una demostración admirable de que nuestra religión no es como las otras falsas religiones paganas. Vea el rechazo de Dios a las falsas religiones en Isaías 41:21-23 y 46:9-11.
- Aumentan nuestra fe, porque al ver el cumplimiento cabal de lo que fue antes dicho, sabemos que Dios cumplirá fielmente todo aquello que ha dicho para lo futuro (2 Ts. 5:24).

Por otro lado, los resultados pueden ser también destructivos, porque:

- pueden llevar a algunos a la especulación en cuanto a lo que ha de suceder, y
- pueden hacer que la persona piense que es omnisciente, creyendo que sabe más de lo que es real o de lo que le conviene saber.

III. CRISTO COMO EL CUMPLIMIENTO DE LA PROFECÍA

Al principiar este curso, en la primera lección, dijimos que la vida de Jesucristo es el punto de enfoque de toda la historia, porque la historia antigua converge en dicho período y la historia moderna tomó de allí su punto de partida. De ahí que deducimos que la historia antigua tuvo que decir algo de Él, y que la historia moderna también ha sido mencionada por Él. Esto lo vemos reflejado en el Antiguo Testamento donde hallamos profecías que hablan de Él, mientras que en el Nuevo Testamento encontramos que el Señor Jesucristo habla del futuro.

Repetidas veces en los evangelios, encontramos las palabras que hablan de que esto o lo otro aconteció "para que se cumpliese lo que fue dicho por el profeta" (cp. Mt. 1:22; Lc. 4:21; Jn. 18:9), de modo que es coherente y nos será de provecho buscar en el Antiguo Testamento algunas de las profecías que se han cumplido en el Nuevo Testamento. El mismo Señor Jesucristo declaró que Moisés y todos los profetas hablaron de Él (Lc. 24:27), así que vamos a tratar de poner en orden algunas de aquellas profecías.

A. Profecías en cuanto a Su linaje

1. Que sería un ser humano (Gn. 3:15; Gá. 4:4).
2. Que vendría de la familia de Sem (Gn. 9:25-26; Lc. 3:36). De ahí que se les nombre a los judíos como semitas.
3. Que sería del linaje de Abraham. Abraham pensaba que en Ismael se cumpliría la promesa de Dios pero no fue así sino más bien en Isaac (Gn. 17:18-19; 21:12; 22:18; Lc. 3:34; Hch 3:25, 26).
4. Que sería de la tribu de Judá. El nombre Siloh significa paz y se usa para referirse al Mesías (Gn. 49:9-10; Mi. 5:2; Mt. 2:5-6; He. 7:14).
5. Que sería de la casa de David (Sal. 89:3, 4, 34, 37; Is. 11:1; Jer. 23:5-6; Ez. 34:23; Mt. 1:1; 9:27; 22:41 42; Jn. 7:40-42).

B. Profecías en cuanto a Su nacimiento

1. Que sería precedido por el precursor, Juan el Bautista (Mal. 3:1-2; Mr. 1:1-7; Mal. 4:5-6: Mt. 11:14-15; Is. 40:3; Mt. 11:9-12.
2. Sobre la fecha, antes de que el cetro fuera quitado en 70 D.C. (Gn. 49:10).
3. Sobre el lugar (Mi. 5:2; Mt. 2:5-6).
4. Sobre Su madre, la virgen (Is. 7:13-14; Mt. 1:23).
5. Sobre Su nombre, Emanuel (Is. 7:14; Mt. 1:23).

C. Profecías en cuanto a Su vida y obra

1. Cumplió con profecías (Is. 61:1-2; Lc. 4:18-19).
2. El siervo de Jehová (Is. 49:4; Jn. 1:11, Mt. 23:37; Is. 49:5-6; Jn. 12:32).
3. El Rey de paz (Zac. 9:9-10; Mt. 21:1-9).

D. Profecías en cuanto a Su muerte

1. Que habría un traidor (Sal. 41:9; Mr. 14:43-49).

2. Se pagaría por Su sangre, y el uso del dinero (Zac. 11:12-13; Mt. 27:-31).
3. Que los suyos le abandonarían (Zac. 13:7; Mt. 26:31).
4. Que sería maltratado (Is. 50:6; Mt. 27:27-31).
5. Vendría como el Cordero de Dios (Is. 53; Jn. 1:29; Mr. 15:2-5; Hch. 8:32-35).
6. Tendría las manos y los pies horadados (Sal. 22:16; Lc. 23:33; Zac. 12:10; 13:6).
7. Le darían vinagre a beber (Sal. 69:20-21; Mt. 27:46).
8. Partirían su ropa (Sal. 22:18; Jn. 19:23-24).
9. Exclamaría con un grito de angustia (Sal. 22:1; Mt. 27:46).
10. Su muerte y sepultura (Is. 53:9; Mt. 27:38, 57-60).
11. Su resurrección (Sal. 16:10; Hch. 2:23-28; Sal. 17:15; 1 Co. 15:3-4).

IV. CRISTO, EL PROFETA SUPREMO

No cabe la menor duda de que no ha habido otro profeta que haya hablado tanto y tan detalladamente en cuanto al futuro como lo hizo el Señor Jesucristo. Así que, mencionaremos algunas de dichas profecías:

A. Acontecimientos que iban a ocurrir en la vida de otros, tales como:

1. la pesca milagrosa (Lc. 5:4-6);
2. el hallazgo del estatero en la boca del pez (Mt. 17:27)
3. la fama por generaciones de la mujer que le ungió (Mt. 26:13);
4. la resurrección de Lázaro (Jn. 11:11);
5. el final de Judas el traidor (Mt. 26:24);
6. el martirio de Pedro (Jn. 21:18-19).

B. El Señor también habló de lo que iba a acontecer en Su propia vida, como por ejemplo:

1. Sus sufrimientos (Mt. 17:22; Lc. 9:43; Jn. 3:14-16);
2. la traición de Judas (Mt. 26:21-23; Jn. 6:70-71);
3. la huida de los discípulos (Mt. 26:31; Jn. 16:32);
4. la negación de Pedro (Mt. 26:33-34);
5. la resurrección (Mt. 17:22,33; 20:17-19; Mr. 8:31-32; 9:31; Lc. 11:29-30; Jn. 2:19);
6. la ascensión (Jn. 6:61-62; 7:33-34);
7. la segunda venida (Mt. 26:63-64).

C. En lo relacionado con el Espíritu Santo, dijo que a los suyos no les dejaría huérfanos sino que enviaría al Espíritu Santo, el Consolador

(Jn. caps. 14 al 16). Además, era necesario que los discípulos permaneciesen en Jerusalén hasta que fueran investidos del poder de lo alto, y gracias a Dios, esto se cumplió en el día de Pentecostés (Lc. 24:49; Hch. 1:8; 2:1-4).

Como se habrá dado cuenta el alumno, hasta aquí hemos mencionado sólo algunas de las profecías del Señor Jesucristo, y no hemos tratado de citar todas ellas.

V. DISCURSO EN EL MONTE DE LOS OLIVOS

Mateo 24:1 al 25:46; Marcos 13:1-37; Lucas 21:5-6

A continuación vamos a considerar el sermón profético del Señor Jesucristo que encontramos en las porciones arriba detalladas, en las cuales se puede ver la autoridad, soberanía, y conocimiento del futuro que tenía el Señor, incluyendo el día glorioso de Su segunda venida.

Pero antes de leer estos capítulos, queremos hacer algunas consideraciones que nos ayudarán, para evitar malas interpretaciones.

Puesto que la Biblia es un libro divino e infinito, no hay ser humano que pueda entender perfectamente todo su contenido. Sin embargo, por otro lado, tenemos la promesa de que toda persona que tenga un corazón sincero podrá conocer aun lo más profundo de Dios, mediante el Espíritu Santo (2 Co. 2:10; Jn. 16:13). Pero aun así, ningún humano es capaz de entenderlo todo.

Es dificil entender las Escrituras cuando se trata, no de declaraciones categóricas y terminantes ni de hechos ya realizados, sino de profecías que tienen que ver con el futuro.

Es imprescindible recordar también que ninguna profecía es de interpretación privada (1 P. 1:20-21), de modo que es necesario que la interpretación de una profecía coincida siempre con las demás profecías.

Es necesario orar pidiéndole a Dios que dé más luz a nuestros conocimientos y más paciencia para esperar el cumplimiento de lo que falta.

Ahora procedamos a examinar estos capítulos que tienen un profundo significado.

A. La circunstancia en la que el Señor dio el mensaje.

El ánimo del Señor Jesucristo estaba admirablemente preparado para pronunciar este magnífico sermón apocalíptico, debido a que dentro de pocos días iba a ser crucificado. En este mensaje el Señor se refirió a la degeneración y corrupción que predominaba en el pueblo, la cual era sumamente mala. Él denunció severamente a los líderes espirituales, y declaró que iban a recibir un fuerte castigo, a través de dos circunstancias: la destrucción de la ciudad de Jerusalén y mediante la segunda venida de Cristo.

En cuanto a esto, el Señor dijo en Mateo 24:2 "¿Veis todo esto? De cierto os digo que no quedará aquí piedra sobre piedra que no sea derribada", para luego continuar con la tremenda declaración de Mateo 23:37-39 diciendo: "Mas como en los días de Noé, así será la venida del Hijo del Hombre...." Inmediatamente sus discípulos le hicieron las siguientes preguntas en la versión en castellano:

1. ¿Cuándo serán estas cosas?
2. ¿Qué señal hará de tu venida?
3. ¿Qué señal habrá del fin del mundo?

Sin embargo, la versión griega revela que sólo hicieron dos preguntas:

1. ¿Cuándo serán estas cosas?
2. ¿Qué señal habrá de tu venida, es decir, del fin del mundo?

Hacemos esta aclaración porque es necesario comprender que el Señor Jesús no dio un plan detallado de todos los acontecimientos que acompañarían la segunda venida de Cristo, acerca de los cuales se habla en las epístolas de los apóstoles, sino que trató de dar, a grandes rasgos, una idea de las señales que precederían tanto a la destrucción de Jerusalén como a Su segunda venida.

Ahora bien, al estudiar estos capítulos vemos que resulta difícil dividir éstos en forma analítica y decir categóricamente que tales versículos se refieren a la destrucción de Jerusalén y aquellos a la segunda venida de Cristo. Vemos que el Señor no hizo esta distinción, y aun parecería que deliberadamente se refirió a ambos acontecimientos con las mismas palabras. De ahí que no podemos ser dogmáticos, sino más bien buscar de la ayuda del Espíritu Santo para entender estas palabras.

B. En cuanto a la destrucción de Jerusalén.

Parece que los versículos 15 al 22 de Mateo 24, con las porciones paralelas de Marcos 13:14-20 y Lucas 21:20-24, se refieren a la destrucción de la ciudad, y es interesante observar que los cristianos que vivieron en Palestina en el año 70 D.C., cuando la ciudad fue destruida por los romanos bajo el mando de Tito, lo entendieron así. El historiador Eusebio, en su obra "Historia" en el capitulo quinto del tercer libro, dice que todos los cristianos huyeron a Perea, a la ciudad de Pella, y salvaron así sus vidas. Josefo, otro historiador judío importante, también menciona en su obra "Guerra de los Judíos", que Tito dejó escapar a los cristianos que había en la ciudad.

La abominación del asolamiento acerca de la cual Cristo habla y que fue profetizado por boca del profeta Daniel (cp. Dn. 9:27; 11:31; 12:11), se refiere tal vez a los estandartes de guerra que usaban los soldados romanos, en los que figuraban el rostro del emperador, el cual era el ídolo al cual ellos adoraban antes de entrar en batalla. El que estas hordas paganas hayan tenido estas prendas idolátricas en el lugar santo, para los judíos era una cosa sumamente abominable. De todas formas esta interpretación es una más entre otras.

La gran tribulación (v.21) se puede referir a las "guerras de los judíos" de las cuales Josefo habló específicamente en el libro sexto. La condición de la ciudad era en aquel entonces horrible, y más de un millón de judíos perecieron miserablemente debido al sitio o al terrible espectáculo que hubo cuando prendieron fuego a la ciudad.

C. En cuanto a la segunda venida de Cristo.

Creemos que el resto de esta porción se refiere en su mayoría a la segunda venida de Cristo. Puede ser que algunas partes se hayan referido a la destrucción de Jerusalén, y si aceptamos que fue así, de todas formas sólo se cumplieron parcialmente, de tal forma que el resto se cumplirá plenamente en la segunda venida de Cristo. Ahora bien, puesto que aquí no podemos hacer un estudio detallado del tema, daremos un pequeño bosquejo que servirá como base para que el estudiante que desee, haga un estudio más detallado del mismo.

Cristo dio tres órdenes claras y terminantes:

1. **"Mirad que nadie os engañe".** ¿Por qué? Porque:
   - ***a.*** habrá quienes digan que son el Cristo (v. 5);
   - ***b.*** habrá falsos profetas (vv. 11, 24);
   - ***c.*** Cristo no vendrá secretamente (vv. 23, 26-28);
   - ***d.*** nadie puede fijar la fecha (v. 36).
2. **"Mirad que no os turbéis".** ¿Por qué? Porque:
   - ***a.*** habrá muchas guerras (vv. 6-7);
   - ***b.*** habrá señales físicas (v. 7);
   - ***c.*** habrá gran aflicción (vv. 9-10, 21);
   - ***d.*** el amor de muchos se enfriará (v. 22);
   - ***e.*** habrá grandes señales siderales (vv. 29-31);
   - ***f.*** será un tiempo de retribución para los que han rechazado a Cristo (v. 51).
3. **"Vosotros estad preparados"** (v. 44). ¿Por qué? Porque:
   - ***a.*** nadie sabe la hora de Su venida (v. 36);
   - ***b.*** será un tiempo de regocijo para los escogidos (v. 31);

c. será un tiempo de retribución para los que han rechazado a Cristo (v. 51).

La exhortación a "velar" (v. 42), está acompañada por una serie de parábolas que rubrican esta necesidad imperiosa. Tenemos entonces:

(1) la parábola de la higuera (vv. 32-34), la cual indica que ciertas señales anunciarán el retorno de Cristo;
(2) la parábola del siervo (Mr. 13:33-37);
(3) la parábola del padre de familia (Mt. 24:43-44);
(4) la parábola del siervo fiel (Mt. 24:45-51);
(5) la parábola de las diez vírgenes (Mt. 25:1-13);
(6) la parábola de los talentos (Mt. 25:14-30).

Todas y cada una de estas parábolas tienen como fin enfatizar la necesidad absoluta de estar apercibidos para la venida de Cristo. Este bello y profundo sermón profético termina con la parábola de las ovejas y los cabritos que habla del juicio final, y los que hemos confiado en Cristo escucharemos sin temor las palabras tiernas y conmovedoras: "Venid, benditos de mi Padre, heredad el reino preparado para vosotros desde la fundación del mundo" (Mt. 25:34). Pero los que no han confiado ni obedecido al Señor tendrán que oír las terribles palabras: "Apartaos de mí, malditos, al fuego eterno preparado para el diablo y sus ángeles" (Mt. 25:41).

Repaso de la lección

1. Dé una definición precisa de la palabra profeta. ¿Qué es un profeta?
2. Mencione cuatro beneficios que la profecía proporciona a nuestras vidas.
3. Indique algunas profecías hechas en el Antiguo Testamento que se cumplieron con la primera venida de Cristo.
4. Mencione algunas profecías hechas por el Señor Jesucristo relacionadas con Su propia vida.
5. Enumere cuatro principios que se deben tener presentes al estudiar la profecía.
6. ¿Cuáles fueron las preguntas que Cristo se propuso contestar en el sermón profético?
7. ¿Cuáles son las órdenes claras que Cristo dio en dicho sermón y que debemos cumplir cuidadosamente?
8. ¿Qué nos enseñan las parábolas que Cristo usó en este sermón?

Lección 18

La institución de la Santa Cena

Material para estudiar: *Mateo 26:14-35; Marcos 14:10-31; Lucas 22:3-38; Juan 13:1-38; 1 Corintios 11:23-26*

Bosquejo

A. En cuanto al día en que Cristo murió

B. La traición de Judas
Mateo 26:14-16; Marcos 14:10-11; Lucas 22:3-6

C. La preparación para la Pascua
Mateo 26:17-20; Marcos 14:12-17; Lucas 22:7-16

D. Cristo enseña acerca de la humildad
Lucas 22:24-30; Juan 13:1-20

E. Cristo indica quién Le traicionará
Mateo 26:21-25; Marcos 14:18-21; Lucas 22:21-23; Juan 13:21-30

F. Cristo declara que todos Le abandonarán
Mateo 26:31-35; Marcos 14:27-31; Lucas 22:31-38; Juan 13:31-38

G. Cristo instituye la Santa Cena
Mateo 26:26-29; Marcos 14:22-25; Lucas 22:17-20; 1 Corintios 11:23-26

Lección 18

La institución de la Santa Cena

A. En cuanto al día en que Cristo murió

Parecería extraño el considerar aquí cuál fue la fecha exacta en que murió el Señor, pues todos hemos sido enseñados desde tierna edad que el Señor Jesucristo fue crucificado el Viernes santo. Durante casi dos siglos después de la muerte de Cristo, las iglesias apostólicas de Asia y Europa han observado el aniversario de tan tremendo hecho en el mismo día en que los judíos sacrificaban al cordero de la pascua.

Pero el hecho es que como esto se celebraba en un día fijo del mes de Nisán, cada año se celebraba en un día diferente de la semana. Sin embargo, posteriormente, fundamentados en la creencia de que el Señor Jesucristo fue crucificado el día antes del Sábado, se comenzó a guardar el día Viernes como el aniversario de la muerte del Señor, y con el correr del tiempo la iglesia romana insistió que se guardara este día como día santo y al cual se le dio el nombre de Viernes Santo.

Ahora bien, con el tiempo aparecieron ciertos críticos que haciendo referencia a las palabras de Cristo: "Porque como estuvo Jonás en el vientre del gran pez tres días y tres noches, así estará el Hijo del Hombre en el corazón de la tierra tres días y tres noches" (Mt. 12:40), aseveraron que o Cristo se equivocó al decir aquello, o las Escrituras no dicen la verdad cuando declaran que Cristo fue crucificado el día antes del Sábado (Lc. 23:54).

Al respecto, mencionaremos las siguientes consideraciones que se han hecho:

1. **Unos dicen que Cristo fue crucificado el día Viernes,** y se basan en el uso idiomático que hacían los judíos en cuanto a los días, pues ellos declaran que según los judíos: "Un día y una noche son un Onah, y una porción de un Onah equivale al total", de modo que una porción, aunque fuera nada más que unas horas del día, equivaldrían a un Onah o sea a un período de 24 horas. Luego dicen que en los evangelios, Marcos afirma que Cristo dijo que era necesario que fuera muerto para "resucitar después de tres días" (Mr. 8:31), aunque en porciones paralelas en los otros evangelios, se dice que la resurrección iba a ser al tercer día (Mt. 16:21). El hecho es que "después de tres días" y "al tercer día" son frases equivalentes, puesto que una porción del período de 24 horas equivale al total, de tal forma que al ser Cristo crucificado el Viernes, estuvo en la tumba parte de tres períodos de 24 horas, que equivale según la costumbre idiomática judía, a estar en la tumba los tres días y tres noches.

2. **Las otras dos consideraciones establecen que Cristo fue crucificado el Jueves o el Miércoles,** basándose más o menos en la misma argumentación, es decir, afirman que es necesario entender las palabras de Cristo literalmente. Demuestran que en la semana en que Cristo fue crucificado había dos Sábados: el Sábado común y el Sábado de la pascua, que cada año se celebraba en un día diferente de la semana, por celebrarse en un día fijo del mes. Si el Sábado de la pascua coincidió con el día Viernes de la Semana Santa, entonces Cristo fue crucificado el día Jueves. Si fue celebrado el Sábado de pascua el día Jueves, entonces Cristo fue crucificado el miércoles.

Vemos que cada una de estas consideraciones tiene sus problemas y dificultades. Por nuestra parte, al examinar la evidencia, estamos absolutamente ciertos de que ni Cristo ni las Escrituras erraron, sino que nuestro entendimiento es limitado para comprenderlo todo. Además, al pensar en todo esto, recordamos las palabras del apóstol Pablo a los Colosenses: "Nadie os juzgue en comida o en bebida, o en parte de día de fiesta, o de luna nueva o de Sábados" (Col. 2:16), y declaramos que es de muy poca importancia en qué día murió el Señor. Lo importante es saber y poder decir como dijo el apóstol Pablo: "Porque primeramente os he enseñado lo que asimismo recibí: que Cristo murió por nuestros pecados, conforme a las Escrituras; y que fue sepultado, y que resucitó al tercer día, conforme a las Escrituras" (1 Co. 15:3-4).

B. La traición de Judas

Mateo 26:14-16; Marcos 14:10-11; Lucas 22:3-6

En todos los anales de la historia no hay hecho más trágico ni incidente más aterrador, que el episodio de la traición de Judas. La opinión pública, a través de las edades, ha relegado a este infeliz hombre al más profundo abismo del infierno por su crimen atroz. Las Sagradas Escrituras dicen sencillamente con palabras preñadas de horrendo significado que Judas se fue "a su propio lugar" (Hch. 1:25).

Podemos decir sin embargo, que Judas no siempre había sido un hombre tan perverso, pues resultaría inconcebible que el Señor, que exigió de sus discípulos tan altos ideales y tan completa consagración (Lc. 14:26-35), haya llamado a Judas a que Le siguiera, a no ser que hubiera visto en él algún atributo, rasgo, o característica especial, que en el crisol de la benéfica influencia divina pudiera ser purificado y refinado para la mayor honra y gloria de Dios. Por otro lado, no hay duda que tenía defectos, su lado flaco, lo cual bien lo sabía el Señor. Pero sabemos que también los otros discípulos tenían defectos, de modo que eso no representa un obstáculo o razón para que Jesús no le haya invitado a ser Su discípulo. Hoy sabemos que pese al hecho de que día a día escuchó las enseñanzas del Señor y presenció todas Sus obras, y a pesar de las muchas amonestaciones del Señor Jesucristo, Judas no se sometió a la disciplina divina, ni aprovechó la influencia benéfica de Cristo, sino que dejó que la fatídica y nociva influencia satánica guiara su vida y determinara su destino.

Más o menos un año antes de este triste acontecimiento, el Señor había llamado la atención a Judas, en cuanto al rumbo que llevaba su vida, pues cuando Él resistió el impulso popular de convertirle en rey, por la cual muchos de sus discípulos Le abandonaron, Cristo dijo: "¿No he escogido yo a vosotros doce y uno de vosotros es diablo?" (Jn. 6:70).

En otra ocasión, cuando María ungió los pies de Cristo en Betania, Judas fue vencido por el diablo cuando la avaricia, sutil arma del enemigo, hizo su obra en el alma de Judas. Con fingida piedad, murmuró contra el supuesto desperdicio de tan caro ungüento, cuando en realidad lo que le interesaba era enriqeucerse a costa de sus compañeros (Jn. 12:6). Frente a la reprensión suave y cariñosa de Jesús, Judas salió apresuradamente, con el alma carcomida por el mal, para negociar con los sacerdotes. Puede ser que así quiso cobrar, porque no pudo hacerlo en el caso del ungüento caro.

El precio que los sacerdotes acordaron darle fue insignificante y vergonzoso, treinta piezas de plata. Esto nos indica cómo la avaricia había roído y carcomido todo el ser de Judas. Es interesante observar cómo en Judas se cumplieron las profecías del Antiguo Testamento. A través de este convenio con los sacerdotes, se cumplió la profecía de Zacarías 11:12. Cuando él entregó a su amigo y benefactor, se cumplió lo dicho en el Salmo 41:9.

C. La preparación para la Pascua

Mateo 26:17-20; Marcos 14:12-17; Lucas 22:7-16

Esta fiesta se celebraba cada año en conmemoración perpetua de la liberación de la esclavitud de Egipto (Éx. 12:24-28). Por lo tanto, no era nada extraño que tanto los discípulos como el Señor se hayan preparado para celebrar la Pascua, porque en realidad ellos también eran judíos. De hecho, el mismo Señor pensó en la provisión para el lugar en que celebrarían la fiesta, y envió a Pedro y a Juan para hacer los preparativos necesarios (Lc. 22:8-13), y ellos siguieron las instrucciones exactas.

Ahora bien, aquí surge la pregunta, ¿comió el Señor la pascua? Si sólo tuviéramos los tres evangelios sinópticos, diríamos inmediatamente que sí la comió. Pero cuando leemos el Evangelio según Juan, nos damos cuenta que no la comió, y así fue posible que cumpliera exactamente lo que estaba prefigurado en la fiesta instituída en Egipto. Porque Juan dijo que: "estas cosas sucedieron para que se cumpliese la Escritura: No será quebrado hueso suyo" (Jn. 19:36; Éx. 12:46), y Pablo escribió con toda verdad y exactitud: "porque nuestra pascua, que es Cristo, ya fue sacrificada por nosotros" (1 Co. 5:7).

Al revisar este acontecimiento notamos que la cena que comieron fue celebrada "antes de la Pascua" (Jn. 13:1-2). Luego vemos que acabada la cena, Judas salió y los discípulos pensaron que Cristo le había mandado a conseguir los elementos para la fiesta de la Pascua (Jn. 13:29). Además, leemos que cuando Pilato dio su fallo condenando a Cristo, esto fue "la víspera de la Pascua" (Jn. 19:14); y cuando Cristo exclamó a gran voz: "Consumado es", los judíos querían que se les rompiese las piernas a los que habían sido crucificados porque "era la víspera de la Pascua" (Jn. 19:31). Es interesante observar también que el Señor mismo dijo que aunque deseaba sobremanera comer la pascua con sus discípulos, no la comería hasta que se cumpliera en el reino de Dios (Lc. 22:15-16).

Por otro lado, como si todo esto no fuera suficiente, vemos que los elementos característicos de la fiesta pascual no estuvieron presentes en la cena: el cordero, el pan sin levadura, las hierbas amargas. Tampoco la comieron con los lomos ceñidos, ni con los zapatos puestos, en forma apresurada (cp. Éxodo 12:3-11).

De tal manera que podemos decir que, la pascua en sí fue celebrada con la muerte de Jesús en la cruz al día siguiente, cuando los corderos fueron sacrificados para conmemorar la salvación del pueblo de Israel. Jesucristo, el Cordero de Dios, es nuestra Pascua para dar salvación a todo el mundo.

D. Cristo enseña acerca de la humildad

Lucas 22:24-30; Juan 13:1-20

Apenas se habían sentado a la mesa, cuando se produjo una de esas escenas que nos llenan de disgusto, puesto que, en un momento solemne cuando sus pensamientos debían haber versado sobre cosas espirituales, los discípulos se ocuparon de lo muy mundano y terrenal, de tal modo que se suscitó una contienda entre ellos.

Parecería que cuando se sentaron a la mesa, el Señor dijo que no volvería a comer la pascua con ellos hasta que la comiese nueva en el reino de Dios (Lc. 22:16). Los discípulos querían volver a saber qué parte tendrían ellos en el Reino, así que surgió una querella, y el Señor tuvo que enseñarles la necesidad de ser humildes (Mt. 18:1-5; Mr. 9:33-37; Lc. 9:46-48). Era muy importante que ellos comprendieran el espíritu de Cristo, esto es, que Él había venido al mundo "no para ser servido sino para servir" (cp. Mt. 20:17-28 y Mr. 10:32-45).

Es interesante observar que la ley del señorío cristiano es diametralmente opuesta a la ley humana, pues es el que sirve el que regirá en el reino de los cielos. Por lo tanto, Cristo dijo: "Yo estoy entre vosotros como el que sirve" (Mt. 22:27). Pero esto lo dijo sabiendo muy bien quién era Él y cuáles eran Sus atributos y Su rango, pues Juan nos dice que: "sabiendo Jesús que el Padre le había dado todas las cosas en las manos, y que había salido de Dios, y a Dios iba ..." (Jn. 13:3), se ciñó y empezó a lavar los pies de los discípulos. El acto que se estaba consumando era uno que nos es difícil entender: Cristo, el rey de gloria, se hizo siervo.

Aunque no sabemos a quién Cristo le lavó los pies primero, sí sabemos que Pedro fue el primero en quejarse; aunque cuando supo el significado espiritual quiso que la limpieza fuera completa (Jn. 13:7-9). Y entonces surgió una nota triste cuando el Señor declaró: "vosotros estáis limpios, aunque no todos" (Jn. 13:10). ¡Cuánto más difícil debió haber sido la obra de humillación de Cristo, al saber que había un nefando propósito en el corazón del que le iba a entregar!

Luego de haber lavado los pies a los discípulos, el Señor volvió a sentarse a la mesa y procedió a explicar lo que había hecho. Sencillamente era una lección de humildad. Si Él, siendo el rey de gloria, el Maestro y Señor, podía asumir el puesto de siervo para hacer tan servil obra, cuánto más debían hacerlo ellos, los unos para los otros (Jn. 13:14). Algunos han considerado este acto como un rito o una ceremonia que Cristo instituyó. Sin embargo, un examen detenido nos lleva a la conclusión de que Cristo no estaba celebrando algo que debía realizarse para siempre. Lo que sí quiso Cristo enseñarnos, fue la lección de ser humildes para servir y el no desear enseñorearnos sobre nuestros semejantes. "De cierto, de cierto os digo: El siervo no es mayor que su Señor, ni el enviado es mayor que el que le envió. Si sabéis estas cosas, bienaventurados seréis si las hiciereis".

E. Cristo indica quien le traicionará

Mateo 6:21-25; Marcos 14:18-21; Lucas 22:21-23; Juan 13:21-30

La presencia de Judas en la reunión era un estorbo, un aguijón insoportable. Así que el Señor decidió señalar quien era el traidor, acelerando al mismo tiempo la hora infausta de la traición. Juan nos dice que Cristo en esa hora "fue conmovido en el espíritu" (Jn. 13:21), y estas palabras indican cuán hondamente triste se sintió al pensar que uno de los que Él había escogido como apóstol, le iba a entregar. En dos ocasiones anteriores se usan las mismas palabras en el original para describir su estado de ánimo: 1) al llegar a la casa de Lázaro cuando éste había muerto, y 2) cuando llegaron los griegos para verle.

La declaración de Cristo: "De cierto, de cierto os digo, que uno de vosotros me ha de entregar" (Jn. 13:21) nos presenta un fenómeno psicológico sumamente interesante. Inmediatamente cada uno de los discípulos se examina a sí mismo y dice: "¿soy yo, Señor? (Mt. 26:22). Es una lástima que la traducción al castellano no dé la idea precisa de la pregunta, pues una traducción más exacta de las palabras sería: "No soy yo, Señor, ¿verdad?" Cada uno de ellos estaba convencido de que no sería capaz de perpetrar semejante crimen. Vemos que aun Judas, tratando de disimular y engañar tanto a sus compañeros como al Señor, también dijo: ¿soy yo, Maestro? (Mt. 26:25). Pero si bien no dudaban de sí mismos, parecería que entre ellos se culpaban el uno al otro. Por eso Juan dice: "Entonces los discípulos se miraban los unos a los otros, dudando de quién hablaba" (Jn. 13:22). Es fácil justificarse uno mismo y condenar al prójimo, y así lo hicieron los discípulos. Luego el Señor indicó quien era, pero parece que la mayoría del grupo no entendió lo que había dicho y Judas aprovechó la oportunidad para salir precipitadamente del recinto (Jn. 13:27-30).

Aquí debemos observar dos frases que usó el evangelista Juan: "Y después del bocado, Satanás entró en él" (Jn. 13:27). Esto no quiere decir que Satanás no había hecho su abominable obra todavía, ya que en Juan 13:2 leemos que Satanás ya había metido su nefando propósito en el corazón de Judas, sino que ahora Satanás se había apoderado completamente del infeliz hombre. El último bastión había caído ante los ataques del enemigo, y había sido entregado incondicionalmente a Satanás. Posteriormente Juan dice: "Y era ya de noche" (Jn. 13:30). Así era, noche, en el aspecto físico y también en el sentido espiritual, una noche lóbrega y fría, que encajaba para el desarrollo de aquel infausto hecho de traición.

No cabe duda de que la vida de Judas fue el antítesis de todo lo que debiera ser una persona. Su actitud y comportamiento llegaron a ser diametralmente opuestos a la voluntad divina. Su nombre ha llegado a ser sinónimo de todo lo que es despreciable, maligno y vil, de tal manera que cuando el Espíritu Santo se propone escribir de otro que llevaba el mismo nombre, a fin de que nadie se confundiera, dice: "Judas, no el Iscariote" (Jn. 14:22).

F. Cristo declara que todos le van a abandonar

Mateo 26:31-35; Marcos 14:27-31; Lucas 22:31-38; Juan 13:31-38

Sin duda alguna que la salida de Judas fue un alivio para el Señor Jesucristo que no pudo hablar como quería a los demás mientras estuvo presente el traidor. Ahora, como si se le hubiera quitado un gran peso de su corazón, pronunció lo que tal vez pueden considerarse las palabras más bellas de todas las que tenemos registradas en los Evangelios. Pero antes de pronunciarlas fue necesario que amonestase a Sus discípulos, pues bien sabía que Satanás no cesaría de trabajar en los corazones de estos hombres. El siguiente blanco de su ataque iba a ser Pedro, aunque tenía planeado tentar a todos, o como Lucas gráficamente lo dice, Satanás iba a zarandear a los discípulos (Lc. 22:31).

"Entonces Jesús les dijo, Todos os escandalizaréis de mí esta noche" (Mr. 14:27). Esta palabra "escandalizados" se usa en las Escrituras para describir tres actitudes:

1. hacer caer o pecar (Mt. 18:7-9; 1 Co. 8:13);
2. hacer desconfiar o rechazar (Mt. 13:57-58);
3. ofender (Mt. 17:17; Jn. 6:61).

Parece que en este caso todas estas tres acepciones de la palabra se cumplieron en ellos porque pecaron, rechazaron y ofendieron a Cristo con su comportamiento vergonzoso.

Aquí debemos decir que la reacción de los discípulos fue conforme a lo pronosticado por el profeta: "Heriré al Pastor y las ovejas de la manada serán dispersas" (Mt. 26:31; Zac. 13:7). Probablemente no todos hicieron lo que hizo Pedro, pero sabemos que todos huyeron dejándole a Cristo solo (Mr. 14:50).

Se podría decir que Pedro fue escogido por Satanás para ser el protagonista de aquel terrible drama, y por poco el diablo logró su propósito. Cuando Pedro escuchó las palabras de Cristo, con aquel espíritu altanero que le caracterizaba contestó: "Aunque todos se escandalicen, yo no" (Mr. 14:29). Pedro se jactó de que amaba más a Cristo que los demás, y que nada ni nadie le apartaría de Cristo. Aun más, no contento con esta declaración, aseveró a continuación: "Señor, dispuesto estoy a ir contigo no sólo a la cárcel, sino también a la muerte." (Lc. 22:33), y agregó además: "Señor, mi vida pondré por tí" (Jn. 13:37). Ante las repetidas aseveraciones de Pedro, Cristo anunció que antes de que cantara el gallo dos veces, Pedro le negaría tres veces (Mr. 14:30). Aquí debemos observar que Satanás le había pedido, pero que Cristo había rogado por él para que su fe no faltase (Lc. 22:31-32). Cristo tuvo plena fe de que Su oración sería contestada, pues declaró: "Y tú, una vez vuelto, confirma a tus hermanos" (22:32). En verdad sería grande su caída, pero por la gracia inefable de Dios, sería restaurado al lugar del que había caído. Es interesante observar los pasos por los que siguió Pedro antes de su caída:

1. su arrogancia frente a las amonestaciones del Señor (Lc. 22:33);
2. su imprudencia al dormir cuando debía velar (Lc. 22:45-46);
3. su separación, siguiendo a Cristo de lejos (Lc. 22:54);
4. su prevaricación, negando a Cristo con blasfemias (Lc. 22:57-60).

G. Cristo instituye la Santa Cena

Mateo 26:26-29; Marcos 14:22-25; Lucas 22:17-20; 1 Corintios 11: 22-26

Antes de continuar, volvamos un momento a ver que Cristo instituyó lo que nosotros llamamos la Santa Cena, que es una sencilla ceremonia sagrada que nos recuerda la muerte expiatoria del Señor Jesucristo. Nos quedamos admirados ante la sencillez de las palabras que los evangelistas registran, cuando textualmente nos dan las palabras de Cristo. En ella vemos cómo el Señor iba a dar Su cuerpo y Su sangre por toda la humanidad pecadora (Mt. 26:26-29), indicando el principio de un nuevo pacto diciendo. El Señor tomó pan y lo bendijo y partiéndolo lo dio a sus discípulos diciendo: "Tomad, comed, esto es mi cuerpo". Y tomando el vaso, después de dar gracias dijo: "Bebed de él todos, porque esto es mi sangre del nuevo pacto, la cual es derramada por muchos para remisión de los pecados. Y os digo que desde ahora no beberé más de este fruto de la vid hasta aquel día, cuando lo beberé de nuevo con vosotros en el reino de mi Padre...."

El apóstol Pablo, con igual sencillez, nos enseñó lo que también recibió del Señor (1 Co. 11:23), declarando en el versículo 26: "Porque todas las veces que comiereis este pan y bebiereis esta copa, la muerte del Señor anunciáis hasta que El venga" (1 Co. 11:26). El Señor quiere que hagamos esto en memoria de Su gran sacrificio. Cristo quiere que también nosotros tomemos pan y vino en representación de Su cuerpo y sangre, para que comiendo y bebiendo, recordemos Su muerte expiatoria en la cruz del Calvario.

Sin embargo, vemos que la Iglesia Católica Romana ha cambiado esta celebración en un sacramento y en un sacrificio. La Iglesia Romana enseña que Cristo, al instituir lo que ellos denominan la Eucaristía, dio poder a sus sacerdotes a fin de que a través de ellos se realice la transubstanciación, esto es, que el vino y el pan se conviertan literalmente en la sangre y en el cuerpo de Cristo, junto con el alma y la divinidad de nuestro Señor Jesucristo. Luego agrega que, al celebrarse la misa, se ofrece a Dios un sacrificio verdadero, propio y propiciatorio por los vivos y por los difuntos. Cabe decir aquí que hay un sin fin más de detalles, que no mencionaremos por falta de espacio.

Pues bien, sabemos que esto no es así, por varias razones:

- El Señor Jesucristo dice que las palabras que tenemos registradas en el capítulo sexto de Juan deben interpretarse no en el sentido literal, sino en el sentido figurativo y espiritual (vea la Lección 13 y Juan 6:35 y 63).

- El Señor usó un estilo figurativo, en la cual el verbo "ser" no puede interpretarse en forma literal. Por ejemplo, Él dijo: "Yo soy el camino" (Jn. 14:6); "Yo soy la vid" (Jn. 15:1); y "Porque todo aquel que hiciere la voluntad de mi Padre, ... ése es ... mi madre" (Mt. 12:50).

- El Señor Jesucristo no pretendió que se haya suscitado una conversión de la substancia, pues después de haber pronunciado aquellas palabras, mirando a la copa, se refirió a ella diciendo: "el fruto de la vid" (Mt. 26:29).

- El Señor Jesucristo no iba a exigir a los suyos que quebrantasen la ley mosaica y la ley ratificada bajo el régimen de la gracia, la cual dice que la sangre no debe comerse (Lv. 17:14; Hch. 15:28-29). Si en realidad ocurriera la transubstanciación, Cristo no nos estaría haciendo tomar la sangre de un animal, sino la de un hombre, la de Dios mismo, cosa prohibida terminantemente en la ley de Dios.

- Es inconcebible que el Señor Jesucristo, estando presente en cuerpo, haya pedido que los apóstoles comieran Su cuerpo y bebieran Su sangre.
- No es posible pensar que los apóstoles se opusieron a que Cristo les lavara los pies, y no se opusieron a comer la carne y beber la sangre de su Señor si ellos hubieran interpretado literalmente Sus palabras. Por su silencio se deduce que ellos lo entendieron simbólica y espiritualmente.

De igual manera, rechazamos el dogma en cuanto al sacrificio de la misa por las siguientes razones:

- El Señor Jesucristo, al instituir la ceremonia, dijo que se debía hacer "en memoria de mí" y no "como sacrificio de mí" (Lc. 22:19). Claramente esto es un memorial, y no un sacrificio repetitivo.
- Los apóstoles, al celebrarlo más tarde, lo hicieron en memoria de Cristo, y no como que estaban reviviendo el sacrificio del Señor (1 Co. 11:24-26).
- El Señor Jesucristo, ni antes ni después de Su resurrección, dio ningún mandamiento a los apóstoles para que celebrasen sacrificios.
- Los apóstoles no le dieron a nadie instrucciones en cuanto a sacrificios, pero sí en cuanto a diversos aspectos del ministerio (1 Ti. 3:15 y 4:13; 2 Ti. 4:2).
- La Palabra de Dios declara categórica y terminantemente que Cristo fue ofrecido una sola vez y para siempre, y que los otros sacrificios que tenían que hacerse repetidas veces no tienen ya ningún valor (lea cuidadosamente Hebreos 7:26-27; 9:25-28 y 10:1-12; y 1 Pedro 3:18).
- Un sacrificio, como se quiere decir que es el sacrificio de la misa, no puede quitar pecados, porque escrito está: "Sin derramamiento de sangre no hay remisión de pecados" (He. 9:22).

Habiendo rechazado rotundamente las doctrinas de la transubstanciación y del sacrificio de la misa, nos volvemos con gratitud y profundo amor a la sencilla ceremonia instituída por Cristo. Al comer el pan y al beber el vino, recordamos aquel cuerpo puro, inmaculado, perfecto, sin contaminación de pecado que fue dado por nosotros, y aquella sangre preciosa vertida voluntariamente, la cual nos limpia de toda maldad (1 Jn. 1:7). Recordamos el sacrificio perfecto que hizo Cristo una sola vez, y que no tiene necesidad de ser repetido. Recordamos con gozo y gratitud que cuando Cristo expiró en la cruz dijo: "Consumado es" (Jn. 19:30), dando a entender que la redención nuestra fue gloriosa y perfectamente consumada en aquella hora. Al hacer esto, luego de habernos examinado a nosotros mismos a fin de no comer y beber indignamente (1 Co. 11:27-29), no hacemos más que cumplir con el mandamiento que Cristo nos dio: “Haced esto en memoria de mí”.

Repaso de la lección

1. ¿Por qué escogió Cristo a Judas, si sabía que Le iba a traicionar?
2. ¿Cómo podemos saber que Cristo no comió la pascua?
3. ¿De qué manera, y por qué, fue necesario que Cristo enseñara a Sus discípulos acerca de la humildad?
4. ¿Cuál fue el fenómeno psicológico que se suscitó cuando Cristo indicó que uno de ellos le iba a traicionar?
5. Mencione los pasos que tuvieron lugar en la caída moral y espiritual de Pedro.
6. Indique seis razones por las cuales tenemos que rechazar el dogma de la transubstanciación.
7. Indique seis razones por las cuales rechazamos el dogma de la misa.

Lección 19

Los discursos de despedida

Material para estudiar: *Mateo 26:36-46; Marcos 14:32-42; Lucas 22:39-46; Juan 13:3—18:1*

Bosquejo

A. Mensaje sobre el destino
Juan 13:31—14:31

1. La pregunta de Pedro, 13:36-38
2. La pregunta de Tomás, 14:5-7
3. La pregunta de Felipe, 14:8-11
4. La pregunta de Judas no Iscariote, 14:22-24

B. Mensaje sobre diferentes deberes
Juan 15:1-27

1. Deberes para con Cristo, 15:1-11
2. Deberes para con los creyentes, 15:12-17
3. Deberes para con el mundo, 15:|8-17

C. Mensaje sobre el porvenir
Juan 16:1-33

1. Los sufrimientos, 16:1-6
2. El Espíritu Santo, 16:7-15
3. La muerte y resurrección, 16:16-22
4. La victoria final, 26:23-33

D. La oración del Señor Jesucristo
Juan 17:1-26

1. Oración por Sí mismo, 17:1-5
2. Oración por los discípulos, 17:6-19
3. Oración por la Iglesia, 17:20-26

E. En Getsemaní
Mateo 26:36-46; Marcos 14:32-42; Lucas 22:39-46

1. La primera oración

2. Los discípulos se duermen
3. La segunda oración.

Lección 19

Los discursos de despedida

Al comenzar este estudio acerca de los mensajes de despedida que dio el Señor Jesucristo, es necesario que tengamos presente que, en realidad, la porción que encontramos en los capítulos trece al deiciséis forman un solo mensaje, interrumpido solamente por las preguntas de los discípulos y el cambio de lugar indicado en Juan 14:31. Aunque el Señor no lo dividió, nosotros lo haremos por capítulos, para hacer más fácil el estudio de estas sublimes y preciosas palabras.

El propósito del mensaje se observa en la frase que se repite siete veces: "Estas cosas os he hablado" (Jn. 14:25; 15:11; 16:1; 16:4, 6, 25, 33) y tal vez puede resumirse en las siguientes cuatro frases:

- "Que mi gozo esté en vosotros, y vuestro gozo sea cumplido" (15:11);
- "Para que no os escandalicéis" (16:1);
- "Para que cuando aquella hora viniere, os acordéis que yo os lo había dicho" (16:4); y
- "Para que en mí tengáis paz" (16:33).

El Señor bien sabía cuán grande sería el desengaño y la soledad que sentirían los discípulos cuando Él se fuera, así que en aquellas últimas horas quiso prepararles para el tiempo que venía.

A. Mensaje sobre el destino

Juan 13:31—14:31

Aunque en repetidas ocasiones el Señor Jesucristo les había dicho a sus discípulos que era necesario que Él muriera (Jn. 2:20-21; 3:14; 6:51; 10:11), ellos no habían llegado a comprenderlo y no se sentían preparados para tan triste suceso. Cristo aquí les declaró que iba a ser glorificado a través de la obra que iba a cumplir, diciéndoles también: "Donde yo voy, vosotros no podéis venir" (13:33). Junto con esto les enseñó que el distintivo de los discípulos era el amor entre ellos y para con los del mundo.

1. Las palabras de Cristo dieron lugar para que Pedro le preguntara: "¿A dónde vas?" (13:36). La contestación a esta interrogación ha sido una porción que ha infundido aliento a los creyentes a través de los siglos, ya que Cristo reveló el destino que tendrá todo aquel que en Él cree, esto es:

- irá a la casa del Padre Celestial;
- es un lugar donde hay muchas y espaciosas moradas;
- es un lugar preparado por el bendito Hijo de Dios; y
- es un lugar al cual seremos introducidos por el mismo Hijo (14:1.4).

2. Inmediatamente Tomás preguntó: "¿Cómo pues, podemos saber el camino?" (14:5) a lo cual Cristo respondió con lo que se ha cosiderado el dicho filosófico y teológico más completo y perfecto que jamás se haya pronunciado. Él dijo:

- Yo soy el camino que les conducirá de esta vida al más allá de la tumba;
- Yo soy la verdad, que tan ansiosamente es buscada por todos los sabios; y
- Yo soy la vida, que todos anhelan tener.

Es sólo en Cristo que estas tres cosas se hallan y nadie puede venir al Padre sino por Él. El hecho es que los discípulos no tenían claridad en cuanto a la maravillosa persona de Jesucristo, pues si le hubieran conocido a Él, al Padre también le hubieran conocido (14:7). ¡Gloria a Dios!, que esto fue revelado y aclarado en ellos sin ninguna duda después de la resurrección.

3. Posteriormente Felipe le interrumpió diciendo: "Señor, muéstranos al Padre y nos basta" (14:8). Esta expresión es una expresión de los sentidos y los sentimientos, los cuales son la base de toda idolatría. Parecería que el hombre quiere ver al objeto de su adoración, pues no bastan las definiciones teológicas y distinciones metafísicas, sino que desea ver y palpar para adorar. Según lo que Cristo responde, vemos que nadie puede ver al Padre, sino que Él mismo es quien lo revela a través de:

- Su persona (14:9);
- Sus palabras (14:10); y,
- Sus obras (14:11).

Esto concuerda con lo que dice en Hebreos 1:3, esto es, que Él es "el resplandor de Su gloria y la imagen misma de Su sustancia".

Después de haber contestado la pregunta de Felipe, el Señor Jesucristo continuó con Sus enseñanzas, capacitándoles para la vida diaria después de que Él fuera sacrificado. Les exhortó a:

- orar, ya que todo cuanto pidieran en Su nombre, Él lo haría (14:13-14);
- que se mantuvieran obedientes (14:15,21); y

- que mantuvieran la comunión con el Espíritu Santo, el Consolador (14:16-20).

4. Otra vez a Cristo se le interrumpe con una pregunta, y esta vez la hace Judas, no el Iscariote. "¿Cómo es que te manifestarás a nosotros y no al mundo?" (14:22). En Su contestación el Señor deja entrever que la actitud del individuo es lo que gobierna la revelación o manifestación hacia la persona. Él se revela sólo a aquellos que Le aman y Le obedecen (14:23). A aquellos que no Le aman, ni Le obedecen, el Señor no se manifestará.

Finalmente, el Señor les recordó que cuando Él se fuera, no les dejaría solos, sino que enviaría al Espíritu Santo, el cual vendría para enseñarles y recordarles lo que Él les había dicho.

Termina Su mensaje con aquellas palabras llenas de gracia y de verdad: "La paz os dejo, mi paz os doy" (14:27). Su corazón no debía estar turbado, sino más bien podían tranquilos y gozosos.

B. Mensaje sobre diferentes deberes

Juan 15:1-27

En Su andar diario el Señor Jesucristo acostumbraba a enseñar en cada momento a los discípulos, y ahora encaminándose al Getsemaní, aprovechó la figura de la vid para enseñarles a sus discípulos y a todos los que creen en Él una importante lección.

1. Deberes para con Cristo, 15:1-11

En los primeros once versículos del capítulo 15, presenta cuatro hechos de mucha importancia:

a. La posición o el lugar del cristiano de verdad frente a Cristo. Él dice: "Yo soy la vid, vosotros los pámpanos" (15:5). Aquí vemos que la posición del cristiano es "en Cristo". Si estamos en Él, entonces el Padre Celestial, quien es el labrador, cuidará de nosotros. Hay mucho en nosotros que necesita ser atendido, a veces en forma severa, a veces en forma tierna y bondadosa, pero sea cual sea la necesidad, es el Padre el que siempre nos cuida.

b. La prosperidad del cristiano. El propósito del cristiano debe ser el de llevar fruto en su vida (15:16). Si permanecemos en Cristo, llevaremos más y más fruto (15:2) hasta que abunde (15:16). Pero a la vez que podemos llevar mucho fruto, es necesario considerar que al no permanecer en Cristo, podemos llegar a estar estancados y sin fruto (15:4-6).

c. El poder del cristiano. En el sentido negativo, el que no está en la vid verdadera llega a ser impotente (15:5). Pero en lo positivo, el que está en la vid, todo lo puede (15:7).

d. El gozo del cristiano. El estar en Cristo y llevar mucho fruto glorifica al Padre, lo cual debe ser el sumo bien del cristiano (15:8). Esto nos proporciona también una relación sumamente íntima con Él y con el Padre (15:9-10), lo cual hace que nuestro gozo sea cumplido (15:11).

2. Deberes para con los creyentes, 15:12-17

Luego el Señor procede a hablar de los deberes de los discípulos para con aquellos que son también de la familia de Dios. Palabra por palabra repite la amonestación dada al principio del discurso, en cuanto al nuevo mandamiento (13:34). Él sabía bien la propensión muy manifiesta de los discípulos de contender entre sí. Durante los meses de Su ministerio, había llegado a conocer íntimamente a Sus discípulos, de modo que sabía que la inestabilidad podía llevarles a la derrota espiritual. Era preciso que se amaran, como Él les había amado (15:12), si iban a hacer frente a las viscisitudes de la vida y a la tremenda oposición y persecución por parte del enemigo. En esta calidad de amor hay tres elementos que se mencionan:

a. Sacrificio. Tanto el amor humano como el amor divino tienen este elemento de sacrificio, con la gran diferencia de que el amor divino se sacrifica aun por sus enemigos (Rom. 5:8), mientras que los humanos sólo nos sacrificamos por los que nos aman (15:13).

b. Intimidad. El Señor ya no les iba a llamar siervos sino amigos. De igual manera, el amor que tiene esta característica podrá contrarrestar la propensión natural a enseñorearse sobre sus semejantes (15:14-15).

c. Iniciativa. El Señor no esperó que los hombres Le eligieran, sino que Él nos eligió a nosotros (15:16) y de esta manera Él quiere que nosotros también mostremos este amor para con los demás. Y como si no estuviera seguro de haberse comunicado bien, volvió a decir: "Esto os mando, que os améis" (15:17).

3. Deberes para con el mundo, 15:18-27

Finalmente, para terminar este mensaje, Cristo habla acerca de los deberes de los discípulos para con el mundo. Hace hincapié en el hecho de que el mundo Le aborrece a Él y también a todos los que son de Él (15:18). Muchas veces durante Su ministerio habían tenido la oportunidad de observar cómo Le odiaban y sabía muy bien que, una vez más, en forma mucho más terrible, se manifestaría el espíritu antagónico, malévolo y hostil del pueblo, para prenderle y crucificarle. Todo cristiano enfrentará también este tipo de antagonismo por parte del mundo. El Señor mencionó también la actitud que debe tener todo cristiano ante el mundo, esto es, que estamos en el mundo pero no somos del mundo. Esto no significa que debemos aislarnos como ermitaños, sino que debemos mantenernos en el mundo sin ser contaminados por el mundo. El mundo aborrecerá a los creyentes por tres razones:

a. porque no son del mundo, pues no participan de las cosas mundanas (15:19);

b. porque son de Cristo y si a Cristo Le aborrecieron, también les aborrecerán a ellos (15:20-21);

c. porque Cristo y Su mensaje descubren los pecados del mundo y les redarguye, haciéndoles saber que la paga del pecado es muerte (15:22-25).

Para terminar, Cristo declaró que esta actitud hostil del mundo estaba, sin embargo, bajo el testimonio del Espíritu Santo (15:26) y el testimonio de los creyentes (15:27).

C. Mensaje sobre el porvenir

Juan 16:1-33

Mientras el Señor proseguía Su camino hacia el Getsemaní, iba hablando sobre las cosas que iban a acontecer una vez que Él hubiese sido quitado de en medio de ellos.

1. Sufrimientos, 16:1-6

En la primera sección el Señor mencionó nuevamente el hecho de que los discípulos padecerían persecución.

Los sufrimientos siempre han sido parte del caminar de los que siguen a Cristo, y el apóstol Pedro dice que no debemos asombrarnos cuando seamos probados, como si fuera cosa extraña (1 P. 4:12). La manera en que los discípulos iban a ser perseguidos tenía que ver con:

a. el ser echados de la sinagoga, quitándoles de esa manera los privilegios de la religión (cp. Juan 9:22, 34); y

b. que irían tras ellos para quitarles la vida (cp. Hechos 7:54-60). Todo esto sucedería a través de hombres impíos que no conocían a Dios ni a Cristo, y lo peor era que creerían que así estaban sirviendo a Dios (16:2). Uno de estos fue Saulo de Tarso (cp. Hch 22:3-5; 1 Ti. 1:13). Claro que esta revelación despojó de toda esperanza vana a los discípulos, previniéndoles así para que lucharan en la esperanza viva de todo lo demás que Cristo les había dicho (cp. Hebreos 12:11).

2. El Espíritu Santo, 16:7-15

A continuación el Señor Jesucristo habló de la necesidad de que Él se fuera para que pudiera venir el Espíritu Santo para continuar la obra que Él había comenzado (16:7). El Espíritu Santo obra en relación con los incrédulos convenciéndoles de tres formas:

a. "de pecado" (16:8-9). El peor pecado es el de la incredulidad. "El que no cree ya es condenado" (Jn. 3:18), de modo que no hay perdón para el que no cree;

b. "de justicia" (16:8, 10). La justicia de Dios se ve en toda su fuerza y sentido en el hecho de que Cristo murió, resucitó y ascendió a la diestra de Dios (Rom. 3:21-26; 5:24-25);

c. "de juicio" (16:8-11). La muerte de Cristo no fue solamente el medio por el cual nosotros fuimos salvados, sino también el tribunal ante el cual Satanás, el príncipe de este mundo fue juzgado y condenado (Jn. 12:31-32).

Por otro lado, la obra del Espíritu Santo en cuanto al creyente es triple:

a. "El os guiará a toda verdad" (16:13);

b. "No hablará de Sí mismo, sino que hablará todo lo que oyere";

c. "Os hará saber las cosas que han de venir" (16:14-15).

Por último, la obra del Espíritu en cuanto a Cristo es la de glorificar Su nombre, revelándonos a nosotros las cosas que son de Cristo (16:14-15).

3. Muerte y resurrección, 16:16-22

En la tercera parte de este mensaje en cuanto al futuro, Cristo se refierió a Su muerte y resurección, lo cual iba a ser un tiempo de alegría para los que procuraban su muerte y de tristeza para los discípulos; por eso Él les dijo y que su tristeza se convertiría en gozo, ya que iban a encontrar la tumba abierta y vacía. El Señor usó la ilustración de la mujer que da a luz un hijo, que aunque tiene dolor durante el parto, luego está llena de gozo por su criatura; ellos iban a tener un gozo que nadie les podría quitar (16:22).

4. Última victoria, 16:23-33

La última porción de este mensaje, declara la victoria de Cristo, a más de Su procedencia y Su destino (16:28). Durante todo Su ministerio el Señor trató de inculcar esta sublime verdad a sus discípulos que eran tardos para oír y duros de corazón para creer (Luc.24:25). El Señor a manera de reproche les dijo: "¿Ahora creéis?" (16:31). El hecho es que aunque ahora tenían una idea más clara de Su divinidad, de todas formas el Señor no estaba del todo convencido de que su fe estaba suficientemente arraigada y fundamentada para resistir los ataques del enemigo en la hora de su juicio y muerte, así que les dijo: "He aquí, la hora viene, y ha venido, en que seréis esparcidos cada uno por su parte, y me dajaréis solo" (16:32). Sin embargo luego añadió que el Padre no les iba a dejar solos (16:32).

En el mundo iban a tener aflicción pero a través de la confianza en Él tendrían paz en medio de cualquier circunstancia (14:27). !Gracias a Dios porque nuestra es la victoria en Cristo! (2 Co. 2:14).

D. La oración del Señor Jesucristo

Durante Su ministerio público, el Señor Jesucristo tuvo mucho que decir en cuanto a la oración a sus discípulos. Les dio enseñanzas claras y también una oración modelo para que aprendieran así a dirigir sus plegarias al Padre Celestial (Mt. 6:5-15). Y no solamente les enseñó cómo orar, sino que les dio un ejemplo digno de imitar. Al leer los evangelios vemos que el Señor acostumbraba orar muy de mañana (Mr. 1:35), por la tarde (Mr. 6:46-47), y a menudo toda la noche (Lc. 6:12). A veces oraba a solas (Lc. 5:15-16), y a veces en compañía de sus discípulos (Lc. 9:18). Además de estas referencias generales, también tenemos varias oraciones que el Señor pronunció en público (cp. Mt. 11:25; Lc. 3:21; 22:41-42; Jn. 11:4). Sin embargo, ninguna de ellas puede compararse con la oración que a continuación vamos a estudiar.

Al leer esta oración nos damos cuenta que estamos entrando en el Sanctum Sanctorum, en el lugar santísimo, porque aquí el Señor Jesús nos descubre su alma, abre el telón para dejarnos ver Sus más altas aspiraciones, Sus más profundos pensamientos y Sus más sublimes anhelos. En ella podemos captar lo que Él deseaba en cuanto a Sí mismo, en cuanto a Sus discípulos y en cuanto a Su Iglesia.

Todos sabemos que después de Su muerte y resurrección el Señor Jesucristo ascendió a la diestra de la majestad en las alturas donde ahora "vive siempre para interceder por ellos" (Heb. 7:25), pero aquí en esta oración, vemos que el Señor comienza su obra intercesora, dándonos de antemano un vistazo de la obra que más adelante Él iba a llevar a cabo para siempre, a favor de los suyos, en la presencia de Su Padre Celestial. En Su oración alzó Su voz para orar:

1. **por Sí mismo (17:1-5);**
2. **por los discípulos (17:1-5); y**
3. **por la Iglesia (17:20-26).**

Antes de seguir adelante, notemos el sentido de realización que Jesús expresa cuando dice: "Te he glorificado": "He acabado la obra que me diste" (17:6): "He manifestado tu nombre" (17:6); "He sido glorificado" (17:10): "Los que me diste yo los guardé" (17:12): "Yo les he dado tu palabra" (17:14): "Yo los he enviado al mundo" (17:18), y "Yo les he manifestado tu nombre" (17:26).

El Señor comienza su plegaria pidiendo a Su Padre que le glorifique pues "la hora ha llegado". Aquí apreciamos que Dios tiene un tiempo para todo. En muchas ocasiones anteriores la hora no había llegado, por lo tanto no era ni posible ni propicio que se hiciera lo que los hombres querían que se haga (Jn.

2:4; 7:20; 8:20). Pero ahora que la hora había llegado para que Él fuera glorificado, no había nada que lo impidiera.

Él podía ser glorificado porque:

- retomaba la gloria que tenía antes de que el mundo fuese (17:5);
- había glorificado al Padre y había acabado la obra que se le había encomendado (17:4);
- a Él se le había dado la potestad para dar vida eterna a todos (17:2); y
- al glorificar al Hijo, el Padre también era glorificado (17:1).

Vemos entonces que el deseo que tenía el Hijo de ser glorifiado no era un anhelo egoísta. Sin hacer alarde de Sus méritos sabía que merecía ser glorificado, y a su vez anhelaba serlo para que redundase en mayor gloria para Su Padre.

En la segunda parte de esta oración, el Señor excluyó a los del mundo, orando por los discípulos por las siguientes razones:

- porque eran de Él (17:9); y
- porque les iba a dejar solos (17:11).

Jesucristo comenzó esta sección reconociendo que Él había cumplido con Su misión de manifestarles el nombre de Dios y de darles las palabras de vida que Su Padre le había encomendado (17:8). El Señor pidió dos cosas:

- "Padre Santo...guárdalos en tu nombre" (17:11); y
- "Santifícales en tu verdad" (17:17).

En cuanto a esto último, el Señor quería que fueran santificados, hechos puros y santos, apartados de todo mal para que pudieran ser útiles en el ministerio. Además de esto, el Señor les recordó que Él les había dado ejemplo para que ellos hicieran lo mismo.

- Les dio ejemplo de unidad (17:11). El Señor bien sabía que sería imposible que los discípulos hicieran frente a la persecución por parte de los enemigos, a la tentación por parte de Satanás, y que cumplieran con su misión a no ser que estuvieran unidos, que fueran "una cosa".

- Les dio ejemplo de santidad (17:16,19). Él se santificaba para que ellos también lo hicieran. Ciertamente vivió en el mundo pero no fue mundano, y quería que sus discípulos se apartaran también de las cosas de este mundo.

- Les dio ejemplo de trabajo (17:18). Dios le había entregado una obra magna para realizar, así que Él vino a este mundo para cumplirla y la cumplió. De igual manera Él entregó a sus discípulos una obra y esperaba que ellos la cumplieran fielmente, al igual que nosotros.

En el versículo 20 el Señor, mirando más allá del pequeño grupo que le rodeaba, ve a través de los siglos a la inmensa muchedumbre de hombres y mujeres que por la fe llegarían a creer en Él, formando así Su cuerpo, y pide dos cosas:

- por la unidad de los creyentes, y
- por la glorificación de los creyentes.

De la primera petición podemos decir que Cristo quería que sus discípulos viviesen unidos a fin de que pudiesen gozar de comunión y de las muchas bendiciones del Señor, a la vez que serían de testimonio para los incrédulos. De la segunda, observamos que la gloria de Cristo puede ser la actual posesión del creyente, pero que será perfeccionada en el futuro.

Al terminar esta meditación, nos damos cuenta que el Señor ha dado a sus discípulos Sus últimas instrucciones y los ha encomendado a Su Padre. Ahora está listo para la última jornada.

E. Getsemaní

Mateo 26:36-40; Marcos 14:32-42; Lucas 22:39-46

1. Primera oración

Fue hacia el huerto de Getsemaní que el Señor Jesucristo se dirigió para pasar uno de los tiempos más oscuros de Su vida. No podemos indicar cuál fue el lugar preciso puesto que cuando los romanos destruyeron Jerusalén, también talaron todos los árboles que había en esa región y cambiaron los muros de la ciudad. Pero lo importante no es dónde quedaba el huerto, sino lo que sucedió ahí.

El nombre del huerto indica que ahí había una serie de trapos que se usaba para extraer el aceite de olivas. Seguramente el dueño de esta propiedad o era amigo del Señor Jesucristo o había abierto las puertas para que los transeúntes allí descansaran, puesto que Juan describe que frecuentemente el Señor se juntaba allí con sus discípulos (Jn. 18:2). En esta ocasión el Señor fue al huerto con sus tres discípulos más cercanos, Pedro, Jacobo y Juan (Mt. 17:1; Mr. 5:37). Luego, se separó para orar a solas con Su Padre y les dijo a los tres que orasen y velasen para no entrar en tentación (Mr. 14:34; Lc. 22:40). Aquí vemos que la parte humana del Señor anhelaba tener la compañía de sus amigos en aquella hora difícil y horrenda, aunque reconocía que aun ese consuelo le sería quitado. La copa que le era necesaria beber, tendría que tomarla Él solo.

La verdad es que nosotros no alcanzamos a entender lo que significaron aquellas horas de sufrimiento allá en el huerto. Las palabras que se emplean nos dan a entender algo de la profundidad de aquella agonía: "comenzó a entristecerse y a angustiarse en gran manera" (Mt. 26:37 y Mr. 14:33); "y era Su sudor como grandes gotas de sangre que caían hasta la tierra" (Lc. 22:44). Pero aun esto no nos permite captar lo que sentía profundamente el Señor. El autor de la epístola a los Hebreos nos declara que "el Señor por lo que padeció aprendió obediencia" (He. 5:9), y que por ello "vino a ser autor de eterna salvación para todos los que le obedecen". En aquel tiempo de lucha, el Señor tuvo que enfrentar al diablo nuevamente como en aquella vez al comienzo de Su ministerio (4:1-11). Nos imaginamos que en Su lucha, todos Su santo ser se rebelaba contra la necesidad de asumir el pecado del mundo; de tener ese contacto con lo inmundo, lo cual deshacía su alma pura y sin mancha. Nosotros los humanos, seres pecaminosos, y contaminados por el mal, jamás podremos entender lo que Cristo sufrió al verse frente a la necesidad de hacerse pecado por nosotros (2 Co. 5:21).

Al igual que en el principio de Su ministerio sufrió tres distintos ataques, así tuvo también tres encuentros con Su Padre en oración. En cada ocasión Sus palabras fueron esencialmente las mismas: "Padre mío, si es posible, pase de mí esta copa, pero no sea como yo quiero, sino como Tú" (Mt. 26:39). Vemos la voluntad de Cristo completamente rendida a la voluntad del Padre.

2. Los discípulos duermen

En triste contraste con la agonía de Cristo vemos la indolencia de los discípulos, que pese a la amonestación clara y repetida del Señor, de que era necesario velar y orar para no entrar en tentación, y pese a la jactancia de Juan que podía beber del vaso que Él tenía que beber (Mt. 20-22) y a la aseveración de Pedro de que pondría su vida por el Señor (Jn. 13:37), los discípulos estaban durmiendo.

3. Segunda oración

Y aunque el Señor les halló durmiendo la segunda vez (Mr. 14:40), ellos ni aun así aprendieron, y se volvieron a dormir. ¡Qué lección más importante es ésta para nosotros! La indolencia y la pereza espiritual llevan indefectiblemente a la derrota y a la ruina espiritual. ¡Que el Señor nos ayude a no caer, como cayeron los discípulos!

Cuando Cristo volvió después de haber orado la tercera vez, les dijo a sus discípulos que ya podían dormir. Para Él la victoria ya se había ganado, y para ellos la derrota ya era segura. Sólo era de esperar el desarrollo de los eventos finales del drama. La hora ya se acercaba. La turba ya venía, guiados por aquel agente Satanás, Judas Iscariote. No podemos entender todo lo que allí sucedió, y sólo podemos decir: "Él por mí sufrió. Alabado sea Su nombre".

Repaso de la lección

1. ¿Cuál fue el propósito de los mensajes que encontramos en los capítulos 13 al 16 de Juan?
2. ¿Qué podemos aprender de las preguntas hechas por Pedro, Tomás, Felipe y Judas (no el Iscariote)?
3. ¿Cuáles son los hechos de mayor importancia en Juan 15:1-11?
4. ¿Cuáles son los tres elementos del amor que debemos tener los unos para con los otros?
5. Indique los tres aspectos que involucra la obra del Espíritu Santo.
6. Haga un bosquejo detallado de la oración del Señor Jesucristo.
7. Describa la actitud que tuvo Cristo, y la que tuvieron los discípulos en el huerto de Getsemaní.

Lección 20

El proceso y pasión de Cristo

Material para estudiar: *Mateo 26:47—27:66; Marcos 14:43—15:47; Lucas 22:47—23:56; Juan 18:2—19:42*

Bosquejo

A. Jesucristo es entregado y arrestado
Mateo 26:47-56; Marcos 14:43-52; Lucas 22:47-53; Juan 18:2-12

B. Jesucristo ante Anás
Juan 18:12-14, 19-23

C. Jesucristo es condenado por Caifás y el sanedrín
Mateo 26:57, 59-68; Marcos 14:53, 55-65; Lucas 22:54, 63-65; Juan 18:24

D. Jesucristo es negado por Pedro
Mateo 26:58, 69-75; Marcos 14:54, 66-72; Lucas 22:54-62; Juan 18:15-18, 25-27

E. Jesucristo es condenado oficialmente por el sanedrín
Mateo 27:1; Marcos 15:1; Lucas 22:66-71

F. El suicidio de Judas
Mateo 27:3-10; Hechos 1:18-19

G. Jesucristo ante Pilato por primera vez
Mateo 27:2, 11-14; Marcos 15:1-5; Lucas 23:1-5; Juan 18:28-38

H. Jesucristo ante Herodes
Lucas 23:6-12

I. Jesucristo nuevamente ante Pilato
Mateo 27:15-26; Marcos 15:6-15; Lucas 23:13-25; Juan 18:39—19:6

J. Jesucristo es escarnecido por los soldados
Mateo 27:27-30; Marcos 15:16-19

K. El camino por la Vía Dolorosa
Mateo 27:31-34; Marcos 15:20-23; Lucas 23:26-33; Juan 19:16-17

L. Las primeras tres horas en la cruz
Mateo 27:35-44; Marcos 15:24:32; Lucas 23:33-43; Juan 19:18-27

M. Las tres horas de obscuridad
Mateo 27:45-50; Marcos 15:33-37; Lucas 23:44-46; Juan 19:28-30

N. Los fenómenos físicos
Mateo 27:51-56; Marcos 15:38-41; Lucas 23:45-49

O. Jesucristo es sepultado
Mateo 27:57-60; Marcos 15:42-46; Lucas 23:50-54; Juan 19:31-42

P. El sepulcro es sellado y cuidado por los soldados
Mateo 27:61-66; Marcos 15:47; Lucas 23:55-56

Lección 20

El proceso y pasión de Cristo

El Salmista David, en un momento de inspiración y de confianza en Dios dijo: "Aunque ande en valle de sombra de muerte, no temeré mal alguno, porque Tú estarás conmigo: Tu vara y Tu cayado me infundirán aliento" (Sal. 23:4). Ahora nos toca acompañar al Señor Jesucristo mientras Él anduvo por el valle obscuro de la sombra de la muerte. Allí veremos cómo los suyos le abandonaron, y escucharemos mientras Él gimió, desde lo más profundo de Su alma: "Dios mío, Dios mío, ¿por qué me has desamparado?" (Mt. 27:46).

A. Jesucristo es entregado y arrestado

Mateo 26:47-56; Marcos 14:43-52; Lucas 22:47-53; Juan 18:2-12

Apenas hubo terminado de decir estas últimas palabras a Sus discípulos en el huerto de Getsemaní, cuando se aproximó una turba compuesta de soldados romanos, el cuerpo de policía del templo, los miembros del sanedrín, algunos otros enemigos activos de Cristo, y como siempre, un buen número de curiosos. Encabezando la multitud venía Judas, quien se acercó y besó a Jesús, consumando de esta manera la traición. Así había concertado con los enemigos de Cristo, y como si tuviera miedo de fracasar en su intento nefando, le besa repetidas veces. Así lo indica el verbo en el original. La actitud de Cristo y la completa falta de temor les dejó a sus amigos confusos, y cuando Él se adelantó para encontrarles, ellos retrocedieron precipitadamente (Jn. 18:6).

Por otro lado notemos aquí el cuidado que el Señor tenía por los suyos, pues Él pide que a ellos no se les hiciese nada (Jn. 18:8-9). Sin embargo, Pedro con su acostumbrada impulsividad, sacó su espada para defender a Cristo, demostrando así más su ardor que su habilidad. Vemos que el Señor no permitió que se le defendiese de esta forma violenta. Él sabía que ésta era la hora en que prevalecerían sus enemigos, y el lo permitió para ver hasta dónde podía llegar el ser humano en sus nefastos propósitos (Mt. 26:51-56).

B. Jesucristo ante Anás

Juan 18:12-14, 19-23

Una vez apresado, el Señor fue conducido a la casa del sumo sacerdote, que era la sede informal del sanedrín. El proceso al cual Cristo fue sometido podría dividirse en dos partes:

- el proceso eclesiástico, y
- el proceso civil.

Cuando los romanos conquistaban alguna nación, tenían la costumbre de permitirles ciertas libertades y derechos, y en el caso de Palestina, les habían dejado con el derecho de realizar procesos judiciales que tenían que ver con asuntos de su religión, así que ellos podían juzgar y condenar libremente. Pero si se pronunciaba una sentencia de muerte, entonces era menester que el reo compareciera delante de las autoridades civiles para que el fallo fuese ratifiicado. De ahí que Cristo tuvo que pasar por ambos procesos. El proceso religioso se constituyó en tres partes:

- ante Anás;
- ante Caifás y el sanedrín; y
- ante el sanedrín.

En el proceso civil Cristo también pasó por tres pasos:

- ante Pilato;
- ante Herodes; y
- nuevamente ante Pilato.

Entonces, vemos que el proceso comenzó en casa de Anás, el suegro de Caifás. Anás era un hombre de setenta años de edad, ex-sumo sacerdote y padre de cinco hijos que también habían ejercido este alto cargo. Él era saduceo, arrogante y de mucha influencia, tanto en el mundo político como en el religioso. Aunque fue totalmente ilegal lo que se hizo ahí, sirvió para darles tiempo a los alguaciles para que citaran a los miembros del sanedrín a la media noche. Cristo mantuvo su ecuanimidad perfecta, dominando la escena.

C. Cristo es condenado por Caifás y el sanedrín

Mateo 26:57, 59-68; Marcos 14:53, 55-56; Lucas 22:54, 63-65; Juan 18:24

Cuando Anás se dio cuenta de que no sacaba nada con sus preguntas, envió a Jesucristo con las manos atadas ante Caifás y el sanedrín, que aparentemente se habían reunido en la misma casa de Caifás (Jn. 18-24). Por supuesto que el proceder de estos jurisconsultos eclesiásticos era del todo ilegal. En primer término, era prohibido tener sesiones de esta índole durante las horas de la noche, y en segundo lugar, no les era permitido reunirse para tratar asuntos importantes sino en la sala oficial de sesiones que estaba en el Templo. La sala que ocuparon en la casa de Caifás, era, sin duda, nada más que una sala para reuniones informales.

El proceso también se llevó a cabo en forma ilegal, pues no le acusaron a Cristo de algún crimen para luego comprobar su culpabilidad, sino que buscaron testigos falsos que dieran razón a los jueces para condenarle. Según la ley de Moisés, era necesario tener por lo menos dos testigos para poder sentenciar a un nuevo reo y condenarle a muerte (Dt. 27:6; Jn. 1:17), pero aunque sobornaron a varios, el testimonio de ellos no concordaba. Lo único que pudieron hallar como motivo de condenación era que Él había declarado su intención de destruir el templo y de volverlo a construir en tres días (Jn. 2:19).

Ante todo esto Cristo mantuvo un silencio total y un espíritu imperturbable, haciendo que el sumo sacerdote perdiera la paciencia, demandando una contestación de parte de Cristo. Le hizo una pregunta categórica e ineludible (Mt. 26:63), a la cual Cristo contestó claramente afirmando que Él es el Hijo de Dios (cp. Sal. 110:1; Dn. 7:13 y Mt. 26:62). Al oír esto, Caifás hizo como se podía esperar que uno de su rango hiciera, según la costumbre de aquel entonces: rasgó sus vestidos (según la ley de ellos estaba prohibido terminantemente coser dicha ropa). Luego, apelando a sus colegas, declaró que Cristo había blasfemado y por lo tanto debía ser condenado a muerte, según lo escrito en la ley de Moisés (Lv. 24:16).

Después de haber dado su fallo, todos salieron de la sala y dejaron a Cristo en manos de los subalternos y de la guardia del Templo. Como no había quien se los impidiera, ellos dieron rienda suelta a sus impulsos más bajos e inhumanos y prosiguieron a atormentar cruelmente al Señor Jesucristo (Lc. 22:64-65).

D. Jesucristo es negado por Pedro

Mateo 26:58, 69-75; Marcos 14:54,66-72; Lucas 22:54-62; Juan 18:15-18, 25-27

Cuando Cristo fue llevado a la casa del pontífice, todos los discípulos abandonaron al Señor, aunque poco después Pedro y Juan le fueron siguiendo. Al acercarse al grupo que estaba allí en el portón de la casa de Caifás, una mujer vino ante Pedro para decirle que él era uno de los discípulos, y él lo negó. Esto sucedió una segunda y tercera vez, hasta que el gallo cantó. El Señor enseguida regresó a ver a Pedro con una mirada de tierna compasión, mirada que penetró profundamente en lo más íntimo de su alma. Pedro, compungido de corazón, remordido en su conciencia y completamente arrepentido, salió afuera y lloró amargamente. ¡Cuán diferente de la de Judas fue la actitud y el comportamiento de Pedro!

E. Jesucristo es condenado oficialmente por el sanedrín

Mateo 27:1; Marcos 15:1; Lucas 22:66-71

Apenas había amanecido el nuevo día, los miembros del sanedrín volvieron a reunirse (Lc. 22:66), para ratificar la sentencia pronunciada por ellos en forma ilegal durante la sesión de la noche anterior. Es interesante mencionar que la corte suprema del nuevo estado de Israel, no hace mucho hizo una revisión del proceso al que fue sometido Cristo, y dio el fallo de que tanto el proceso como la sentencia que decretaron fue totalmente injusto e ilegal.

Habiéndole preguntado lo mismo y habiendo recibido la misma contestación que la noche anterior (Lc. 22:67-71), le enviaron a Pilato para que ratificara la sentencia de muerte.

F. Judas se suicida

Mateo 27:3-10; Hechos 1:18-19

Cuando Judas vio que Cristo era condenado a muerte, él se arrepintió, o más bien, como indica el verbo en griego que se usa aquí, tuvo pena y se dirigió a los sacerdotes para tratar de deshacer lo que había hecho. Es interesante notar aquí el testimonio que dio en cuanto a Cristo (Mt. 27:4). Ellos nada quisieron saber de Judas, por lo que él salió y se ahorcó. ¡Qué triste final de este hombre!

Aquí observamos una paradoja casi increíble. Estos sacerdotes que no habían puesto ningún reparo en manchar sus manos y conciencias con la sangre inocente de Cristo, ahora no quieren recibir el precio de aquella sangre. Cristo bien dijo acerca de ellos, que sabían colar el mosquito para tragarse el camello (Mt. 23:24). Por lo tanto, con el dinero que trajo Judas, compraron un terreno para hacer un cementerio. De esta manera se cumplieron las profecías de Jeremías y Zacarías.

G. La primera comparecencia de Jesucristo ante Pilato

Mateo 27:2, 11-14; Marcos 15:1-5; Lucas 23:1-5; Juan 18:28-38

No hay duda de que el sanedrín debió haber querido quitarle la vida al Señor Jesucristo de la manera que prescribía la ley de Moisés, esto es, apedreándole (Lv. 24:16), pero como ya hemos visto, bajo el régimen de los romanos esto era prohibido, así que habiendo resuelto que debía morir, muy de mañana llevaron a Cristo al palacio de Pilato.

Como era la víspera del Sábado y ellos no querían contaminarse ceremonialmente por entrar en casa de un pagano, Pilato salió al patio que se había preparado especialmente para tales audiencias. Los integrantes del sanedrín formularon su acusación bajo tres puntos, pensando así satisfacer las demandas de la ley romana a más de lograr su propósito:

1. **pervierte a la nación;**
2. **prohibe dar tributo a César; y**
3. **dice que es el Cristo, el rey (Lc. 23:2).**

La primera de estas acusaciones no se refiere a nada en concreto y nadie se tomó la molestia de decir de qué manera había pervertido a la nación; la segunda fue una mentira colosal, ya que Cristo mismo dijo públicamente: "dad a César lo que es de César" (Mt. 22:21); y la tercera era la pura verdad, pero que ellos nunca quisieron reconocer. De cualquier forma, ninguna de estas razones eran justificables para condenarle a muerte.

Luego de escuchar esta triple acusación, Pilato se retiró a su palacio y allí procedió a hacerle preguntas al Señor. En todo el proceso vemos el antagonismo que tenía Pilato para con los judíos, y una posición en cierta manera a favor del Señor Jesucristo. Parecería que tenía el deseo de proteger a Cristo aunque le faltó el valor moral para dejarle en libertad. La conversación que entablaron le dio a Jesucristo la oportunidad para hablar acerca de Su reino que era espiritual, y que Él había venido a hacer notoria esta verdad (Jn. 18:33-38). Pilato, convencido de la inocencia del prisionero, salió delante de la multitud para dar su primer fallo: "Yo no hallo ningún crimen en El" (Jn. 18:38). Los judíos entonces agredieron al Señor, pero Cristo calló con paciencia incomparable, de tal modo que Pilato quedó admirado de Su comportamiento (Mt. 27:14).

H. Jesús ante Herodes

Lucas 23:6-12

Pilato, buscando cualquier pretexto para librarse de aquella terrible situación, oyó decir que Cristo era oriundo de Galilea, así que le mandó a Herodes Antipas, quien era el gobernador romano de Galilea, y que se encontraba temporalmente en Jerusalén para pasar allí la fiesta (Lc. 23:6-7).

Cuando Herodes le vio se alegró bastante, porque hacía mucho que deseaba conocer a Jesús personalmente. Este es el mismo que escuchaba "de buena gana" (Mr. 6:20) a Juan el Bautista pero que después le decapitó. Luego, cuando Cristo estuvo en Perea le informaron que Herodes quería matarlo, pero Jesús le mandó a decirle a esa zorra vieja y astuta, que él no podría quitarle el privilegio de seguir con Su obra hasta acabarla (Lc. 13:31-35). Entonces vemos que ahora Herodes quería ver y oír a Jesucristo personalmente. Sin embargo, el Señor Jesucristo no le contestó nada (Lc.23:9).

Herodes, sintiéndose burlado le menospreció y le escarneció, enviándole de nuevo a Pilato. De esta manera la astuta y cobarde estratègia de Pilato fue inútil, y tuvo que enfrentar nuevamente la situación.

I. La segunda comparecencia de Jesucristo ante Pilato

Mateo 2:15-26; Marcos 15:6-15; Lucas 23:13-25; Juan 18:39 al 19:16
Cuando Cristo volvió a estar en presencia de Pilato, éste mandó a llamar a los miembros del sanedrín y dio su fallo final: "Yo le he examinado y encontramos al prisionero completamente inocente" (Lc. 23:16). Puesto que éste era el fallo, su deber debió haber sido dejarlo en libertad y con amplias garantías. Pero en lugar de esto le oímos decir: "Lo soltaré, después de castigarlo". Aquí vemos lo influenciable que fue Pilato, pues iba a dejarle libre porque así demandaba la justicia, pero le castigó porque así lo quería la turba. Y aun más, cuando vio que ni aun esto agradó a la muchedumbre, optó por proponer que estaba dispuesto a soltar a un prisionero en la pascua, según era la costumbre, y puso frente a la gente airada a Jesucristo y a Barrabás. Pero muy al contrario de lo que Pilato esperaba, la gente escogió a Barrabás y nuevamente Pilato se vio ante el dilema de ¿qué hacer con Cristo? (Mr. 15:6-11).

Estando perplejo, sabiendo que por envidia le habían entregado, y sabiendo que era completamente inocente, su mujer se le acercó diciendo que era menester dejar libre al prisionero, puesto que ella había sufrido mucho a través de un sueño que había tenido (Mt. 27:19-20), pero Pilato no escuchó su consejo. Pilato no tuvo la decisión firme de ser fiel a su conciencia y convicción.

Conforme a su primera palabra, Pilato entregó al Señor en manos de los soldados quienes le azotaron e hicieron mofa de Él. Luego, con el cuerpo lleno de las marcas de la flagelación, llevaron a Jesús ante la multitud diciendo irónicamente: "He aquí os lo traigo fuera para que entendáis que ningún crimen hallo en El" (Jn. 19:4). ¡Azotado y castigado, para mostrar a todos Su absoluta inocencia! ¡Qué parodia de la justicia!

Pero todos los presentes, guiados por los sacerdotes, gritaron a voz en cuello: "¡crucifícale!" (Jn. 19:6). Ahora bien, la muerte de cruz era la más cruel e ignominiosa jamás inventada por los hombres, y era reservada por los romanos para los criminales más viles, de modo que se puede ver cuán profundo era el odio que los sacerdotes tenían hacia Cristo. Pilato entonces les dijo que debían crucificarle ellos mismos, sabiendo muy bien que ellos no podían matar a nadie así. Ante esto, ellos insistieron aun más, de modo que él volvió a meter al Señor Jesucristo en el palacio para hablar nuevamente con Él. Allí llegó a saber algo que hasta el momento ignoraba, esto es, que Cristo estaba ahí voluntariamente y no porque los hombres se lo habían impuesto. Ni Pilato ni nadie podía quitarle la vida a no ser que Él la entregase (Jn. 19:11).

Nuevamente Pilato buscó la manera de librarle, pero esta vez apareció otra amenaza que le llenaba de miedo, esto es, la de perder la amistad del César (Jn. 19:12-14). Por lo tanto, viendo que no podía prevalecer contra ellos, se rindió incondicionalmente. En vano se lavó las manos como inútil señal de inocencia (cp. Dt. 21:6-9), pues lo que hizo, lo hizo con pleno conocimiento de que Cristo era inocente. Así pues, entregó al inocente Cordero de Dios a la muerte en el Calvario.

J. Jesucristo es escarnecido por los soldados

Mateo 27:27-30; Marcos 15:16-19

Habiendo declarado la sentencia de muerte, Pilato, como era la costumbre en aquel entonces, entregó al prisionero en manos de los soldados para que hicieran de las suyas con el humilde y paciente Señor. Estos soldados romanos eran hombres desalmados y de corazones empedernidos, y que al darse cuenta que la acusación tenía algo que ver con la pretensión de que Él era rey, Le vistieron con púrpura y Le pusieron una corona de espinas en la cabeza, e hincándose de rodillas delante de Él, le tributaron su "loor", mientras escupían en su rostro, soltando a la vez estrepitosas carcajadas. La escena es del todo vergonzosa y nos llena al mismo tiempo de pavor. ¡Cómo estos hombres se atrevieron a tratar así al Hijo de Dios e Hijo del Hombre! Casi no podemos creerlo, y por cierto no podemos entenderlo.

K. El camino por la Vía Dolorosa

Aquí llegamos a la segunda parte de esta lección, que es la pasión de nuestro Señor Jesucristo. Al pensar en todo esto, hacemos eco de las palabras del profeta Jeremías: "Mirad y ved si hay dolor como mi dolor que me ha venido" (Lm. 1:12).

Los soldados, inmediatamente después de haberse divertido maltratando al Señor, condujeron al Señor Jesucristo al lugar del suplicio. Este hecho era contrario a la ley romana que otorgaba al condenado a muerte, diez días para arreglar sus asuntos y despedirse de los suyos. Es obvio que todo fue hecho a toda prisa, puesto que los del sanedrín no querían que se demorase ni un momento, porque ahora tenían al pueblo de su lado.

Uno de los detalles de la crucifixión, y seguramente uno en que se deleitaban los verdugos inhumanos, era el de hacer que el condenado cargara la cruz en su espalda. En el caso del Señor Jesucristo, debido al hecho que tenía la espalda terriblemente lacerada por los azotes recibidos, y que no había dormido por dos noches, sufriendo en una forma inconcebible tanto en espíritu como en cuerpo en Getsemaní y en la sala de juicio, no pudo aguantar el tremendo peso de la cruz. No sabemos si ya no podía andar o andaba tan despacio que los soldados perdieron la paciencia, pero el hecho es que tomaron a Simón Cireneo, padre de Alejandro y Rufo, para que llevase la cruz

(Mr. 15:21). Esto nos ha dado el ejemplo de que es necesario seguir adelante acordándonos de las palabras de Cristo y del autor de la epístola a los Hebreos (Mr. 8:34; He. 13:12-13).

Hay ahora un sin número de tradiciones en cuanto a los sucesos acaecidos en la Vía Dolorosa, que sencillamente no son más que simples tradiciones. Lo que sí encontramos en las Escrituras es la muestra de caridad y misericordia que mostraron el grupo de mujeres piadosas, las hijas de Jerusalén, que se incorporaron al grupo para llorar la suerte del Señor. Debemos recalcar que el Señor ni aun en esto pensó en sus propios padecimientos, sino que pensó en el sufrimiento que experimentaría la ciudad de Jerusalén, diciéndoles por tanto a las mujeres, que mejor llorasen por sí mismas y por sus hijos (Lc.23:27-31).

Finalmente llegaron al lugar donde se iba a llevar a cabo el Deicidio. En arameo el lugar se llama "Gólgota", y en latín "Calvario"; pero ambas cosas quieren decir "el lugar de la calavera" (Mr. 15:22). El lugar exacto donde este lugar se encontraba se ignora en el día de hoy: sólo sabemos que era fuera de los muros de la ciudad, y que la colina se asemejaba a una calavera en su forma. Fue sobre ese lugar que el Señor Jesucristo, junto con dos malhechores, fue crucificado. Antes de que fuera inmolado, le ofrecieron a Cristo una bebida soporífica que preparaban las mujeres piadosas para los condenados. Era un compuesto de vino, hiel y mirra (Mt. 27:34; Mr. 15:23; Sal. 69:21). Pero cuando lo hubo probado y supo lo que era, lo rechazó, porque Él sabía que la copa que el Padre le había dado, tenía que recibirla tal como era.

L. Las primeras tres horas en la cruz

Mateo 27:35-44; Marcos 15:24-32; Lucas 23:33-43; Juan 19:18-27

El Señor Jesucristo fue crucificado alrededor de las nueve de la mañana, es decir, la hora tercera del día (Mr. 15:25), y muchas cosas sucedieron en aquellas tres horas hasta el mediodía. Empezaremos mirando a los grupos que se encontraban alrededor de la cruz.

En primer término tenemos a los soldados romanos, quienes estaban acostumbrados a derramar sangre y posiblemente habían ejecutado crucificciones en muchas ocasiones. Habían presenciado sufrimientos de esta índole repetidas veces, de modo que no era extraño que con indiferencia se hayan propuesto dividir por suerte la ropa de Cristo. Sin embargo, en este caso, sin saberlo, cumplieron exactamente las Escrituras proféticas (Jn. 19:23-24; Sal. 22:18). Por otro lado vemos que, aunque aparentemente parecían insensibles al sufrimiento de Cristo, al observar Su conducta y escuchar Sus palabras, el centurión dijo: "verdaderamente éste era Hijo de Dios" (Mt. 27:54).

Luego tenemos a los que fueron crucificados junto con Cristo, a dos malhechores, el uno a la diestra y el otro a la izquierda. Ambos comenzaron a burlarse y vituperar al Señor. De pronto, uno se reconoció vil y pecador, y al reconocer en Cristo al Salvador, imploró misericordia recibiendo la promesa de la vida eterna por parte de Cristo. Esta fue la segunda palabra de Cristo en la cruz. El otro, impenitente hasta el fin, no recibió sino lo que merecían sus hechos.

Había un grupo de curiosos que, seguramente movidos por la actuación de los líderes religiosos, se burlaban también del Señor (Mt. 27:29-40).

Cumpliendo con las profecías del Antiguo Testamento (vea Salmo 22:7-8), los sacerdotes y líderes del sanedrín, quienes formaban un grupo formidable de enemigos implacables, también se burlaron de Él. Los insultos de ellos fueron en realidad una tentación muy grande para el Señor, porque ponían en tela de duda Su absoluta divinidad (Mt. 27:40). Uno no puede menos que pensar en las palabras de Satanás al tentarle en el desierto al principio de Su ministerio: "Si eres Hijo de Dios ..." (Mt. 4:3). De ahí que se puede decir: "De tal palo, tal astilla".

Entre la turba furibunda y hostil se observa también un pequeño grupo de simpatizantes, que en realidad era el grupo de los que amaban al Señor Jesucristo. Ahí estaba el discípulo amado, su madre y algunas otras mujeres. En otras porciones se pueden ver también a otras personas (Mt. 27:55-56; Mr. 15:40; Lc. 23:49). Cristo, al verles en medio de su tristeza y sufrimientos, nuevamente se olvida de Sus propios sufrimientos para pensar en las necesidades de ellos. Tiernamente encomienda a Juan el cuidado de Su madre, sabiendo que ella hallaría en la casa de tan fiel y amado discípulo un lugar de refrigerio y protección (Jn. 19:26-27).

Fue durante estas tres primeras horas que el Señor Jesucristo pronunció las primeras tres palabras que siempre fueron a favor de los demás:

1. **la oración a favor de Sus enemigos** (Lc. 23:34);
2. **la promesa al ladrón arrepentido** (Lc. 23:43); y
3. **la exhortación a Juan y a Su madre** (Jn. 15:26-27).

Vemos que también un título fue puesto sobre la cruz, a fin de que todos los que presenciaban estos horribles espectáculos pudiesen saber por qué causa eran crucificados, enumerando los delitos del condenado. En este caso la inscripción decía: "Jesús Nazareno, Rey de los Judíos" (Jn. 19:19). Es interesante notar que en los diferentes evangelios aparecen sólo partes de este título, y que Juan fue el que lo escribió en su totalidad (cp. Mt. 27:37; Mr. 15:26; Lc. 23:38 y Jn. 19:19).

M. Las tres horas de obscuridad

Mateo 27:45-50; Marcos 15:33-37; Lc. 23:44-46; Jn. 19:28-30

Desde el mediodía hasta las tres de la tarde hubo una densa obscuridad sobre toda la tierra. Fue como si el cielo, ya sin poder contemplar el horrendo espectáculo, se cubrió con un velo de tinieblas para no presenciar la profunda agonía del Hijo de Dios. Nadie jamás podrá imaginarse lo que el Señor sufrió en aquellas negras horas de dolor, mientras bebía la última gota del vaso amargo que Dios le había dado a beber: cuando este Cordero de Dios puro e inmaculado, que no conoció pecado, se hizo pecado por nosotros (2 Co. 5:21), cargando sobre sí los pecados de todos nosotros. Sin embargo, podemos comprender un poco al escuchar las palabras que Él pronunció durante aquellas horas, relacionadas a Su experiencia y a Sus necesidades:

1. **la palabra de angustia** (Mt. 27:46; Mr. 15:34; Sal. 22:1);
2. **la palabra de necesidad física** (Jn. 19:28);
3. **la palabra de victoria** (Jn. 19:30); y
4. **la palabra de renuncia** (Lc. 23:46).

Finalmente, luego de pronunciarlas, el Hijo de Dios e Hijo del hombre, inclinó la cabeza y entregó el Espíritu, pues Su obra había sido consumada.

N. Los fenómenos físicos

Mateo 27:51-56; Marcos 15:38-41; Lucas 23:45, 47-49

Luego de que el Señor Jesucristo hubo entregado Su Espíritu, ocurrieron varios hechos físicos que vamos a mencionar.

Primero, se rasgó el velo de arriba hacia abajo que había en el Templo (Mt. 27:51). Este velo, que en realidad era una cortina muy gruesa conformada por varias telas, era el que separaba el lugar santísimo del resto del Templo. Sólo un día en el año, que era el día de la expiación, el sumo sacerdote podía entrar al lugar santísimo, atravesando el velo. Pero en esos momentos, la misma mano de Dios lo rompió de arriba hacia abajo, abriendo de una vez para siempre el camino hacia Dios (cp. He. 10:19-22). Es imposible imaginar el efecto que este fenómeno produjo en los corazones de los que concurrían al templo, y tampoco alcanzamos a comprender la maravilla de lo que esto significa en nuestras vidas, puesto que estamos hablando de que, ¡tenemos acceso, por una libre entrada, a la presencia de Dios!

La segunda señal fue un terremoto, la apertura de los sepulcros y la resurrección de algunos de los santos que habían muerto anteriormente. Exactamente a quiénes se refiere, no lo sabemos, pero Mateo tiene a bien decirnos que no salieron de los sepulcros sino después de la resurrección del Señor Jesucristo (Mt. 27:53), de modo que la verdad inconmovible es que Cristo fue "las primicias de los que durmieron" (1 Co. 15:20).

La tercera señal fue el cambio operado en la actitud del centurión romano. El cúmulo de señales que había visto en la persona y en la conducta de Cristo y en los fenómenos físicos, tuvo su efecto en el corazón de este hombre y de sus labios brotó un testimonio de gran valor en cuanto a la divinidad del que estaba padeciendo en la cruz (Mt. 27:54). Quiera Dios que la contemplación y meditación de esta escena tan dramática produzca un efecto real en nuestras vidas también.

O. Jesucristo es sepultado

Mateo 27:57-60; Marcos 15:42-46; Lucas 23:50-54; Juan 19:31-42

Según la costumbre romana, en los casos de crucifixión ellos solían dejar los cuerpos colgados en la cruz hasta que las fieras o aves del cielo acabaran con el cadáver. Sin embargo, unos de los judíos que tenían algunos escrúpulos religiosos, siendo la víspera del Sábado, fueron ante Pilato para pedirle que apresurase la muerte de los reos, rompiéndoles los huesos. Esto lo hacían en una forma muy cruel, quizá tan cruel como la misma crucifixión, pues utilizaban un mazo pesado. Fue así como se dio la orden, y rompieron los huesos de los dos malhechores, pero cuando se acercaron para hacerle lo mismo a Cristo, encontraron que ya había muerto. Entonces un soldado Le abrió el costado con una lanza. Sin saberlo, nuevamente los soldados habían cumplido con las profecías del Antiguo Testamento, que decían que Sus huesos no serían rotos y que Su costado sería traspasado (Éx. 12:46; Nm. 9:12; Sal. 34:20; Zac.12:10; Dt. 21:22-23; Éx. 34:24).

En seguida, dos hombres nobles y pudientes, miembros del sanedrín y que eran discípulos secretos de Cristo (Mt. 27:57-58; Mr. 15:42-45; Lc. 2:50-52; Jn. 29:38), se hicieron cargo de darle sepultura al Señor. Ellos fueron José de Arimatea, quien proveyó un sepulcro en el cual nadie antes había sido depositado, así como también los lienzos para envolver el cuerpo lacerado; y Nicodemo, quien proveyó los ricos ungüentos necesarios para embalsamar el cuerpo (Mt. 27:59-60; Mr. 15:46; Lc. 23:53-54; Jn. 19:39-42).

¡Qué bueno es saber que estos dos hombres, con cuidado, cariño y reverencia, se hicieron cargo del cuerpo del Señor!

P. El sepulcro es sellado y guardado

Mateo 27:61-66; Marcos 15:47; Lucas 23:55-56

En la próxima lección consideraremos el hecho más glorioso en la historia de la vida de Cristo, esto es, Su resurrección, la cual es la piedra fundamental de nuestra fe cristiana. Por ahora, vemos que los enemigos del Señor Jesucristo tuvieron temor y les pidieron a las autoridades que pusieran a la guardia romana, para evitar que los discípulos de Jesús se robaran el cuerpo y dieran la noticia falsa de que había resucitado, así como Él mismo lo había dicho antes (Mt. 27:63-64). Pilato entonces mandó sellar la tumba y puso una guardia para que la vigilara hasta el tercer día.

Era un día de victoria para los del sanedrín, según su punto de vista. Pero en realidad, era una derrota decisiva, puesto que en verdad "Cristo fue muerto por nuestros pecados, conforme a las Escrituras" (1 Co. 15:3).

Repaso de la lección

1. Indique las tres etapas del juicio eclesiástico de Cristo.
2. Indique las tres etapas del juicio civil.
3. Describa las tres negaciones de Pedro.
4. Enumere en su debido orden, las siete palabras pronunciadas por Cristo en la cruz.
5. Indique el significado de los fenómenos físicos que acompañaron la muerte de Cristo.

Lección 21

La resurrección

Material para estudiar: *Mateo 28:1-20; Marcos 16:1-20; Lucas 24:1-53; Juan 20:1—21:25; Hechos 1:1-12, 22; 1 Corintios 15:1-58*

Bosquejo

A. El hecho de la resurrección

1. El sepulcro vacío
   Mateo 28:1-8; Marcos 16:1-8; Lucas 24:1-12; Juan 20:1-10
2. La predicación del mensaje
   Hechos 1:22
3. El testimonio de los enemigos de Cristo
   Mateo 28:11-15

B. Las pruebas de la resurrección

1. Cristo se aparece a María Magdalena
   Juan 2:11-18
2. Cristo se aparece a las otras mujeres
   Mateo 28:9-10
3. Cristo se aparece a los dos discípulos en el camino de Emaús
   Marcos 16:12-13; Lucas 24:13-32
4. Cristo se aparece a Simón Pedro
   Lucas 24:33-35; 1 Co. 15:5
5. Cristo se aparece a diez discípulos
   Marcos 16:14; Lucas 24:36-43; Juan 20:19-25
6. Cristo se aparece a los diez y a Tomás
   Juan 20:26-31; 1 Corintios 15:5
7. Cristo se aparece a siete discípulos; la pesca maravillosa
   Juan 21:1-25

8. Cristo se aparece a más de quinientas personas en Galilea
Mateo 28:16-20; Marcos 16:15-18; 1 Corintios 15:6

9. Cristo se aparece a Jacobo
1 Corintios 15:7

10. Cristo se aparece a los apóstoles
Lucas 24:44-49; Hechos 1:3-8

C. El significado de la resurrección

1. Como prenda de la aprobación divina

2. La piedra fundamental de nuestra fe

D. La ascención
Marcos 16:19-20; Lucas 24:50-53; Hechos 1:9-12

E. Conclusión

Lección 21

La resurrección

Si bien la muerte de Cristo nos llena de la más profunda tristeza, por otro lado la resurrección nos llena del más grande gozo y de la más grande esperanza, puesto que sabemos que Cristo fue entregado a la muerte por nuestros delitos y pecados, pero que resucitó para nuestra justificación (Ro. 4:25).

La resurrección es la consumación de nuestra fe y la confianza de nuestra victoria, puesto que en ella se refleja la victoria completa de Cristo sobre la muerte.

A. El hecho de la resurrección

Al considerar este tema de trascendental importancia, lo primero que nos llama la atención es ver el sepulcro vacío. El Señor Jesucristo había sido sepultado en un sepulcro nuevo que pertenecía a José de Arimatea, y una pesada piedra había sido colocada a su entrada. Sin embargo, en el primer día de la semana, la piedra que era demasiado pesada como para que las mujeres la hubieran movido (Mr. 16:3-4), había sido removida y el sepulcro se encontraba abierto y vacío. No podría decirse, como algunos intentan hacerlo, que esto se debió al resultado natural del terremoto, porque Mateo nos dice que fue un ángel el que vino a mover la piedra, siendo los testigos presenciales y a la vez imparciales, los de la guardia romana (Mt. 28:2-4).

Es interesante ver que los principales sacerdotes les sobornaron para decir que el cuerpo de Jesús había sido robado por sus discípulos y que ellos se encargarían de apaciguar el desconcierto de Pilato (Mt. 28:11-15), ya que ésta falta de cuidado podía costarles incluso la vida, puesto que una guardia romana se componía de varios miembros fuertes y valientes que debían ejecutar las órdenes al pie de la letra.

Con el objeto de embalsamar con especias aromáticas el cuerpo del Señor Jesucristo, las mujeres fueron las primeras en ir al sepulcro y se encontraron con que éste estaba vacío. Pero su tristeza se convirtió en gozo cuando escucharon las palabras de los dos ángeles que estaban ahí adentro: "¿Por qué buscáis entre los muertos al que vive? No está aquí, sino que ha resucitado. Acordaos de lo que os habló, cuando aún estaba en Galilea ..." (Lc. 24:6).

Luego, Juan y Pedro también corrieron hacia el sepulcro, y vieron los lienzos y el sudario puestos a un lado, demostrando así que el cuerpo no había sido robado, ni había evidencia de apuro ni violencia. Juan declara que él vio y creyó (Jn. 20:8).

Es interesante notar que cuando los apóstoles se reunieron en el aposento alto esperando que se cumpliera la promesa del advenimiento del Espíritu Santo, los once apóstoles decidieron nombrar a otro para que ocupara el puesto que había quedado vacante por la traición y muerte de Judas Iscariote. El propósito de este nombramiento fue el de tener otro testigo de la resurrección de Cristo (Hch. 1:22). Este hecho es el tema de los mensajes apostólicos: cada uno de ellos había sido testigo de que Cristo había resucitado, y por lo tanto, anunciaban categóricamente este hecho.

Otro hecho significante fue el testimonio de los enemigos de Cristo. Los sacerdotes cometieron un error grande cuando pidieron que la tumba fuera sellada y guardada por los soldados romanos, puesto que esto sólo resultó en favor de la resurrección. Si no lo hubieran hecho podían haber inventado cualquier historia acerca del por qué de la desaparición del cuerpo de nuestro Señor. Pero ellos mismos quedaron pasmados ante los hechos sobrenaturales que ocurrieron y la verdad no pudo ocultarse.

Y debemos agregar un testimonio más: el del silencio. Si el mensaje que predicaban los apóstoles hubiera sido falso, y si lo que se comentaba no hubiera estado basado en hechos reales, los escritores contemporáneos y antagónicos hubieran levantado la voz en protesta airada para refutar una mentira tan colosal. Sin embargo, el silencio sobre este tema es admirable, llevándonos a la conclusión de que la resurrección de Cristo fue, y es, un hecho irrefutable.

B. Las pruebas de la resurrección

Lucas, al escribir los Hechos de los Apóstoles, declara que Cristo "se presentó vivo con muchas pruebas indubitables" (Hch. 1:3), de modo que nos conviene ver cuáles fueron estas pruebas.

1. Cristo se aparece a María Magdalena (Juan 20:11-18). Los ángeles que estuvieron presentes allí no entendían por qué ella estaba triste, así como ella tampoco entendió por qué ellos estaban gozosos. María trató de encontrar a alguien quien le consolara, de tal manera que cuando se le acercó al Señor creyó que era el jardinero; pero cuando Él le habló, ella reconoció que era el Señor y se alegró sobremanera. Esperamos que nosotros estemos también siempre preparados para reconocer la voz de nuestro Señor.

La condescendencia del Señor se ve en toda su gloria. De paso desde la tumba al trono, el Señor de la gloria se digna hablar con esta pobre mujer. Ella necesitaba una palabra de parte de Él, y al recibirla, llegó a ser una fiel testiga declarando con toda confianza: "Yo he visto al Señor" (Juan 20:18).

2. Cristo se aparece a las otras mujeres (Mateo 28:9-10). Jesús entonces les mandó a contarles lo sucedido a "sus hermanos" (Mt. 28:10).

3. Cristo se aparece a dos discípulos en el camino de Emaús (Marcos 16:12-13; Lucas 24:13-32). Uno se llamaba Cleofas y el otro probablemente fue Lucas, el autor del evangelio que con tanto detalle menciona el incidente. Esta historia nos proporciona lecciones sumamente importantes: vemos a dos personas que estaban al margen de la desesperación. Toda su esperanza había sido puesta en el Señor Jesucristo, quien era "varón profeta, poderoso en obra y en palabra delante de Dios y de todo el pueblo" (Lc. 24:19). Sin embargo, su esperanza se había desvanecido por varias razones:

a. su Señor había sido crucificado (Lc. 24:20);
b. ya era el tercer día desde que eso había acontecido (24:21);
c. el sepulcro había sido encontrado vacío (Lc. 24:22-23);
d. los ángeles daban un mensaje que era imposible creer, esto es, que Él estaba vivo (24:23); y
e. que ellos no habían visto al Señor Jesucristo (24:24).

¡Se encontraban muy tristes y derrotados! Entonces se les acercó el Señor Jesucristo y les explicó lo que Moisés y todos los profetas del Antiguo Testamento habían hablado en cuanto al Mesías. Su tema se centró en el hecho de que el Mesías debía padecer y entrar en gloria (Lc. 24:26). ¡Con razón sus corazones ardían! Cuando finalmente llegaron a la casa y Cristo partió el pan con ellos, sus ojos fueron abiertos y Le conocieron. De esta manera regresaron llenos de gozo a Jerusalén a dar las nuevas a los demás.

4. Cristo se aparece a Simón Pedro (Lucas 24:33-35; 1 Co. 15:5). Estamos seguros de que Pedro había llorado bastante desde que negó a Su Señor en público, y el Señor le restauró en privado. Aunque nadie sabe lo que sucedió en esa entrevista, sabemos que Pedro cambió radicalmente, siendo luego restaurado públicamente también. El libro de los Hechos contiene muchas pruebas de dicho cambio, que empezó sin lugar a dudas, cuando Pedro vio a solas al bendito Señor Jesucristo resucitado.

5. Cristo se aparece a diez de sus discípulos (Marcos 16:14; Lucas 24:36-43; Juan 20:19-25). Con las puertas bien cerradas por temor a los fanáticos judíos, ellos hablaban y reflexionaban sobre todo lo que había sucedido. De pronto, Cristo se puso en medio de ellos y les dijo: "Paz a vosotros" (Jn. 20:19). ¡Cuántos pensamientos habrán surgido en sus mentes y corazones! Y como ni aun escuchando al mismo Cristo hablar podían creer, Jesús tuvo que reprender su incredulidad. Les mostró las manos y los pies para que se dieran cuenta de que Él no era un espíritu. Además, comió delante de ellos para mostrarles que no era un simple fantasma (Lc. 24:38-43). Al ver estas señales irrefutables, los discípulos se llenaron de gozo (Jn. 20:20) y estuvieron listos para recibir tanto el don del Espíritu Santo como las últimas instrucciones en canto a su ministerio.

6. Cristo se aparece a los diez y a Tomás (Jn 20:26-31; 1 Co. 15:5). Ya que Tomás estuvo ausente cuando Cristo había estado con ellos anteriormente, tuvo incredulidad en su corazón declarando que debía comprobarlo personalmente con señales tangibles, para poder creer (Jn. 20:25). Ocho días después el Señor le recalcó a Tomás que más bienaventurado es el que cree sin ver que el que cree viendo (Jn. 20:29). Esto nos incluye a todos los que creemos por fe, sabiendo que algún día en gloria Le veremos cara a cara. Además, esto prueba que el Señor conoce nuestros pensamientos y observa nuestras acciones (Job 42:1-2; 1 Co. 3:20).

7. Cristo se aparece a siete discípulos. La maravillosa pesca (Juan 21:1-25). La séptima aparición fue a los siete apóstoles en la orilla del Mar de Galilea (Jn. 21:1). Pedro había ido a pescar cerca de su hogar y del sitio de sus antiguas labores, aparentemente desanimado por su manera de actuar ante el Señor. Pero él y sus compañeros habían trabajado en vano. Jesús entonces se les apareció y les dijo que echaran sus redes al otro lado del barco; cuando ellos lo hicieron, cogieron una gran cantidad de peces. Aquí debemos mencionar que el milagro sucedió por la obediencia que mostraron frente a la orden de Jesús. Cuando todos habían desayunado, el Señor procedió a restaurar a Pedro en forma pública. Pedro había negado al Señor tres veces, y aquí el Señor le probó tres veces, mediante preguntas en cuanto a su amor por Él, y de manera repentina para que no pudiera dar una respuesta premeditada. Dos veces el Señor usó la palabra griega "agapao" cuando le preguntó: "¿Me amas?". Esta palabra es la que describe el amor puro, perfecto y grande de Dios para con los hombres. Pedro no pudo responder que así le amaba a Dios, utilizando la palabra "fileo" que es menos sublime y que describe el amor entre dos seres humanos o el amor entre el ser humano y Dios. La tercera vez, el Señor usó la palabra "fileo", ante lo cual Pedro contestó fervorosamente y con tristeza, porque Dios Omnisciente sabía lo que había en su corazón. Después de cada respuesta, el Señor le dijo que si le amaba debía seguirle y cuidar a Sus ovejas. Al leer las palabras del Señor, nos acordamos de que más adelante Pedro también exhortaría a los ancianos a hacer la misma obra (1 P. 5:1-3).

8. Cristo se aparece a más de quinientas personas en Galilea (Mateo 28:16-20; Marcos 16:15-18; 1 Corintios 15:6). Aunque no conocemos los nombres de estas personas, sabemos que los once apóstoles estaban entre ellos (Mt. 28:16). A estas personas el Señor les reveló lo que sería Su programa y plan para la evangelización del mundo. Aquí nos admiramos de las palabras categóricas del Señor: "Toda potestad me es dada en el cielo y en la tierra" (Mt. 28:18). Si cualquier otra persona las hubiera pronunciado diríamos: ¡Qué presunción! Algunos han hecho declaraciones similares, pero con el correr del tiempo se ha demostrado cuán insensatas han sido dichas pretensiones. Pero en el caso de Cristo se ha visto, a través de los siglos, la veracidad de Sus declaraciones. Basado en esta autoridad suprema, el Señor dio el mandamiento que no sólo fue para los apóstoles sino también para todo creyente en Cristo. Él dijo:

a. id;
b. enseñad; y
c. bautizad.

Enfatizó que era necesario enseñar todo cuanto Él les había mandado. Luego encontramos aquellas preciosísimas palabras que son una promesa que ha infundido aliento a los siervos del Señor en todas las edades: "He aquí, yo estoy con vosotros todos los días, hasta el fin del mundo" (Mt. 28:18-20).

9. Cristo se aparece a Jacobo (1 Corintios 15:7). Durante la visita terrenal de Cristo, sus hermanos no tenían mucha simpatía con Él ni con Su obra. Juzgaban que era desequilibrado y por lo tanto querían tenerle en casa (Mr. 3:31-35). También rehusaron creer en Él (Jn. 7:5). Pero después de esta entrevista a solas con el Señor, Jacobo cambió. Él llegó a ser una de las columnas de la iglesia, una persona de gran influencia y responsabilidad (Gá. 2:9). Cuando se reunió en Jerusalén el primer concilio de las iglesias para tratar sobre asuntos de vital y universal interés e importancia, fue Jacobo el que se puso en pie y haciendo uso de la palabra, dio a conocer a todos cuál era el fallo sobre la cuestión que tanta molestia había causado (Hch. 15:13-21).

No hay la menor duda de que Jacobo fue uno de los más importantes, si no el más destacado líder de la iglesia en Jerusalén (Hch. 12:17; 21:18). Y pueda ser que lo que aprendió en este encuentro con el Señor, le sirvió como fundamento y base para la epístola que más escribiría, la que lleva el nombre de Santiago (Stg. 1:1).

10. Cristo se aparece a los apóstoles (Lucas 24:44-49; Hechos 1:3-8). La última y décima aparición fue nuevamente a los apóstoles (Lc. 24:49; Hch. 1:3-8). La hora en que Él debía ascender al cielo había llegado, así que volvió a decirles que todo había sucedido según lo que había estado escrito en el Antiguo Testamento (Lc. 24:44-47). A esta altura vemos que pensaron que tal vez Él iba a cumplir las demás profecías Mesiánicas, de modo que le preguntaron si iba a restituir el reino a Israel en aquel tiempo (Hch. 1:3-6). Él les respondió que estos detalles no les eran dados saber, pero que era necesario que permaneciesen en Jerusalén hasta que fuesen investidos del poder del Espíritu Santo, para luego ser testigos en Jerusalén, Judea, Samaria y hasta lo último de la tierra (Hch. 1:8).

A través de aquellas palabras el Señor nos da el plan que debemos seguir en toda nuestra obra de evangelización. Debemos siempre comenzar en Jerusalén, es decir, el lugar donde nos encontramos; luego debemos extender nuestra esfera de influencia y trabajo hasta abarcar los lugares más remotos de la tierra. La obra del siervo de Dios debe ser centrífuga. Comenzando desde el eje, con un radio siempre más largo, debe extenderse a los lugares más distantes.

C. El significado de la resurrección

El sabio filósofo y rabino cordobés del siglo XII, Maimónides, dio la fórmula para cualquiera que quiera fundar una religión: "Déjate matar y después resucita". Vemos cuán acertadas son estas palabras, porque si bien muchos han ido en pos de un mártir, la religión que permanecerá y contra la cual las puertas del infierno no prevalecerán, será sólo aquella que se pueda fundar sobre dos hechos: la muerte y la resurrección.

Muchos han muerto por sus convicciones e incluso para iniciar un movimiento religioso. Pero el hecho es que sólo Cristo murió y resucitó, poniendo así el fundamento inconmovible de la iglesia cristiana, porque la resurrección, mirada desde todo punto de vista, es la señal y sello de la eficacia que tuvo la muerte de Cristo.

1. La resurrección del Señor Jesucristo es "la prenda" de la aprobación divina, pues así culminó perfectamente el plan de Dios en cuanto a la salvación del hombre. La verdad es que para salvar a los hombres, Dios había determinado que Su único y unigénito Hijo Jesucristo, iba a venir a dar Su vida, porque Él sabía que "si el trigo no cae en tierra y muere, queda solo, pero si muere, lleva mucho fruto" (Jn. 12:24). La muerte de Cristo fue planeada por Dios y era necesaria, y Cristo dio Su vida voluntariamente. Pero a más de esto, también la resurrección era esencial, siendo el sello de la aprobación de nuestro buen Padre Dios. ¡Cuán llenas de significado son las palabras del Señor Jesucristo en Juan 10:17-18: "Por eso me ama el Padre, porque yo pongo mi vida, para volverla a tomar. Nadie me la quita, sino que yo de mí mismo la pongo. Tengo poder para ponerla, y tengo poder para volverla a tomar. Este mandamiento recibí de mi Padre".

Vemos también que la resurrección fue parte del plan profetizado en el Antiguo Testamento. El día de Pentecostés, el apóstol Pedro declaró en su sermón que David, siendo profeta, habló de la resurrección de Cristo, diciendo que su alma no fue dejada en el sepulcro y su carne no vio corrupción (Hch. 2:30-31). Esta es una referencia que Pedro citó del Antiguo Testamento, del Salmo 16:8-11. Dios, habiéndolo planeado de antemano, lo anunció luego por sus profetas (Hch. 26:22-23).

Habiendo manifestado que esa era Su voluntad, no era extraño que lo llevara a cabo. Es precisamente por eso que si bien el Señor Jesucristo tenía poder para tomar su vida de nuevo, como Él mismo lo había declarado en las palabras antes citadas, fue Dios el que lo levantó de los muertos (Hch. 2:24-32; Ef. 1:20; Col. 2:12). Y al levantarlo, dio una prueba irrefutable de que la obra que Cristo realizó cuando vino a la tierra y vivió y murió, lo hizo a la entera satisfacción de Dios el Padre.

2. La resurrección es también la piedra fundamental de nuestra fe. Para poder entender este hecho es necesario examinarlo en forma negativa, esto es, haciendo uso de la fórmula apostólica: "Si Cristo no resucitó ..."(1 Co. 15:17). Notemos como todo el edificio de nuestra fe se derrumbaría, si a la verdad, como algunos dicen, Cristo no resucitó.

a. Si Cristo no resucitó, no podríamos creer las Escrituras del Antiguo Testamento. El Señor Jesucristo tuvo que abrirles el entendimiento a sus discípulos para que reconociesen las Escrituras que decían que era necesario que Cristo padeciese y resucitase al tercer día (Lc. 24:45-46). Pero si Cristo no resucitó, esas profecías serían enteramente falsas, y por lo tanto no podríamos creer ninguna porción del Antiguo Testamento.

b. Si Cristo no resucitó, no podríamos creer las palabras del Señor Jesucristo. Muchas veces durante Su ministerio público, el Señor anunció que iba a resucitar al tercer día (Mt. 12:38-40; Jn. 2:18-19). Pero si no lo hizo, entonces Su testimonio fue falso en cuanto a tan importante acontecimiento y por lo tanto, no podríamos aceptar nada de Su mensaje. Y aquí quiero anotar una anomalía que a menudo se observa entre los críticos de la Biblia. Algunas personas dicen que no pueden creer en los hechos sobrenaturales de la vida de Cristo, así que niegan rotundamente todos los milagros, inclusive el de la resurrección en la vida de Cristo. Sin embargo, al mismo tiempo que niegan la posibilidad, y por ende, la realidad de la resurrección del Señor, dicen que las enseñanzas del Maestro de Galilea son sublimes y dignas de toda aceptación y de ser puestas por obra en nuestras vidas. Pero nos preguntamos, ¿cómo puede uno decir que Sus enseñanzas son sublimes y dignas de ser aceptadas si hay error en ellas y aseveraciones falsas? Si Cristo no resucitó, Él no dijo entonces la verdad, y por lo tanto, nada de lo que Él dijo se podría creer.

c. Si Cristo no resucitó, la obra que Él vino a hacer en este mundo terminó en un fracaso total. Los discípulos en el camino a Emaús pusieron toda su fe en Él, creyendo que Él les daría la salvación. Pero Él había muerto, de modo que ellos pensaron que Él era incapaz de hacer lo que ellos esperaban y necesitaban (Lc. 24:19-21). Y cierto es que si murió y no resucitó, Su muerte no tiene ningún valor para salvarnos.

d. Si Cristo no resucitó, vana es toda nuestra predicación (1 Co. 15:14). Ya hemos visto cómo el tema de la predicación apostólica era la resurrección. Si alguien objetara diciendo que Pablo le escribió a los Corintios que no se proponía saber nada sino a Cristo crucificado (1 Co. 2:2), podemos decir que los mensajes de todos los apóstoles ponen mucho énfasis en el hecho de la resurrección (Hch. 25:19; 26:23). Y debemos recordar las palabras de Pablo: "Que si confesares con tu boca al Señor Jesús, y creyeres en tu corazón que Dios le levantó de los muertos, serás salvo" (Ro. 10:9).

e. Si Cristo no resucitó, nuestra fe es vana (1 Co. 15:14). Es vana porque creemos en Uno que era incapaz de romper los lazos de la muerte, y por lo tanto incapaz de romper los lazos del pecado que nos tienen sujetos.

f. Si Cristo no resucitó, no tenemos perdón de pecados (1 Co. 15:17).

g. Si Cristo no resucitó, no podemos ser justificados (Ro. 4:25; 8:34).

h. Si Cristo no resucitó, no tenemos esperanza alguna (1 Co. 15:19; 1 P. 1:3) por cuanto no habrá para nosotros resurrección tampoco.

i. Si Cristo no resucitó, no tenemos ningún intermediario, ningún mediador entre Dios y los hombres; nadie que interceda por nosotros a la diestra de Dios (Ro. 8:34).

j. Si Cristo no resucitó, no es el Hijo de Dios (Ro. 1:4). La resurrección es prueba absoluta y terminante de que el Hijo del hombre es también el Hijo de Dios.

De todo esto podemos decir, como ya hemos afirmado, que la resurrección de Cristo es la prueba fundamental de toda nuestra creencia de cristianos. Si Cristo no resucitó, "los más miserables somos de todos los hombres" (1 Co. 15:19).

D. La ascención

Marcos 16:19-20; Lucas 24:50-53; Hechos 1:9-12

La ascención del Señor Jesucristo es una parte integral y necesaria en el plan divino para la salvación de la raza humana. El Señor Jesucristo vino a este mundo, Se humilló y Se encarnó, no para vivir siempre cual hombre entre hombres, sino para dar Su vida, muriendo en la cruz. Habiendo muerto, no resucitó para vivir siempre, cual hombre entre hombres, sino para ascender a la diestra de la Majestad en lo alto. Los cuarenta días que pasó en la tierra después de la resurrección y antes de la ascención, no fueron más que un paso entre la tumba y el trono.

Podemos anotar aquí algunas de las razones por las cuales fue necesaria la ascensión:

1. **Hay indicios de que el cuerpo material del Señor había sido cambiado** de tal manera que ya no era digno de permanecer aquí. Es cierto que los discípulos vieron las llagas, y es verdad que incluso le vieron comer. Pero Él ya no pasaba las horas con ellos como solía hacerlo antes, sino que más bien aparecía súbitamente, y con igual asombrosa rapidez desaparecía, entrando por puertas bien aseguradas y aldabadas. Y recordemos las palabras que le dirigió a María: "No me toques; porque aún no he subido a Mi Padre" (Jn. 20:17). Su cuerpo estaba preparado para Su morada en el cielo, gloriosa prenda de que también nosotros seremos transformados "para ser semejantes al cuerpo de Su gloria" (Flm. 3:21; 1 Jn. 3:2).

2. **Era necesario que ascendiera y se sentara a la diestra de Dios,** siendo de esta manera nuestro mediador (1 Ti. 2:5); nuestro abogado (He. 4:14; 1 Jn. 2:1) y nuestro intercesor (He. 7:25).

3. **Era menester que ascendiera para cumplir con la promesa hecha a los apóstoles,** y a todos los que creen en Su nombre, de que prepararía un lugar para nosotros (Jn. 14:2).

4. **La ascención cumplió con el deseo más grande del Señor Jesucristo,** expresado en Su oración a Su Padre en Juan 17:5: "Ahora pues, Padre, glorifícame Tú al lado tuyo, con aquella gloria que tuve contigo antes de que el mundo fuese".

5. **Fue necesario que el Señor ascendiera a fin de recibir de Su Padre ese nombre ante el cual toda rodilla se doblará**. No podemos comentar más aquí sobre este profundo pasaje, pero sabemos que el apóstol Pablo consideró como parte integral del plan de salvación no sólo la humillación de Cristo, sino también la glorificación del Hijo de Dios (cp. Flm. 2:5-11).

Hemos considerado la necesidad de la ascención, y ahora consideraremos las pruebas de dicha ascención. El Señor llevó a sus discípulos a las afueras de Betania, y ahí les dio Sus últimas instrucciones. Después de bendecirles, fue recibido por una nube del cielo. Mientras ellos aún miraban se aparecieron dos ángeles que confirmaron este hecho y dijeron palabras de esperanza para todo creyente: "Este mismo Jesús, que ha sido tomado de vosotros al cielo, así vendrá como Le habéis visto ir al cielo" (Hch. 1:9-11).

Los discípulos estaban tan seguros de que no fue un sueño ni una fantasía, sino algo real y verdadero, que regresaron a Jerusalén con gozo. Ellos habían visto a su Señor glorificado, y por lo tanto gozosos Le adoraron, y luego salieron a publicar las nuevas a todos (Mr. 16:20; Lc. 24:52).

E. Conclusión

Es así como llegamos ahora al final del estudio de la vida del Señor Jesucristo. Juntos hemos visto cómo el mundo fue preparado para recibirle; cómo vino naciendo humildemente en un pesebre de Belén. Paso a paso seguimos Sus viajes por lo que ahora llamamos "tierra santa"; hemos visto y examinado Sus milagros y hemos escuchado y recibido Sus enseñanzas. Entendimos mejor lo que significó Getsemaní y el Calvario. Con gozo inefable encontramos el sepulcro vacío y al Señor resucitado. Luego vimos cómo ascendió al lugar que, en amor inconmensurable, había abandonado para salvarnos.

Realmente no se ha dicho todo cuanto pudiera decirse de este maravilloso Hijo de Dios, porque tenemos la misma opinión que el apóstol Juan quien dijo que no cabrían los libros en el mundo entero que podrían escribirse sobre Él (Jn. 21:25). Pero como él, también decimos que lo que se ha escrito aquí, se ha hecho para la honra y gloria de Dios; se ha escrito "para que creáis que Jesús es el Cristo, el Hijo de Dios; y para que creyendo, tengáis vida en Su nombre" (Jn. 20:31).

Repaso de la lección

1. ¿Cómo puede comprobarse que los discípulos no robaron el cuerpo de Cristo, dejando vacío el sepulcro?
2. Enumere y detalle las diez apariciones del Señor después de Su resurrección.
3. Indique por qué la resurrección es la prenda de la aprobación divina de la obra de Cristo.
4. Dé diez razones por las cuales decimos que la resurrección es la piedra fundamental de nuestra creencia como cristianos.
5. Dé cinco razones del por qué fue necesaria la ascención de Cristo.

Ahora ha llegado usted, querido estudiante, al fin de la última etapa en el estudio del Curso "Vida de Jesucristo". Esperamos que haya aprovechado este estudio y que su fe haya sido enriquecida por la palabra de Dios. Ahora le invitamos a meditar sobre lo estudiado, y después de cerrar las páginas de este curso, conteste el último examen que comprende las lecciones 15 al 22.

¡Qué el Señor le bendiga!

Lección 22

Bosquejo analítico

Para terminar este curso sobre la vida de nuestro Señor Jesucristo y para que sirva como una base para estudios más detallados y profundos, estamos incluyendo en este texto un bosquejo analítico de los acontecimientos principales en la vida de nuestro Señor, según su orden cronológico.

Debemos aclarar que, en su mayoría, este bosquejo analítico es según el orden de eventos sugeridos por el Dr. A. T. Robertson.

I. INTRODUCCIÓN				
Título	*Mateo*	*Marcos*	*Lucas*	*Juan*
Prefacio del evangelio de Lucas		1:1-4		
Prólogo del evangelio de Juan				1:1-18
Las dos genealogías	1:1-17		3:23-38	

II. NACIMIENTO E INFANCIA				
La anunciación a Zacarías			1:5-25	
La anunciación a María			1:26-38	
Los cánticos de María y Elizabeth			1:39-56	
El nacimiento de Juan			1:57-80	
La anunciación a José	1:18-25			
El nacimiento de Jesús			2:1-7	
Los ángeles y los pastores			2:8-20	
Cumpliendo la ley			2:21-38	
Los magos	2:1-12			
Muerte de los inocentes	2:13-18			
Regreso a Nazaret	2:19-23		2:39-40	
En el Templo			2:41-50	
Los dieciocho años en Nazaret			2:51-52	

III. COMIENZO DE SU MINISTERIO PÚBLICO				
Título	*Mateo*	*Marcos*	*Lucas*	*Juan*
Ministerio de Juan el Bautista	3:1-12	1:1-8	3:1-18	
Bautismo de Jesucristo	3:13-17	1:9-11	3:21-23	
Tentación en el desierto	4:1-11	1:12-13	4:1-13	
Testimonio de Juan el Bautista				1:19-34
Los primeros discípulos				1:35-51
El primer milagro en Caná				2:1-12

IV. PRIMER MINISTERIO EN JUDEA				
La primera purificación del Templo				2:13-25
La entrevista con Nicodemo				3:1-21
Ministerio paralelo de Juan y Jesús				3:22-36
La mujer samaritana				4:5-42

V. PRIMER VIAJE POR GALILEA				
El hijo del cortesano sanado				4:46-54
Cristo rechazado en Nazaret			4:16-31	
El hogar de Capernaum	4:13-16			
Los cuatro pescadores	4:18	1:16-20	5:1-11	
El endemoniado es sanado		1:21-28	4:31-37	
La suegra de Pedro es sanada	8:14-17	1:29-34	4:38-41	
El primer viaje con los cuatro	4:23-25	1:35-39	4:42-44	
La sanidad del leproso	8:2-4	1:40-45	5:12-16	
La sanidad del paralítico	9:1-8	2:1-12	5:17-26	
La vocación de Leví	9:9-13	2:13-17	5:27-32	
Cristo defiende a sus discípulos	9:14-17	2:18-22	5:33-39	
La fiesta en Jerusalén — el cojo sanado				5:1-47
Controversia sobre el Sábado	12:1-14	2:23-38	6:1-11	
Cristo sana a las multitudes	12:15-21	3:7-12		
La selección de los doce		3:13-19	6:12-16	
El sermón del monte	5:1—7:29		6:17-49	
El siervo del centurión sanado	8:5-13		7:1-10	

Título	*Mateo*	*Marcos*	*Lucas*	*Juan*
El hijo de la viuda resucitado			7:11-17	
Juan pregunta y Cristo elogia	11:2-19		7:18-35	
Las ciudades reconvenidas	11:20-30			
La mujer que ungió los pies de Cristo			7:36-50	

VI. SEGUNDO VIAJE POR GALILEA				
La acusación blasfema	12:22-37	3:19-30		
Los fariseos piden señal	12:38-45			
La familia se le opone	12:46-50	3:31-35	8:19-21	
Primer grupo de parábolas	13:1-53	4:1-34	8:4-18	
Cristo calma la tempestad	8:23-27	4:35-41	8:22-25	
El gadareno es liberado	8:28-34	5:1-20	8:26-39	
La hija de Jairo es sanada	9:18-26	5:21-43	8:40-56	
La mujer con flujo de sangre	9:20-21	5:25-34	8:43-48	
Dos ciegos ven	9:27-31			
El mudo endemoniado sanado	9:32-34			
La última visita a Nazaret	13:54-58	6:1-6		
La misión de los doce	9:35-11:1	6:6-13	9:1-6	
El temor de Herodes	14:1-12	6:14-29	9:7-9	

VII. LA ENSEÑANZA DE LOS DOCE				
La alimentación de los cinco mil	14:13-21	6:30-44	9:10-17	6:1-14
El pueblo desea aclamarle rey	14:22-23	6:30-44		6:14-15
Cristo anda sobre las aguas	14:23-33	6:47-52		6:16-21
Discurso sobre el pan de vida	14:34-36	6:53-56		6:22-71
La tradición de los fariseos	15:1-20	7:1-23		7:1
La hija de la mujer Siro-fenicia	15:21-28	7:24-30		
Sana al tartamudo y alimenta a cuatro mil	15:29-38	7:31—8:9		
Fariseos y saduceos le atacan	15:39—16:4	8:10-12		
El ciego de Betsaida sanado	16:5-12	8:13-26		
La confesión de Pedro	16:13-20	8:27-30	9:18-21	
La profecía de su muerte	16:21-26	8:31-37	9:22-25	
La transfiguración	17:1-8	9:2-8	9:28-36	

Título	*Mateo*	*Marcos*	*Lucas*	*Juan*
Los discípulos preguntan	17:9-13	9:9-13	9:36	
No pueden sanar al niño endemoniado	17:14-20	9:14-29	9:37-43	
Cristo vuelve a profetizar su muerte	17:22-23	9:30-32	9:43-45	
Cristo paga el tributo en el templo	17:24-27			
El mayor entre los discípulos	18:1-5	9:33-37	9:46-48	
Jesús reprende a Juan	18:6-14	9:38-50	9:49-50	
El deber de perdonar al hermano	18:15-35			
Cómo seguir a Cristo	8:19-22		9:57-62	
El consejo de sus hermanos incrédulos				7:2-9
El viaje a Jerusalén			9:51-56	7:10

VIII. EL SEGUNDO MINISTERIO EN JUDEA				
Jesús en la fiesta de los Tabernáculos				7:11-52
La mujer adúltera				7:53—8:11
Jesús, la luz del mundo				8:12-20
Los fariseos procuran matarle				8:21-59
El ciego de nacimiento sanado				9:1-41
Jesús, el buen Pastor				10:1-21
La misión de los setenta			10:1-24	
El buen samaritano			10:25-37	
En casa de María y Marta			10:38-42	
Cristo enseña a orar a los doce			11:1-13	
Otra acusación blasfema			11:14-36	
Cristo denuncia a los fariseos			11:37-54	
Discursos a los discípulos			12:1-59	
La necesidad del arrepentimiento			13:1-9	
Cristo sana a una enferma			13:10-21	
Los judíos quieren apedrearle				10:22-39

IX. EL VIAJE A PEREA

Título	*Mateo*	*Marcos*	*Lucas*	*Juan*
¿Son pocos los que se salvan?			13:22-35	
Un discurso con tres parábolas			14:1-24	
Lo que se requiere de un discípulo			14:25-35	
Tres parábolas de la gracia			15:1-32	
Tres parábolas de la mayordomía			16:1—17:10	
Resurrección de Lázaro				11:1-54
Los diez leprosos			17:11-19	
La venida del reino			17:20-37	
Dos parábolas de la oración			18:1-14	
Cristo y el divorcio	19:1-12	10:1-12		
Cristo y los niños	19:13-15	10:13-16	18:15-17	
Cristo y las riquezas	19:16—20:16	10:17-31	18:18-30	
Cristo y la ambición personal	20:17-28	10:32-45	18:31-34	
El ciego Bartimeo	20:29-34	10:46-52	18:35-43	
Zaqueo, el publicano			19:1-10	
Las diez minas			19:18-20	

X. EL ÚLTIMO MINISTERIO EN JUDEA

Título	Mateo	Marcos	Lucas	Juan
Cristo llega a Betania	26:6-13	14:3-9		11:55—12:11
La entrada triunfal	21:1-11	11:1-11	19:29-44	
La higuera seca y la segunda purificación de templo	21:12-13	11:12-26	19:45-48	
La visita de los griegos				12:20-50
El reto formal del sanedrín	21:23—22:14	11:27—12:12	20:1-19	
¿Es lícito pagar tributo?	22:15-22	12:13-17	20:20-26	
Los saduceos y la resurrección	22:23-33	12:18-27	20:27-40	
¿Cuál es el gran mandamiento?	22:34-40	12:28-34		
Cristo, el Hijo de David	22:41-46	12:38-40	20:41-44	
Cristo denuncia a los fariseos	23:1-39	12:38-40	20:45-47	
Cristo observa las ofrendas		12:41-44	21:1-4	

XI. LA ÚLTIMA SEMANA

Título	*Mateo*	*Marcos*	*Lucas*	*Juan*
El sermón profético	24:1—25:46	13:1-37	21:5-36	
Judas y su traición	26:14-16	14:10-11	22:3-6	
La preparación para la Pascua	26:17-20	14:12-17	22:7-16	
Cristo enseña sobre la humildad			22:24-30	13:1-20
Cristo indica quién le traicionará	26:21-25	14:18-21	22:21-23	13:21-30
Cristo instituye la Santa Cena	26:26-29	14:22-25	22:17-20	

XII. LOS DISCURSOS DE DESPEDIDA

Sobre el destino				13:31—14:31
Sobre deberes				15:1-27
Sobre el porvenir				16:1-33
La oración del Señor Jesucristo				17:1-26
Getsemaní	26:36-40	14:32-42	22:39-46	

XIII. EL JUICIO & PASIÓN DE CRISTO

Jesucristo, entregado y arrestado	26:47-56	14:43-52	22:47-53	18:2-12
Jesucristo ante Anás				18:12-23
Jesucristo condenado por Caifás	26:59-68	14:55-65	22:63-65	18:24
Jesucristo negado por Pedro	26:69-75	14:66-72	22:54-62	18:15-27
Jesucristo condenado por el sanedrín	27:1	15:1	22:66-71	
Judas se suicida	27:3-10			
Jesucristo ante Pilato: primera vez	27:2, 11-14	15:1-5	23:1-5	18:28-38
Jesucristo ante Herodes			23:6-12	
Jesucristo ante Pilato: segunda vez	27:15-26	15:6-15	23:13-25	18:39—19:6
Jesucristo escarnecido por los soldados	27:27-30	15:16-19		
Jesucristo en la Vía Dolorosa	27:31-34	15:20-23	23:26-33	19:16-17

Título	*Mateo*	*Marcos*	*Lucas*	*Juan*
Las primeras tres horas en la cruz	27:35-44	15:24-32	23:33-43	19:18-27
Las tres horas de obscuridad	27:45-50	15:33-37	23:44-46	19:28-30
Los fenómenos físicos	27:51-56	15:38-41	23:45-49	
Jesucristo es sepultado	27:57-60	15:42-46	23:50-54	19:31-42
El sepulcro sellado y guardado	27:61-66	15:47	23:55-56	

XIV. LA RESURRECCIÓN

El sepulcro vacío	28:1-8	16:1-8	24:1-12	20:1-10
El testimonio de los enemigos	28:11-15			
Cristo se aparece a María Magdalena				20:11-18
Cristo se aparece a las otras mujeres	28:9-10			
Cristo se aparece a dos discípulos en el camino a Emaús		16:12-13	24:13-32	
Cristo se aparece a Simón Pedro			24:33-35	
Cristo se aparece a los diez		16:14	24:36-43	20:19-25
Cristo se aparece a los diez y Tomás				20:26-31
Cristo se aparece a siete discípulos; la maravillosa pesca				21:1-25
Cristo se aparece a 500 personas en Galilea	28:16-20	16:15-18		
Cristo se aparece a los apóstoles			24:44-49	
La ascención		16:19-20	24:50-53